TEACH YOURSELF
THE
MANN LANGUAGE

―

TEACH YOURSELF
THE
MANN LANGUAGE

Othello Koibia Weh

Village Tales Publishing
MINNEAPOLIS, MN

Copyright © 2022 by Othello Koibia Weh

All rights reserved. Copying, printing, and distributing this book without permission is theft of the author's intellectual property. No part of this book may be reproduced or transmitted in any form of electronic or mechanical, including photocopying, recording, or any information storage and retrieval system, without written permission from the publisher, except for the inclusion of a brief quotation in a review.

A catalog record for this book is available from the Library of Congress:
Library of Congress Control Number: 2022907121
ISBN-13: 9781945408830
eISBN: 9781945408847

Published By:
Village Tales Publishing
Minneapolis, MN 55429
www.villagetalescreatives.com
www.villagetalespublishing.com

Layout and Cover Design by: OASS

Printed in the United States of America

Dedication

To God be the glory! This book is dedicated to the LORD who gave me the knowledge, skill, and enablement to write it.

Second, it is dedicated to my Aunty, Ma Yarzoo, and her husband, Papa Paye Cooper, whom I consider my mother and father, who reared me and educated me. Peace be to their ashes.

Contents

Dedication v
Preface 11
Introduction 13
Lesson One: The Alphabets 15
Lesson Two: The Consonants 23
Lesson Three: Important Words and Phrases 29
Lesson Four: Greetings 32
Lesson Five: Names of Some Parts of the Body 34
Lesson Six: Imported Goods and Titles 39
Lesson Seven: Some Frequently Used Expressions 43
Lesson Eight: Verbs 45
Lesson Nine: Pronouns Usage 61
Lesson Ten: Learn Some Adjectives 69
Lesson Eleven: Colors 72
Lesson Twelve: The Sky 75
Lesson Thirteen: Homonyms 77
Lesson Fourteen: Names of Animals 80
Lesson Fifteen: Phrases 88
Lesson Sixteen: Words with Multiple Meanings 90
Lesson Seventeen: Names of Some Sickness 95
Lesson Eighteen: Some Health Rules 102
Lesson Nineteen: Mosquitos 105
Lesson Twenty: Names of Tribes in Liberia 110
Lesson Twenty-One: Proverbs 118
Lesson Twenty-Two: Days of the Week & Months of the Year . 124
Lesson Twenty-Three: Public Holidays in Liberia 126
Lesson Twenty-Four: Dressing 130
Lesson Twenty-Five: Culture and Tradition 134
Lesson Twenty-Six: A Brief History of the Mel Group 140
Lesson Twenty-Seven: Intonation and Pronunciation 146
Lesson Twenty-Eight: Allophones in Mann 150
Lesson Twenty-Nine: Learning New Words 156
Lesson Thirty: Complaints, Murmur, Sue 159
Lesson Thirty-One: More About Fight 164
Lesson Thirty-Two: Ask Questions 168
Lesson Thirty-Three: The House and Other issues 174

Lesson Thirty-Four: Prayers	182
Lesson Thirty-Five: New Words and Expressions	190
Lesson Thirty-Six: Goodness, Kindness, Fairness and Beauty	192
Lesson Thirty-Seven: Other Adjectives	199
Lesson Thirty-Eight: Uncomfortable, Troublesome, etc	207
Lesson Thirty-Nine: More on Tradition	212
Lesson Forty: Business Related Terms	218
Lesson Forty-One: Taxes	223
Lesson Forty-Two: Courtesy	230
Lesson Forty-Three: Opening and Closing	236
Lesson Forty-Four: To Help	240
Lesson Forty-Five: Teamwork	243
Lesson Forty-Six: Farming	247
Lesson Forty-Seven: Rice as a Staple Food	252
Lesson Forty-Eight: Cassava, Eddoes, Yams, Potatoes, etc	255
Lesson Forty-Nine: Water	261
Lesson Fifty: Expressions	266
Lesson Fifty-One: Sports	271
Lesson Fifty-Two: Gambling	282
Lesson Fifty-Three: More about the Cowry Shells	285
Lesson Fifty-Four: Let us Talk about Sleep	292
Lesson Fifty-Five: Sleeping at the Farm and Farming Tools	304
Lesson Fifty-Six: Telling Stories, Dreams, Snoring, Fear, etc	314
Lesson Fifty-Seven: The Head	320
Lesson Fifty-Eight: Let us Talk About the Eyes in Details	326
Lesson Fifty-Nine: Let Us Talk About the Mouth	332
Lesson Sixty: About the Nose	339
Lesson Sixty-One: The Ears	343
Lesson Sixty-Two: The Hands	347
Lesson Sixty-Three: Bitterness and Pain	351
Lesson Sixty-Four: Counting Numbers	354
Lesson Sixty-Five: Blessing and Sacrifice	361
Lesson Sixty-Six: To train, carry, place, etc	369
Lesson Sixty-Seven: The Counties in Liberia	374
Lesson Sixty-Eight: Parts of the Tree	379
Lesson Sixty-Nine: Inheritance	384
Lesson Seventy: Learning Special Expressions	387
Lesson Seventy-One: Picking at a Person	400
Lesson Seventy-Two: Walking Backward	406

Lesson Seventy-Three: Shadow, Flower, Hide, Bury, Dust.........412
Lesson Seventy-Four: Herbs..417
Lesson Seventy-five: Roasting, Contraction.......................422
Lesson Seventy-Six: Taste, Learn, Try..............................427
Lesson Seventy-Seven: About Clothes..............................432
Lesson Seventy-Eight: Enjoy, Use, Secret.........................436
Lesson Seven-Nine: Tickle, Fan, Deliver..........................443
About the Author..450
Glossary..452
Reference..453
Index..454

Acknowledgments

Special thanks to God for enabling me to write this book. During the writing of this book, several persons and institutions assisted, and the author is thankful for their contribution in one way or the other. The first thanks go to the Liberian Translation and Literacy Organization (LIBTRALO), through the Executive Director, Deacon David K. Setiyee, who gave me the Mann scripts to enable me to write in the Mann language. Second, we wish to acknowledge Wikipedia, for the information obtained from its Website on the Niger-Congo Language families. This includes the works of Irene Thompson, "The Niger-Congo Language Family-aboutworldlanguages," March 2015. Thanks to Irene Thompson.

Special thanks to Professor Bernard Comrie, who permitted me to use a few sentences from his book, The World's Major Languages, 3rd Edition. I am grateful also to the following authors: Heine, Bernd & Derek, Nurse; African Languages: An Introduction (2000); Austin, Peter K & Sallabank, Julia, The Cambridge Book of Endangered Languages, Cambridge University Press, UK 2012; Campbell, Lyle, Historical Linguistics, 3rd Edition, Edinburgh University Press, Edinburgh, 2013.

Others include Uncle Albert Goyo and his wife Garty, my mother, Luada Weh, Uncle Saye Debleyee and his wife, Mrs. Pricilla Debleyee, Mrs. Bonne Otchere, Mr. Brown Mellen, Mr. Jacob Kilikpo, Sister Voyee Weh, Mrs. Yah Sendolo, Mr. Joseph Weh and his wife Senleseh, and my wife Susannah. The report from the Republic of Guinea was obtained by my nephew, Othello Paye who resides in Ganta, and many times he spends time in Guinea. His effort is appreciated. Thanks also to Pastor Lawrence Zlorzlor for editing.

The efforts of Madam Ophelia Lewis for giving technical advice cannot be ignored. Thanks to her and Village Tales Publishing for publishing this book.

Finally, the author appreciates Prince Newon Clarke, for his encouragement in the Mann language writing and his computer skill applied.

Preface

One of the surest ways to preserve a language from extinction is to continue to speak it, write it, and teach it because a language can be affected negatively by war, genocide, politics, famine, and other social factors if steps are not taken to eschew them.

Not much has been cataloged insofar as the writing of the Mann language is concerned. The development of its scripts by the Inland Mission for the spreading of the Gospel of Jesus Christ has been a major step in teaching and writing the Mann language in Liberia. Since the development of its scripts, not much energy has been exerted by ordinary speakers of the language to take advantage of this unadulterated opportunity. I stand corrected.

The language itself is a member of the Mel language group which is one of the daughters of the Niger-Congo Language Families, especially in West Africa. Immensely rich in culture and tradition, and full of proverbs, parables, anecdotes, and jargons, the Mann is spoken in Guinea, Liberia, and Cote d'Ivoire. Interestingly, the farther away from the speakers in these countries, the change in intonation and etymology and the loss of some words. The need for the written form is a great necessity.

Since the New Testament is taught in Sunday school, the teaching of the scripts has not advanced much because in my opinion, it is based in the church and it is only taught at Sunday schools. Thus, this book, Teach Yourself the Mann Language, serves as an eye-opener to encouraging anyone including the speakers of the language as well as non-speakers who are interested in learning the Mann Language. Its scope considers the culture and tradition, its lineage, its sisterly relationship with the Kpelleh Language, and some specific features in the Republic of Liberia. It is expected to accelerate the teaching of the language even beyond the Sunday school setting. It is also my expectation that the readers will experience the fascinating conglomeration of lessons on tradition, culture, sports, faith, and mundane way of life.

Introduction

When a piece of music plays in a language that is not understood by non-speakers, the person listening to the music sometimes enjoys the beat, and the tone of the music, but not the message. The song is most appreciated by those who understand the meaning of the song as well as the beat and the tone.

So, it is with the study of a language. Those who read and write a language enjoy it more than those who only hear or speak it. The beauty of the language is seen in the manner in which the language is presented skillfully and artistically in poetry, for example. So also, it is with the study of the written Mann language. Unlike the spoken one which is diluted with a lot of other languages including French and English, the written Mann is very unique, considering the original language void of any other language influence.

In Liberia, for example, many people who speak Mann do not read or write it. The Mann is mixed with English words because many people, especially the young people do not know the right vocabularies for certain things. For example, people say, "Zɔ̀ɔ́ áà ló sùkú" (John has gone to school); instead of saying "Zɔ̀ɔ́ áà ló kii kèi." People often say, "Melé áà ló sói" (Mary has gone to church); instead of "Melè áà ló Wálà kɛi."

We often hear people saying, "because" when speaking Mann instead of "ɓɔ̀wáká." However, there are some names of western products which the speakers of the Mann Language do not have names for them. Examples of such items are taxi (tésè), table (tébò), cucumber (kílíkómɔ), key (kîi), coffee (kófè), cocoa (kòòkóo), tea (tîi), milk (mélè), sugar (súgà), gold, (góò), etc.

This situation also exists in Guinea. The Mann people in Guinea add some French words into Mann just as it is done in Liberia. This book, Teach Yourself the Mann Language, tries to avoid the influence of other languages, dwelling solely on the original language, except for objects which do not have names in the Mann Language. The lessons are presented in the Mann language and interpreted in English in a simple elementary manner for clear understanding. It also presents in detail the cultures and traditions of the Mann ethnic group in Liberia. The emphasis is on Liberia because there are some cultural diversities from country to country. The readers will enjoy some of the proverbs, the parables, and the riddles in Mann.

The critical thurst behind this book is the fact that the New Testament has been translated into many indigenous languages in Liberia which the speakers of those languages don't know how to read the translated version, because the scripts are not being taught. Beyond this critical challenge, there are not many other pieces of literature written in the indigenous languages for people to read. For the Mann Language, this book, God willing, will help people to read the New Testament translated in the Mann Language.

Long ago, the Vai, the Kpelle, the German, the French, in addition to English were taught at the University of Liberia. But I am not sure whether this is the case at present. I know that French and English are still being taught, perhaps, the next language which is finding its way into the country is the beautiful Chinese Language.

The truth of the matter is that one must learn to appreciate his indigenous language and its artistic genres, and he will find some of those genres in this book.

The reader will also observe that some lessons are shorter while some other ones are longer. The vowels (a,e,i,o,u) are pronounced like the way vowels are pronounced in French. The details are presented in Lesson One.

Lesson One: The Alphabets

The Mann Language has 7 vowels and 18 consonants. The vowels are a, e, ɛ, ɔ, i, o, u.

The /a/ sound is pronounced as a, as in: far, hard, father, bar, tar, car, etc.

The /e/ sound is pronounced as a long vowel a, as in age, ate date, day, way, etc.

The /ɛ/ sound is pronounced as the short vowel e, as in wet, bet, pet, met, let, etc.

The /ɔ/ sound is pronounced as the short vowel o, as in other, off, doll, lord, oil, for, etc.

The /i/ sound is pronounced as the long vowel sound /e/, as in issue, imam, illegal, ignite, equal, illustrate, ignore, etc.

The /o/ sound is pronounced as the long vowel o, as in old, oat, open, okra, obey, ocean, etc.

The /u/ sound is pronounced as the long vowel u, as in union, unite, unit, use, etc. It is also pronounced as the short vowel oo, as in food, wood, tool, proof, etc.

"A" sounds like the short vowel /a/, as in far, par, car, lad, bad, mad, etc.

Examples of each vowel in Mann are as follow:

MANN	ENGLISH
Wálà	God

"A" sounds like the short vowel /a/, as in far, par, car, lad, bad, mad, etc.

Examples of each vowel in Mann are as follow:

MANN	ENGLISH
láà	fanner
káá	to waste
táá	to walk
yáá	sickness
záza´	quickly
la	save
laɓo	salvation

The **e** carries a long vowel /a/ sound as in ape, able, ate, way, pay, make, take, lay, etc.

Examples in Mann are as follow:

MANN	ENGLISH
kèlè	scale
bèlè	eat
pèlè	fall
tèè	an orphan
le	woman
pèèlɛ	two
dèè	glue
gèlè	fight
gélé	burn
gélé	hawk
yùé	thread

The /ɛ/ sound is pronounced like the short vowel **e** as in wet, sell, led, egg, wed, fed, bed, get, dead, red, etc.

Examples in Mann are as follow:

MANN	ENGLISH
wèlè	get up
wélé	a bone
bèlè	trousers
pélé	a trap
lɛ́ɛ́	a leaf
lèí	sky, up
lɛ́ɛ́kɔ́í	tens of thousands
gèlè	a stone; a rock
wɛlɛ	a face
mɛèleí	a needle

The /ɔ/ sound is pronounced as **o** as in odd, off, of, or, order, etc.

Examples in Mann are as follow:

MANN	ENGLISH
ɓɔ́ɔ́	a finger ring
zɔ́ɔ́	a bee
lɔ́ɔ́	a week, a market
dɔ́ɔ́	a conversation
wɔ́lɔ́-wɔ́lɔ́	forever
mɔ́mɔ́	long ago
kɔ̀	a hand
kɔ̀wɛ́nɛ́	fingers

The /i/ sound is pronounced as **i** as in Iran, illustration, issue, illusion, etc

Examples in the Mann Language as follow:

MANN	ENGLISH
wìì	an animal, meat
mi	human being
dìì	a cow
yíí	water
yìì	sleep; last long
yílí	a tree
líí	a hammock
bílí	a corpse; a dead body
kílí	a plot
gbili	a kinjah
bí̃	darkness
bí̃tii	total darkness
kò yìì zèe.	Let us sleep here.
Íì lo yìì zèe?	Will you sleep here?
M̀m̀, ḿm̀ lo yìì zèe.	Yes, I will sleep here.
Ɓà káa lɛ́ɛ̀ lo yìì.	Your house will last.
Ɓà sɔ́ɔ lɛ́ɛ̀ lo yìì.	Your clothes will last.
Ɓà bààáa lɛ́ɛ̀ lo yìì.	Your shoes will last.
Kɔ̀à Máá kii dá̃.	Let us learn a Mann book.
Kà Máá kiia dá̃.	Learn the Mann book.
Ì Máá kii dá̃.	You (singular) learn the Mann book.

The /i/ sound is pronounced as **i** as in Iran, illustration, issue, illusion, etc

Examples in the Mann Language as follow:

MANN	ENGLISH
Máà wìì bílí sí táã̀.	I have found a dead animal.
Káà wìì bílí sí táã̀.	You have found a dead animal.
Kɔ́à wìì bílí sí táã̀.	We have found a dead animal.
Ɓáà wìì bílí sí táã̀.	You (singular) have found a dead animal.
Íì kílí kè.	You can plot or speak evil against people.
Óò kílí kè.	They can plot or speak evil against people.
Yíí nɔ m mi.	Give me water to drink.
Yíí nɔ kó mi.	Give us water to drink.
Yíí nɔ á mi.	Give him/her water to drink.
Yíí mi.	Drink water.
Yíía mi.	Drink the water.
Yíía sí kɔ̀è yí.	Take the water in a cup.
Yíía sí gálásì yí.	Take the water in a glass.
Dìì lɛ yíí mi pìà.	A cow is drinking water.
Dììa lɛ yíí mi pìà.	The cow is drinking water.
Dììa lɛ yíía mi pìà.	The cow is drinking the water.

The /o/ sound is pronounced as a long vowel sound, as in ago, go, no, cold, slow, etc.

Examples in the Mann Language are as follow:

MANN	ENGLISH
bólò	a banana or a plantain.
ɓolo	to squeeze
lo	to go
sáládo	six
kpóūlà	the earth
gbùɔ̀	plenty, several, many
súɔ̀	a pepper
sùokɛ	to call
kpókpóɓo	truly, surely
gbào	no
lòònɔ̀ɔ̀	today
Lo lòònɔ̀	Go today.
Lo tòò	Go tomorrow.
Lo làapíe	Go in the morning.
Lo yéíkèèɛ píé.	Go in the evening.
Lo nyénéí.	Go when the sun is up.
tòò	tomorrow
yalá	yesterday
I ló yalá?	Did you go yesterday?
Gbào, ma wa ló pia.	No, I am not going.
Íì lo tòò?	Are you going tomorrow?
Gbào, ḿḿ lo lòònɔ̀ɔ̀.	No, I am going today.

The /o/ sound is pronounced as a long vowel sound, as in ago, go, no, cold, slow, etc.

Examples in the Mann Language are as follow:

MANN	ENGLISH
Íì lo lóò kpókpóɓo?	Are you surely going?
M̀m̀, ḿm̀ lo lóò kpókpóɓo.	Yes, I will surely go.

The /u/ sound is pronounced as **u** like in union, unity, you, use, etc.

Examples in the Mann Language are as follow:

MANN	ENGLISH
yùé	a cotton, a thread
yuò	a water snake
yúé	ash
lùe	a whisper; a gossip
lúa	blessings
làèapie tutu yí	early in the morning
lúlɔ̀	a sister
m lúlɔ̀	my sister
vúlú	a porcupine
túlú	a horn
múnú	a gourd
M̋m̀ nàà ḿm̀ zúlu.	I want to take bath/shower.
M̋m̀ nàà ḿ túlú pie.	I want to blow a horn.
M̋m̀ nàà ḿ túlúa pie.	I want to blow the horn.
M lúlɔ̀ aà ló kii-kèì.	My sister has gone to school.
M lúlɔ̀ aà ló Wálà kèì.	My sister has gone to church.

The /u/ sound is pronounced as **u** like in union, unity, you, use, etc.

Examples in the Mann Language are as follow:

MANN	ENGLISH
M gba yùé ka.	Give me a thread.
M gba yùé wà mɛèleí ka.	Give me a thread and a needle.
M gba yùé ka ḿm̀ sɔ sɔ́lɔ́.	Give me a thread to sew my clothes.
M gba yùé ka ḿm̀ bèlè sɔ́lɔ́.	Give me a thread to sew my trousers
Gbào, yùé wá m kèlè.	No, I don't have a thread.
Gbào, túlú wá m kèlè.	No, I don't have a horn.
Gbào, múnú wá m kèlè.	No, I don't have a gourd.
Gbào, yùé wà mɛèleí wá m kèlè.	No, I don't have thread and needle.
Yúo lɛ yíía bà.	There is a water snake in the water.
Yúo lɛ́ɛ̀ mi pa.	Water snake can bite.
Yúo sɔ́ɔ́ lɛ à le.	Water snake has teeth in its mouth.
Yúé lɛ sààa la.	There are ashes on the mat.
Yúé púlú lɛ sààa la.	There are white ashes on the mat.
Yúéa gòlò sààa la.	Sweep the ashes from the mat.
Yúé lɛ tákáŋaa là.	There are ashes in the chair.
Yúé lɛ yùéa mɔ̀.	There are ashes on the thread.
Nu kó lùe ɓo.	Come let us whisper or gossip.
Nu kó à lùe ɓo.	Come let us gossip about him.
Íi lùe ɓo nyɔɔ̀ɔ.	You gossip too much.

Lesson Two: The Consonants

There are 18 consonants in the Mann scripts. They are b ɓ d f g h k l m n ŋ p s t v w y and z. Some of the regular letters such as c, j, q, r, and x are absent because other letters represent them. Other letters represent them because they sound alike and there is no need for repetition. For example, j is represented by z. C and q are represented by k; r is represented by w. The /z/ sound is stronger than the /j/ sound; the /k/ sound is stronger than the /c/ and the /q/ sounds. In English for example, there is a strong /c/ sounding like the/k/ sound. Examples are cook, cake, cool, Cooper, Clarke, Clock, etc. There is also soft /c/ sounding like /s/ sound. The examples are cell, circle, ceiling, cement, cent, circumference, celebrate. The Mann people use /z/ and / k/ instead of /j/ and /c/.

Read the following examples:

Zɔ̀ɔ́	John
Zósè	Joseph
Zízè	Jesus
Kűí	white people
Wúlù	Ruth
Wólómà	Romans

There are also two other consonants added. The letter /ɓ/ sound, pronounced as /bay/ can only be distinct in intonation by the native speakers of Mann. The native speakers can distinguish it from the letter /b/ sound.

Examples are as follow:

    bèlè   a trouser

    Ɓèlè   a rope; a gray deer

    bɔ́ɔ́   a type of tree in the swam

    Ɓɔ́ɔ́   a finger ring

    ɓèlè   eat

    bè lè   an insane woman

Besides this, the nasal /ŋ/ sound is present in the Mann because many words have nasal sounds in them.

Examples are

    tákã́ŋá   a chair

    teŋke   a pigeon

    sìã́ã̀ŋkèlè   stars

    kpã̀ŋkèlè   a beetle

There are also three consonant blends in Mann. They include the gb, the kp, and the ny.

Read the examples below:

    gbào   no

    gbàlà   a yard snake; Kpelle

    gbó   cry

    kpàla   long

Read the examples below:

kpálà	mature
nyiɛ	an eye
nyìɛ̀	a medicine

Sometimes the vowels can be doubled and tripled depending on what the speakers want to say.

Examples are:

o lòóò	their mother
pèèlɛ	two
mɔ̀ɔ̀	a bird
zùù	a soul
gèè̀	a spirit

Other interesting features are the stress and un-stress signs /ááá àààà/. In English, some syllables are stressed while some are unstressed. The Mann Language is similar in the stress and un-stress pattern. In some cases, the stress is a monotone, either raising your voice or lowering your voice depending on the word.

For example, you lower your voice when pronouncing the following words:

gèè̀	a spirit
zùù	a soul
bèlè	trousers
bàlà	to run
bàlàsí	to run

In English, stress and un-stress change the meaning of some words. Examples are:

Còndúct and cóndùct

Pròjéct and prójèct

Cònvért and cónvèrt

Prèsént and présènt

Dèsért and désèrt

This situation also exists in the Mann language. Some words are spelled the same, but the stress can change the meaning of the word. Read the examples below:

wèlè	get up
wélé	a bone
wɛlɛ	a face
kèlè	the palm of the hand
kélé	a head tie, cap, man's handbag
pélé	a trap; to wash
pélè	ever since
pélɛ	a town
yélé táá	think/thought
yélè kè	shame
yèlɛ kɛ	act carefully to catch
yèlɛ kɛ	to do technical works
yúé	ashes; luck
yùé	a thread; a cotton
Ɓa	a sore; to bear

This situation also exists in the Mann language. Some words are spelled the same, but the stress can change the meaning of the word. Read the examples below:

Ɓà	your; you
káá	to waste
kaa	a crab
kààa	a hook
kááa	a car
kàà	a kind of plant
Káà gèe kpɛ̀?	What do you say?
Kàá	Can't you?

Let us put some of these words in sentences and clauses. Let's repeat the statement three times.

Wìì wélɛ́ lɛ m kèlɛ̀.	I have a bone in my hand.
Wìì wélɛ́ lɛ i kèlɛ̀.	You have a bone in your hand.
Wìì wélɛ́ lɛ à kèlɛ̀.	He/she has a bone in his/her hand.
Ɓa lɛ m le.	There is a sore in my mouth.
Ɓa lɛ i le.	There is a sore in your mouth.
Ɓa lɛ ko le.	There are sores in our mouths.
Ɓa lɛ à le.	There is a sore in his mouth.
E kààa káá yalá.	He laid hooks yesterday.
E kaa kṹ- kààa ka.	He caught a crab with a hook.
E kaa kũ kààa ká?	Did he catch a crab with a hook?
E kaa kũ kààa ká yalá?	Did he catch a crab with a hook yesterday?

Let us put some of these words in sentences and clauses. Let's repeat the statement three times.

I wɛlɛ pélé yíí ka.	Wash your face with water.
I wɛlɛ pélé dɛɛ ka.	Wash your face just now.
I wɛlɛ pélé yíí ka dɛɛ ka.	Wash your face with water just now.
Pílè léè yèlɛ kè.	Peter does technical works.
Pílè léè yélè kè.	Peter is ashamed.
Pílè léè e yélé tàà.	Peter does think.
Pílè lèé e yélé taa.	Peter does not think.
Pílè léè tɔ̀ɔ yèlè kè kɛɛ é à kũ.	Peter acts carefully to catch the chicken.

Lesson Three: Important Words and Phrases

Let us learn some important words and phrases. Let us repeat each word three times.

Nu	Come.
Nu zèe.	Come here.
Yà.	Sit.
Yà táã̀	Sit down.
Lo	Go.
Lo kii kèì.	Go to school.
Lo nyénɛi.	Go to the farm.
Lo gbéí͂ píé.	Go walkabout.
Lo i dàa píé.	Go to your father.
Lo i lèe píé.	Go to your mother.
Lo i lòòóò píé.	Go to your mother.
Yé i zí.	Go back; return
nɛ́	a child
gɔ̃nɛ̀	a boy child
lenɛ̀	a girl child

Let us learn some important words and phrases. Let us repeat each word three times.

gɔ̃	a man
le	a woman
loa	women
sè	good; fine
lɛ sè	It is fine; it is good.
Lɛ gbĩ́nígbĩ́nízè.	It is terrible; fearful.
Lɛ búnùzè.	It is many, plenty.
Lɛ mìnìmìnìzè.	It is fearful; terrible.
Lɛ kpàlàkpálázè.	He is tricky.
Lɛ kpãnakpãnazè	He/she/it is important; strong.
Lɛ téétèè.	He/she /it is tired.
Lɛ téɓélétèɓèlè.	He/she/it is very weak; very tired.
Lɛ yókóyòkò.	He/she/it is loosen; not tight.
M sɔ́ɔ̃́ lɛ yókóyòkò.	My tooth is loosen.
Lɛ zókózòkò.	He /she /it is loosen; not tight.
Lɛ géígèĩ̀.	He/she/it is strong.
Lɛ kéíkèì.	It is sour.
Lɛ kéíkèì-kilikpa-kilikpàzè.	It is very sour.
Lɛ ŋéiŋèì.	It is sweet.
Lɛ nyóɔ̀ɔ.	It is bitter.
Lɛ sè nyóɔ̀ɔ.	It is very good.
Lɛ yɔɔ nyóɔ̀ɔ.	It is very bad.
Pɛlèèe	money

Let us learn some important words and phrases. Let us repeat each word three times.

M gba pɛlèèe ka.	Give me money.
M gba pɛlèèe ɓéí ka.	Give me small money.
M gba pɛlèèe gbákò ka.	Give me plenty money.
M gba yíí gbákò ka.	Give me plenty water.
M gba ɓu gbákò ka.	Give me enough rice.
M gba ɓòo ka.	Give me soup.
M gba ɓòo wà wìì ka.	Give me soup and meat.

Lesson Four: Greetings

Let us learn greetings.

I túó.	Hello.
Báa vùò.	Good morning.
I sḗné.	Welcome.
Kó ma i píé?	How are you?
M píé lɛ sè.	I am okay.
Tɔ́	a name.
I tɔ́ lɛ́ deĩ?	What is your name?
M tɔ́ lɛ́ Sèé.	My name is Saye.
M tɔ́ lɛ́ Kɔɔ́/ Kɔ̀u.	My name is Kou.
M tɔ́ lɛ́ Yàá.	My name is Yah.
M tɔ́ lɛ́ Lésébè.	My name is Elizabeth.
M tɔ́ lɛ́ Wálàkɛwɔ̃̀.	My name is Walakewon.
M tɔ́ lɛ́ Nélesè.	My name is Neleseh.
À zúo	Thank you.
I zúo.	Thank you. (singular)
Ka zúo.	Thank you. (plural)

Let us learn greetings.

À zúoɓo.	Thank him/her.
O zúoɓo.	Thank them.
Wálà zúo.	Thank God.
Wálà zúoɓo.	You should thank God.
Wálà, i zúo.	Thank you, God.
Wálà i zúo kpãnãkpãnãzè.	God, thank you very, very much.
I zúo nyɔ́ɔ̀ɔ.	Thank you very much.
Zízè i zúo.	Thank you, Jesus.
Zízè Kélèì, à zúo.	Thank you, Jesus Christ.
M Dàa Wálà i zúo.	Father God, thank you.
Kò Wálà i Lèia i zúo.	Our God in heaven, thank you.
M lìidie gɔ̃zɛ i zúo.	My older brother, thank you.
M leke gɔ̃zè i zúo.	My younger brother, thank you.
M lìidie lezè i zúo.	My older sister, thank you.
M lúlɔ̀ (says the boy) i zúo.	My sister, thank you.
M mɔ́ɔ̀nɔ̀ gɔ̃̀ (says the girl) i zúo.	My brother, thank you.

Lesson Five: Names of Some Parts of the Body

Exercise A

Read the names of parts of the body. They are later used in sentences in this book.

m wũ kèlè	my head
m wũa kèì	my hairs (on the head)
m kpòkòlò	my skull
m lé	my mouth
m sɔ́ɔ́	my teeth
m sɔ́ɔ́-wélé	my teeth (bones)
m naà	my tongue
m wúú	my breathe
m gbàã̀ / m kpéí̋	my jaw
m gbàã̀ wélé	my jawbone
m kpéí̋ wélé / kpéná	my jawbone
m nyũ	my nose
m nyũ bu	my nostrils

Exercise A

Read the names of parts of the body. They are later used in sentences in this book.

m nyũ-yíí	my mucus
m bè	my lips
m tóó	my ear/ears
m nyìɛ	my eye/eyes
m nyìɛ-yií	my tears
m gã̀	my foot/feet
m kpuò	my ankle/ knee
m kpuò-lékèlè	my kneecap
m kpɛɛ	my neck
m kpɛɛ wélé	my neck bone
m gbãã̀	my shoulder
m zɔkɔlɔ	my throat
m zɔkɔlɔ-wélé	my esophagus
m kɔ	my hand/ hands
m kɔkpo	my fist
m gbã	my arm
m gbã wì	my armpit
m kɔsoŋ	my elbow
m kii	my skin
m nùɛ	my flesh
m mìã	my mucles
m léa	my blood
m nyɔ́	my breasts

Exercise A

Read the names of parts of the body. They are later used in sentences in this book.

m kɔ̀ɔ̀-là	my chest
m kɔ̀ɔ̀-wélé	my chest bones
m séí-wélé	my rib bones
m kɔ̀-wɛ́nɛ́	my fingers
m sùe	my nails
m gàwɛ́nɛ́	my toes
m gàdṹṹ	my heel
m zò	my heart
m zò-vóà	my lungs
m ɓúlú	my liver
m gí	my stomach
m vùlù	my navel
m vùlù-ɓèlè	my umbilical cord
m vélédí	my waist
m ko	my back
m ko wélé	my backbone
m zikpo	my bottom/buttocks

Exercise B

Read some short sentences.

M gà̃ wɛ́nɛ́ lɛ nyɔ́ɔ̀.	My toe/toes is/are hurting.
M kɔ̀ wɛ́nɛ́ lɛ nyɔ́ɔ̀.	My fingers are hurting.
M sɔ́ɔ́ lɛ nyɔ́ɔ̀.	My teeth are hurting.

Exercise B

Read some short sentences.

Ḿm̀ nàà	I want, or I want to.
Ḿm̀ nàà yíí ka.	I want water.
Ḿm̀ nàà tíé ka.	I want fire.
Ḿm̀ nàà léɓèlè ka.	I want food.
Ḿm̀ nàà ɓu ka.	I want rice.
Ḿm̀ nàà ɓòo ka.	I want soup.
Ḿm̀ nàà mìná ka.	I want a spoon.
Ḿm̀ nàà gbɔ̀lɔ̀gbàà ka.	I want a box.
Ḿm̀ nàà kii ka.	I want a book.
Ḿm̀ nàà kii bɛ̃̀ɛ̃́ yìlì ka.	I want a pen/pencil.
Ḿm̀ nàà kii bɛ̃̀ɛ̃́ yìlì wà kii ka.	I want a pencil and a book.
Ḿm̀ nàà tã́ŋkã́ná ka.	I want a chair.
Ḿm̀ nàà kpóó ka.	I want a stool.
Ḿm̀ nàà gbɛɛ ka.	I want a bench.
Ḿm̀ lɔ̀kè yíí ka.	I love water.
Ḿm̀ lɔ̀kè yíí dɔ́lɔ́ ka.	I love cold water.
Ḿm̀ lɔ̀kè yíí tíeè ka.	I love hot water.
Ḿm̀ lɔ̀kè léɓèlè tíeè ka.	I love hot food.
Ḿm̀ lɔ̀kè tíé ka.	I love fire.
Ḿm̀ lɔ̀kè nɛ́ ka.	I love a child.
Ḿm̀ lɔ̀kè lenè ka.	I love a girl child.
Ḿm̀ lɔ̀kè gɔ̃nè ka.	I love a boy child.
Ḿm̀ lɔ̀kè nɔ́ɔ̀ɔ̀ɓé ka.	I love children.

Exercise B

Read some short sentences.

Ḿm̀ lɔ̀kὲ léɓèlè yie ka.	I love good food.
Ḿm̀ lɔ̀kὲ i ka.	I love you. (singular)
Ḿm̀ lɔ̀kὲ ka ka.	I love you. (plural)
Ḿm̀ lɔ̀kὲ Wálà ka.	I love God.
Ḿm̀ lɔ̀kὲ Wálà Gbe Zízè ka.	I love God's Son, Jesus.
Ḿm̀ lɔ̀kὲ Zízè Kélèi ka.	I love Jesus Christ.
Ḿm̀ lɔ̀kὲ ko Dàa-mì Zízè Kélèi ka, ɓɔ̀wáká e ga ko wẽ̂ì.	I love our Lord Jesus Christ, because He died for us.
Ḿm̀ lɔ̀kὲ Wálà Léwè ka.	I love God's word.

Lesson Six: Imported Goods and Titles

Some items, especially those imported as well as titles, don't have names in Mann. Read the following examples:

pélésāŋ	president
súuténè	superintendent
sóyà	a soldier
pòlési	a police
lɔ́yà	a lawyer
kálákè	a clerk
tísè	a teacher
dátà	a doctor
pánámásíi	a paramount chief
kɔ̀lèɛ́dà	a collector
pã́ni	a pan
tɔ́kè	a tub
bɔ́kè	a bucket
gálási	a glass
téɓèlè	a table

Some items, especially those imported as well as titles, don't have names in Mann. Read the following examples:

nyìɛla-gálásì	eyeglasses
yíí-mi-gálásì	a drinking glass
belè	a bread
bèlésìkée	a biscuit
kókókólà	a coke
fãŋtà	a Fanta
fɔ́ɔ̃̀	a phone
góò	a gold
góò-sɔ̃̀ɔ̃̀	gold teeth
sìgàlée	a cigarette
gba	a tobacco
gba-lɛ́ɛ́	a tobacco leave

Other imported goods have names in Mann:

yàzɔ̀zɔ̀	a watch
wéégbɔ̀lɔ̀	a radio
lèìkéléí	an airplane
dɔ́nɔ́kálá sòó	a bicycle
kpòũ-kpòũ	a motorbike
kpoo	a bottle
ɓéá	a plate
mɛèléí	a needle
gbésɛ́-nyɔ́nɔ́	a toothpaste

Other imported goods have names in Mann:

gbàlá	a hat
yɔ́ɔ́	a chain
dà kpèí yɔ́ɔ́	a neck chain
kpiɛ̰̀	beads
kááa	a car
tésè	a taxi
méée	a ship
wéégbɔ̀lɔ̀	a radio
nénégbɔ̀lɔ̀	an ice box
mìná	a spoon
bátì	a belt
zɔɔ	a caterpillar
félé	a silver
gɔɔ	a canoe
kpáá	a raft
Ḿm̀ nàà ḿ kááa táá.	I want to drive a car.
Ḿm̀ nàà ḿ tésè táá.	I want to drive a taxi.
Ḿm̀ nàà ḿ kpòũpkòũ táá.	I want to ride a motorbike.
Íì lèikéléĩ tàà?	Do you fly an airplane?
Íì tésè tàà?	Do you drive a taxi?
M̀m̀, ḿm̀ tésè tàà.	Yes, I drive a taxi.
Gbào, m̀ḿ tésè táá.	No, I don't drive a taxi.
Ḿm̀ nàà ḿ pɛ ɓèlè.	I want to eat something.
Ḿm̀ nàà ḿ léɓèlè ɓèlè.	I want to eat food.

Other imported goods have names in Mann:

Ḿm̀ nàà ḿm léɓèlè.	I want to eat.
Ḿm̀ nàà ḿ kókókólà mi.	I want to drink Coca cola.
Ḿm̀ nàà ḿ Fáŋtà mi.	I want to drink Fanta.

Lesson Seven: Some Frequently Used Expressions

Here are some frequently used expressions. Say each word two times.

À zúo. I zúo.	Thank you. (singular) You can use either of the two.
Ka zúo.	Thank you. (more than one)
M̀ḿm̀.	Yes.
Èèè.	Yes.
M̀ḿ.	Yes.
Ḿm̀ḿ	No.
Gbào	No.
Ɓà kpé.	I beg you. (one person)
Ɓà kpé lɛsè.	You have the best.
Kà kpé.	I/ we beg you (more than one person)
À kpé lɛsè.	I beg him/her.
Ɓà kpé, m gba.	I beg you, give me.
Ɓà kpé, m gba pɛlèe ka.	Please give me money.

Here are some frequently used expressions. Say each word two times.

'Bà kpé m gba sɔ ka.	Please give me clothes.
'Bà kpé m gba kɔ̀è ka.	Please give me a cup.
'Bà kpé m gba bókè ka.	Please give me a bucket.
'Bà kpé m gba mìná ka.	Please give me a spoon.
Kò félényá̋.	Please excuse me. (let us excuse one another)
'Bà félényá̋.	Please excuse me. (singular)
Kà félényá̋.	Please excuse me. (when speaking to more than one)
Kɔà félényá̋.	Please excuse me. (when speaking to more than one)
'Bà félényá̋ ḿ die.	Please excuse, let me pass.
'Bà félényá̋ ḿ yà tá̋à̋.	Please excuse, let me sit down.

Lesson Eight: Verbs

Let us learn some verbs. These verbs will later be used in sentences in other lessons ahead. Repeat the statement two or three times.

Táá	walk
Táá tíe-tíe.	Walk fast.
Táá dɔ́lɔ-dɔ́lɔ́.	Walk slowly.
Ɓúó	miss
À ɓúó	miss it
A ɓúó.	He/she/it missed it.
Ɓa ɓúó.	You miss it.
À bòo.	Mix it.
À bòobóó.	Mix it.
À bòobóòozɛ̀	a mixed one
À yùayúá	to confuse it
Wɔ́ yùayúàazɛ̀	a confused matter/issue
Lɛ zãgãzãgãzɛ̀	it is critical
À bɔ́nɔ́	to stir
À bɔ̀nɔbɔ́nɔ́	to stir all
À bɔ̀nɔbɔ́nɔ̀ɔzɛ̀	the stirred one

Let us learn some verbs. These verbs will later be used in sentences in other lessons ahead. Repeat the statement two or three times.

fòo	to dig
À fòo.	Dig it.
zìí	to thresh
À zìi.	Thresh it.
Ɓúa zìi.	Thresh the rice.
Ɓo	to pick
À ɓo.	Pick it.
tèá	to stop or say sorry
À tèá	stop him/her/it.
zúlú	to wash/bath
À zúlú	wash/bath him/her/it
pélé	wash
À pélé.	Wash it.
À mé pélé.	Wash it.
tó	to divorce or to leave something or to be poor
À tó.	Divorce him/her.
Bàlà sí.	To run.
Bàlà sí gágà.	Run hard.
Bàlà sí zázá.	Run fast.
Bàlà sí tíe-tíe.	Run fast.
tẽnẽ̀	to climb
Tẽnẽ̀ lèí.	Climb up.
Gbè táã̀.	Get down.

Let us learn some verbs. These verbs will later be used in sentences in other lessons ahead. Repeat the statement two or three times.

yà	to sit
Yà táã̌.	Sit down.
À yà táã̌.	Set it down.
Yà à là.	to sit on something
wɔɔ	to lie
Wɔɔ táã̌.	Lie down.
dɔ	wait/stop
Yà à gènè.	Wait for him/her/it.
Dɔ à gènè.	Wait on him/her/it.
wéé	talk
kpèɛ	to welcome
À kpèɛ kɛ.	Welcome him/her/it
gbéɛ́	to yell
táá	to walk
Táá la.	Walk on it.
ɓálá	to step/ kick
Ɓálá à là.	Step on it.
Ɓálá à mɔ.	Kick it.
mɛ	to beat/ to kick
À mɛ.	Beat him/her/it or kick him/her/it.
Bìnì lèí.	Jump in the air.
vɔ	to jump
À káá.	Waste it.

Let us learn some verbs. These verbs will later be used in sentences in other lessons ahead. Repeat the statement two or three times.

À gòlò.	Sweep it.
sòló	to wipe
À sòló.	Wipe it.
suo	to spout
À suo.	Spout it.
À suo táã̀.	Spout it on the ground.
kpɔ́	to train
À kpɔ́.	Train him/her/it.

EXERCISE B

Read more on Verbs.

kòlo	to peel
À kòlo.	Peel it.
ɓèlè	to chew; to eat
À ɓèlè.	Eat it/ chew it.
yèlè	to tie/ to wear
À yèlè.	Tie it/ wear it.
À kpɛ́nɛ́.	Roll it.
gìnigíní	to roll
À gìnigíní.	Roll him/her/it.
gbini	to bend
À gbini.	Bend him/her/it.
kpékã́	to beg

EXERCISE B

Read more on Verbs.

À kpékā́.	Beg him/her.
pḗŋ	ask/beg
À pḗŋ.	Ask/beg for it.
À yέ	break it
À wí	break it
À dɔ	build it
À sɔ́lɔ́	sew it
lóní	to count
À lóní.	Count it.
sí	to take
À sí.	Take it.
péέ	to tear
À péέ.	Tear it.
pìè	to fan
À pie.	Fan him/her/it.
lúó	to mean
À lúó.	Mean him/her.
À yí lúó.	Drive him/her/it away.
À mέ túó.	Scare him/her/it.
À lḗí tó.	Finish it.
À wɛ̀iwέ́í.	Scatter it.
À bɔ̀nɔ-bɔ́nɔ́.	Stir it.
bɛ̀i	to fix

Exercise B

Read more on Verbs.

À bèi.	Fix it.
kɔ̀ɔ	to scratch
À kɔ̀ɔ.	Scratch him/her/it.
zɔ̃kɛ	to shake something
À zɔ̃kɛ.	Shake it.
bìì	to hide/ sneak/bury
À bìì.	Hide /him/her/it.
pèá	to roast
bɛ̀ɛ̃	to write
À bɛ̀ɛ̃	Write it.
yési	to laugh

Imperative Sentence

In English, when constructing imperative sentences, the verbs come before the subject. Examples are: wash hands, sing a song, clap hands, shake the phone, shake the bottle, drink water, cook food, rekindle the fire, stop the car, etc. In Mann, it is the opposite. The noun comes before the verb. Examples are stated below as they are spoken:

kɔ̀ pélé	hands wash
táɓo	song sing
kɔ̀ mè	hand clap
fɔ́ɔ̃ɔ̃ zɔkɛ	phone shake
gbɔ́ kpaa	pot cook
tíé pá	fire rekindle
yíí mi	water drink

IMPERATIVE SENTENCE

In English, when constructing imperative sentences, the verbs come before the subject. Examples are: wash hands, sing a song, clap hands, shake the phone, shake the bottle, drink water, cook food, rekindle the fire, stop the car, etc. In Mann, it is the opposite. The noun comes before the verb. Examples are stated below as they are spoken:

káa tèá	car stop
ká léɓo	door open

WORD STUDY

The suffix ɓo is most of the time attached to a verb. This may not be a grammar rule, but a careful observation, because it is not attached to all verbs. Read the following examples.

yɛɓo kɛ	to work
sènɛɓo	to pray
sògágàɓo	to play roughly
sálàɓo	to make a sacrifice
gàlàɓo	to build a fence
I nénéɓo.	Warm oneself.
M wũɓo.	Cut my hair.
M túóɓo.	Tell me hello.
M vùòɓo.	Tell me good morning.
M sénéɓo.	Welcome me.
M zúoɓo	Thank me.
Sùuɓo	to hook grass
kèèɓo	to spend a year
víɓo	to shake

Word Study

The suffix ɓo is most of the time attached to a verb. This may not be a grammar rule, but a careful observation, because it is not attached to all verbs. Read the following examples.

táɓo	to sing
À yíɓo.	Explain it.
Tɔ́ɓo	to fart
A pááɓo.	Leave a message.
gbóɓo	to cry
dɔ́ɓo	to cough
À gbɔ̀ɓo.	Retaliate.
nyìèɓo	to pick medicine
lùeɓo	to gossip
lɛaɓo	to disgrace
táá	to walk/drive/ride
À táá.	Drive it.
Káa táá.	Drive a car.
Ɓolo	to squeeze
À ɓolo.	Squeeze it.
À yɛ́.	Break it.
ɓɔlɔ́ɓɔ̀lɔ̀	smooth
À kɛ ɓɔlɔ́ɓɔ̀lɔ̀	Make it smooth.
Wéé gágà.	Talk hard/loud.
Wéé tã́ã̀.	Talk low.
Wéé lɔ́ɔlɔ̀ɔ̀.	Talk sofly.
tìséeɓo	to sneeze

Word Study

The suffix 6o is most of the time attached to a verb. This may not be a grammar rule, but a careful observation, because it is not attached to all verbs. Read the following examples.

táŋ ɓo	to sing
M̀ táŋ ɓo.	Sing for me.
táŋ kɛ	to dance
À táŋ kɛ.	Dance for him/her.
gbó ɓo	to cry
Ɓáá gbó ɓo.	Do not cry.

Exercise C

Learn some Adverbs.

à wì	under it; beneath it
à sɔ́nɔ́	near it
à mɛ̀í	behind him/her/it
mɛ́	where
kɔ̀ɛ́	near
gbèkèni	far
tíèe-tíèe	quickly
zázá	faster
sèlɛ̀ɛ̀-sèlɛ̀ɛ̀	slowly
mìã̀mìã̀	slowly
Kpɔ̀lɔ̀-kpɔ̀lɔ̀	weakly

Preposition

Some prepositions are very clear in the Mann language. When you see them being used, you should know that they are prepositions. Examples are "yí," meaning "in"; "wi" meaning "under", "mɔ" meaning "on."

La carries the meaning of "over" and it also means "him/her/it" depending on how it is used in the sentence. Another preposition is "ɓɔ" which means "out" or "outside" or "reach out", or "at" depending on the way it is used in the sentence.

Exercise D

Read the following prepositional phrases and short sentences.

m tóó mɔ̀	on my ear
m sɔ́ɔ́ mɔ̀	on my teeth
m wɛlɛ mɔ̀	on my face
gèlè mɔ̀	on the rock
tɔ̃́ɔ̃́ mɔ̀	on the mountain/ hill
Lɛ m̀ sɔ mɔ̀.	It is on my shirt.
Lɛ i tɔ́ mɔ̀.	It is on your name.
m tóó yí	in my ear
nyũ yi	in the nose
m lé	in my mouth
bààa yí	in the shoes
pɛlɛ yí	in town
kèè yí	in the year
lɔ́ɔ́ yí	in the week/ in the market

Exercise D

Read the following prepositional phrases and short sentences.

yíí wì	under water/ under a river
gèlè wi	under a rock
mɛnɛ ɓíàa wì	under the moonlight
yéné gágà wì	under the hot sun
A bìì gálá wi.	Hide it under a mat.
À bìì yúfà yí.	Hide it in a pocket.
ɓɔ	out
ɓɔ pɛlɛí	get outside
a ɓɔ à mɔ̀	reach out to him
E ɓɔ bṹa yí.	He/she/it came out of the hole.
Káa lɛ́ɛ ɓɔ.	The house leaks.
mèí la	over the sea
yíí la	over water
káa là	over a car
gèlè la	over a rock
Sɔ́ɔ káá la.	Put the clothes over him/her/it.
Kààlàa káá la.	Put the blanket over him/her/it.
I kɔ̀ ɓo m là.	Take your hand over me.
Ɓáá dɔ m la.	Don't stand over me.
Sɛ̀nɛɓo à là.	Pray over him/her/it.
Gèlegɔ̃ a la.	Fight over him/her.
Méía e kɛ gbíni à la.	The case was heavy over him/her.
Gèlè ɓo à la.	Take the rock over him/her/it.

Exercise D

Read the following prepositional phrases and short sentences.

E gbɛɛ́ à là.	He/she yelled at him.
M ká la.	I am at the house.

Exercise E

Read the following words and underline the prepositional phrases.

Méea lɛ mèí la.	The ship is over the sea.
Gɔɔ lɛ yía la.	There is a canoe over the river.
Kpáá lɛ yía la.	There is a raft over the river.
M yàá gèlè la.	I am sitting over a rock.
M yàá tǎŋkǎŋá yi.	I am sitting in a chair.
M yàá kpòúkpòú la.	I am sitting over a motorbike.
Ko yàá kpòűkpòű la.	We are sitting over a motorbike.
Lɛ yàá kpĩŋ la.	He is sitting over a bed.
O sènɛɓo Dèɓé la.	They prayed over David.
Le kpááa e gbɛ́ɛ́ ko la.	The old lady yelled at us.
Le kpááa e gbɛ́ɛ́ Zɔ̌ɔ́ la.	The old lady yelled at John.
Le kpááa e gbɛ́ɛ́ mia séí la.	The old lady yelled at everybody.
Mé a mɔ́ɔ gbɛ́ɛ́ ɓo ka la?	Why did she yell at you? (plural)
Ko kɛ wéékáá pia.	We were making noise.
Mé a mɔ́ɔ gbɛ́ɛ́ ɓo Zɔ̌ɔ́ la?	Why did she yell at John?
E kɛ tɔ́íɓo pia.	He/she was cursing.
Mé a mɔ́ɔ gbɛ́ɛ́ɓo Fólómó la?	Why did she yell at Flomo?
Fólómó e kɛ wèínaa kɛ pia.	Flomo was picking at someone.

Exercise E

Read the following words and underline the prepositional phrases.

Géli lɛ m là.	There is joy over me.
Géli lɛ nɛ́ɛ la.	There is joy over the girl.
Géli lɛ Gààté la.	There is joy over Garty.
Géli lɛ́ɛ nu Sɔŋwáɓe la.	Sunwabe feels joyful.

Exercise F

The use of throughout or so long (sólótótó)

Lèɛ e tó bã́ pía sólótótó yalá.	It rained throughout yesterday.
O tó tã́ɓo pia sólótótó yalá.	They sang throughout yesterday.
Ko túó yalá à gèe pia sólótótó le.	We were saying it throughout yesterday.
E tó nã́ã́kpɔ́ kɛ pia sólótótó le.	He was swearing throughout.
E tó e wèkpɔ́ pia sólótótó e ga.	He was whining throughout until he died.
E tó e zɔ̃kɛ pia sólótótó e ga.	He was fighting throughout until he died.
E tó ɓálá pia m mɔ̀ sólótótó le.	He was stepping on me throughout.
E kɛ nèkɛ pia sólótótó le.	He was lying throughout.
E kɛ yèiyéí kɛ pia sólótótó le.	He was playing rascality throughout.
Ma lièwèdɔ sólótótó le.	I advised him throughout.
E pɛ mé dã sólótótó le.	He learned throughout.
Mɛɛ wɔ̃̀ lɛ́ Ɓà gèe ké sólótótó le?	What are you talking about so long?

Exercise F

The use of throughout or so long (sólótótó)

Mεε wìì lέ ɓà kpàà ké sólótótó le?   What meat are you cooking so long?

Exercise G

Some words describing behaviors.

wéé káá.	Make noise.
wéé káá mi.	a noisemaker
wéé káá mia.	Noisemakers
wéé káá nè.	a noise-making child
wéé kã́ mi.	a troublemaker
wɔ̀ɔ̀ mi	a foolish person
wéé dà mi	a troublemaker; a prostitute
bè mi	a crazy person
À yéí sí mì	someone you laugh with
wè nyɔ́ɔ̀ mi	a hot temper person
wè nḗnèĩ̀ mi	a sweet mouth person
sɔ̀ŋyɔɔ kɛ mi	a wicked person
sɔ̀ŋyɔɔ	wickedness; bad behavior
sɔ̀ŋyie	good behavior
yéí	laughter
Yé sí à mɔ̀.	Laugh at him/her.
I mé sí.	Dress (to wear clothes).
I mé nyɔ̀ɔ.	Dress (to move further).
I líé sí.	Take time.

Exercise G

Some words describing behaviors.

Mann	English
I kɔ̀ sí.	Take your hand.
I gã̀ sí.	Take your foot.
Bàlà sí.	Run.
M bḯḯ sí.	Take my picture.
Ɓáá yéi sì à mɔ̀.	Don't laugh at him.
wɛlɛ yele	frown; to tie face
Ɓáá i wɛlɛ yele.	Do not frown.
Ɓáá i wɛlɛ yele m mɔ̀.	Do not frown at me.
Wìì pèá.	Roast a meat.
Wììa pèá.	Roast the meat.
Ɓà kpé m̀ wììa pèá.	Please roast my meat.
Kpèí pèá.	Roast a corn.
Kpèía pèá.	Roast the corn.
Kpã̌ã́ pèá.	To roast fish.
Kpã̌ã́a pèá.	Roast the fish.
Bólò pèá.	Roast a plantain.
Bólòa pèá m lèɛ.	Roast the plantain for me.
M̀m̀ bólòa pèá.	Roast my plantain.
béi	a cassava
M̀m̀ béia pèa.	Roast my cassava.
sálàɓo	to make sacrifice
Ɓáá sálàɓo.	Do not sacrifice.
tìséeɓo	to sneeze

Exercise G

Some words describing behaviors.

Tìséè lɛɛ m kè.	I feel like sneezing.
I lé kpèí.	Yawn; open your mouth.
pélɛ́	to wash
I kɔ̀ pélɛ́.	Wash your hands.
I wɛlɛ pélɛ́.	Wash your face.
Ḿm̀ nàà ḿm wɛlɛ pélɛ́.	I want to wash my face.
Ḿm̀ nàà ḿm gã̀ mé pélɛ́.	I want to wash my feet.
Ḿm̀ nàà kɛɛ ḿm sɔ pélɛ́.	I want to wash my clothes.
Ḿm̀ nàà kɛɛ ḿm zúlú.	I want to take bath.
Ḿm̀ nàà kɛɛ ḿm lekè zúlú.	I want to bathe my younger brother/sister.
Ḿm̀ nàà kɛɛ ḿm dàa-kòlò zúlú.	I want to bathe my old father.
Ḿm̀ nàà kɛɛ ḿm lèe-kòlò zúlú.	I want to bathe my old mother.
mi kòlò	an old person
gɔ̃ kòlò	an old man
le kòlò	an old lady
gɔ̃a kòlò	old men
gɔ̃ kpáàa	an old man
le kpáàa	an old lady
loà kpáàa	old ladies

Lesson Nine: Pronouns Usage

Pronouns usage is very critical in the Mann language. One has to pay special attention to the pronouns and the stress signs. Note that the pronoun has three cases, namely, the nominative case, the objective case, and the possessive case. It also has the first person, the second person, and the third person as well as singular and plural pronouns. A pronoun may be the same word or the same letter but the use of the stress sign may determine its case. Some of the pronouns are one letter words (m, I, a, e, o) or two letter words (m̀m̀, ka, ko, ɓa, ɓi, la, lɛ, wa, ȋ, óò,) and three letter words (káà, ɓáa, kɔa, kɔ́a, lɛ́ɛ, láà, kóò).

Exercise A
Nominative Case Pronouns

Read the following examples.

m, m̀m̀, ma, máà	I
ko, kóò	we
i, ȋ	you (singular)
ka, káà	you (plural)
e, lɛ́, ye, lɛ́ɛ	he/she/ it
o, óò	they

EXAMPLE ONE

M ló pìà.	I am going (singular first person).
Ko ló pìà.	We are going (plural first person).
I ló pìà.	You are going. (singular second person)
Ɓi wá ló pìà.	You (singular) second person are not going.
Ka ló pìà.	You are going (plural second person).
Lɛ ló pìà.	He/she/it is going (singular third person).
Ye wá ló pìà.	He/she/it is not going.
O ló pìà.	They are going (plural third person).

EXAMPLE TWO

The pronoun <u>I</u> changes to <u>ma</u> and the singular pronoun <u>you</u> changes to <u>ɓi</u> after the <u>verb to be</u>. Read the following examples.

Ma lɛ.	It is I.
Ko lɛ.	It is we.
Ɓi lɛ.	It is you (singular).
Ka lɛ.	It is you (plural).
À ye lɛ.	It is. he/she/it.
O lɛ.	It is they.

Other examples using two-letter words. The pronouns below are doubled with stress signs when using will as a helping verb to indicate the future tense.

Read the following examples.

Ḿm̀ lo lóò.	I will go.
Kóò lo lóò.	We will go.
Íì lo lóò.	You (singular) will go.
Kòó ló lóò?	Won't we go?
Káà lo lóò.	You (plural) will go.
Kàá ló lóò?	Won't you go?
Léè lo lóò.	He/she/it will go.
Lèé ló lóò?	Won't he/she go?
Lèé ló lóò.	He/she/it will not go.
Óò lo óò.	They will go.

Possessive Case pronouns

Here, the singular pronoun <u>you</u> changes to <u>ɓà</u> and the plural pronoun <u>they</u> changes from <u>o</u> to <u>wà</u>.

m̀	my, mine
kò, kɔ̀à	our, ours
ɓà	your (singular)
kà	your, yours (plural)
là	his/her/ hers/its
wà	their, theirs

Examples

m̀ nɛ́	my child

EXAMPLES

kò/kòà né	our child
Ɓà né	your (singular) child
kà né	your (plural) child
là né; à né	his/her/its child
wà né	their child

OBJECTIVE CASE

m	me
ko	us
Ì; ɓi	you (singular)
ka	you (plural)
à	him/ her/ it
o	them

EXAMPLE ONE

À nɔ m lèɛ.	Give it to me.
À nɔ ko lèɛ	Give it to us.
À nɔ i lèɛ.	Give it to you (singular).
À nɔ ka lèɛ.	Give it to you (plural).
À nɔ à lèɛ.	Give it to him/her/it.
À nɔ o lèɛ.	Give it to them.

NOTE:

There is something different in the objective case which is the opposite in English. In English, the verb comes before the object, but in Mann, the object comes first. Read the following examples:

À nɔ (Him/Her/It give).	Give him/her/it.
À mè (Him/Her/It beat).	Beat him/her/it.
À kpo fóló (Him/Her/It loosen).	Loosen him/her/it.
À gba (Him/Her/It offer).	Offer him/her/it.
M gba (Me give).	Give me.
M gba pɛlèe ká (Me give money).	Give me money.
À zúlú (Him/Her/It bath).	Bath him/her/it.
À lɔ́ɔ́dɔ (It sell).	Sell it.
O lɔ́ (Them buy).	Buy them.
O gélé (Them burn).	Burn them.
O tèá (Them stop).	Stop them.

EXAMPLE TWO

Here below, using the verb <u>let</u>, the pronouns him/her/it changes from <u>à</u> to <u>è</u>. Read the following.

Dɔ ḿ ló.	Let me go.
Kɔ̀à lo.	Let us go.
Kò lo.	Let us go.
Ì lo.	You (singular) go.
Kà lo.	You (plural) go.
È lo.	Let him/her/it go.
Ò lo.	Let them go.

EXERCISE B

Observe the stress signs.

Ḿm̀ nàà ḿ yíí mi.	I want to drink water.
M̀ḿ nàà ḿ yíí mi.	I don't want to drink water.
Kóò nàà kó yíí mi.	We want to drink water.
Kòó naa kó yíí mi.	We don't want to drink water.
Ɓáà naa í yíí mi.	You (singular) want to drink water.
Ɓàá naa í yíí mi.	You (singular) don't want to drink water.
Káà nàà ká yíí mi.	You (plural) want to drink water.
Láà nàà é yíí mi.	He/she/it/ wants to drink water.
È yíí mi.	Let him/she/it drink water.
Làá naa é yíí mi.	He/she/it doesn't want to drink water.
Óò nàà ó yíí mi.	They want to drink water.
Òó naa ó yíí mi.	They don't want to drink water.

EXERCISE C

The pronouns are in the nominative case. Read the following.

Ma lɛ́ m nu káa káa.	It is I who brought a car.
Ko lɛ́ ko nu káa káá.	It is we who brought a car.
Ko lɛ́ ko nu káàa káa.	It is we who brought the car.
Ɓi lɛ́ i nu káa káa.	It is you (singular) who brought a car.
Ka lɛ́ ka nu káa káa.	It is you (plural) who brought a car.
À ye lɛ́ e nu káa káa.	It is he/she who brought a car.

Exercise C

The pronouns are in the nominative case. Read the following.

À ye lɛ́ e nu káàa káa.	It is he/she who brought the car.
O lɛ́ o nu káa káa.	It is they who brought a car.

Exercise D

Read the following sentences with the pronouns in the possessive case.

M lèe lɛ zèe.	My mother is here.
M dàa lɛ zèe.	My father is here.
Ko dàa lɛ zèe.	Our father is here.
I dàa lɛ zèe.	Your (singular) father is here.
Ka dàa lɛ zèe.	Your (plural) father is here.
À dàa lɛ zèe.	His/her father is here.
O dàa lɛ zèe.	Their father is here.

NOTE:

We cannot say Là dàa lɛ zèe (His father is here) or Là na lɛ zèe (His wife is here). In stead, we use à dàa or à lèe or à na.

Exercise E

But we can say the following:

Là nɛ́ lɛ.	It is his/her child.
À nɛ́ lɛ.	It is his /her child.
Là káa lɛ.	It is his/her car.
À káa lɛ.	It is his/her car.
Là tòlòpè lɛ.	It is his/her cattle.

Exercise E

But we can say the following:

À tòlòpè lɛ.	It is his/her cattle.
À yɔ́ɔ lɛ.	It is his/her in-law.
À dɛ lɛ.	It is her husband.
À na lɛ.	It is his wife.
À báèe lɛ.	It is his/her nephew/niece.

Exercise F

Translate the following into the Mann Language.

I eat goat.

We eat a goat.

You (singular) eat a goat.

You (plural) eat a goat.

He/She eats a goat.

They eat a goat.

Do you (singular) eat a chicken?

Do you (plural) eat a chicken?

Do we eat a chicken?

Does he/she eat a chicken?

Do they eat a chicken?

Lesson Ten: Learn Some Adjectives

In the Mann Language, adjectives come after the word they describe or limit (kèle-kélé). It is the direct opposite of how adjectives are used in English. For example, in English one can say red car, white book. In Mann, one can say, káà zóló, kii púlú.

EXERCISE A

Repeat each sentence three times.

À kèlekélé.	Describe him/her/it.
Yaya là gbáa kèlekélé.	Describe Yaya's dog.
Kènékèné	bit and pieces; small-small.
Yaya là gbá tó lɛ Málò.	Yaya's dog is called Marlon.
Málò lɛ gbá nyɔ̀nɔ́ ka.	Marlon is a little dog.
Málò tóó lɛ ɓéké-ɓèkè.	Marlon has floppy ears.
Málò nyiɛ lɛ kélé-kélé.	Marlon has small eyes.
Málò gà̀ lè kpūū.	Marlon has short legs.
Málò wá gbá gbuo ka.	Marlon is not a big dog.
Málò lɛ gbá nyɔ̀nɔ́ peetáŋ ka.	Marlon is a very little dog.
Málò sɔ̀ŋ lɛ sè.	Marlon has good ways.
Málò sɔ̀ŋ wá yɔɔ.	Marlon does not have bad ways.

Exercise A

Repeat each sentence three times.

Málɔ sùe lɛ líé-líézè.	Marlon's paws are very sharp.
Málɔ kèi lɛ gbuo.	Marlon has big fur.
Málɔ nyiɛ lɛ gágà.	Marlon is frisky.
Málɔ wá gbèi. Málɔ lɛ ɓúlu.	Marlon is not tall. Marlon is short.

Exercise B

Let us talk about water. Repeat each sentence three times.

Yíí tíèe.	Hot water.
Yíí tíèe nɔ ḿm zúlúa ka.	Give me hot water to take bath.
Yíí dɔ́lɔ́ nɔ ḿ mi.	Give me cold water to drink.
'Bà kpé yíí dɔ́lɔ́ nɔ ḿ mi.	Please give me cold water to drink.
Yíí féí-fèì.	Warm water.
M gba yíí féí-fèì ka.	Give me warm water.
'Bà kpé m gba yíí féí-fèì ka.	Please give me warm water.
Yíí kéí-kèì.	Sour water.
Yíía lɛ kéí-kèì.	The water is sour.
Lɛ kéí-kèì kìlìɓà-kìlìɓà.	It is very sour.
Lɛ tɔ́ű-tɔ̀ṹ.	It is tasteless.
Yíí dùlù	dirty water
Yíí tɔ̀lɔ	flood
Yíí tɔ̀lɔ lɛ́ɛ nu.	There is a flood coming.
Yíí paàa	when a river is full
Yíí mìã̀.	Water current.

EXERCISE B

Let us talk about water. Repeat each sentence three times.

yíí kɔ̀né	a stream, creek; brook
Lèi yíí /lèɛ yíí	water from the sky; rain
bálá	a mud
lèɛ yíí bálá	mud from the rain
Báláa lɛ gbuo.	The mud is big.
Báláa áà dɔ.	It is muddy.

Lesson Eleven: Colors

LET US TALK ABOUT COLORS

The Mann Language does not have a detailed description of names for many colors as it is in English. Any object that looks pink, brown, red, maroon, and purple is considered RED. It is called pɛ zóló (red object).

Also, anything which looks dark such as dark gray, blue, black, green, olive, etc is considered BLACK. It is called pɛ tii (black thing). But blue is called gàla. And people often say, "Lɛ tii lè gàla" (It is dark like blue).

Anything that looks light gray is called an ASH color. It is called yúé. Yúé tɔ̀ɔ̀ lɛ́ɛ (this is an ash chicken).

Anything that looks yellowish is considered YELLOW. It is called pɛ weĩzè (a yellow thing).

Anything that appears white is WHITE. It is pɛ púlú (a white thing).

Another thing to remember, is that, unlike the English Language, the objects come before the adjectives. Exceptions are sand (nyìé sélé) and dust (mùnú sɛlɛ́).

EXERCISE A

Pronounce the following.

Pɔ̀ɔ̀ kèlekélé.   Describe things.

Exercise A

Pronounce the following.

wìi tii	a black animal
mɛ̀nɛ weĩzɛ̀	a yellow snake
mɛ̀nɛ zóló	a red/brown snake
mɛ̀nɛ tii	a black snake
mɛ̀nɛ bɛ̀ɛ̂ɛzɛ̀	a stripy; speckle snake
sɛ́lɛ́ zóló	a red dirt
sɛ́lɛ́ tii	a black dirt
sɛ́ŋkɛ́lɛ̀ púlú	a white singlet
fɛ́ɓɛ́	a white cotton
gáó	a yellowish color
bɛ̀lɛ̀ zóló	a brown / maroon or red trouser
bɛ̀lɛ̀ gàlazɛ̀	a blue trouser
le tii	a black woman
le zóló	a light skinned woman
le púlú	a white woman
kũí púlú	a white man (white people)
tɔ̀ɔ́ púlú	a white chicken
tɔ̀ɔ́ nyãã̀ púlú	a white chicken egg
tɔ̀ɔ́ nyãã̀ zóló	a brown chicken egg

When an object is stripy, it is called bɛ̀ɛ̂ɛzɛ̀. If the color resembles the stripy color of any object that one can refer to, the name of that object is mentioned. For example, gélé tɔ̀ɔ́ means hawk chicken, meaning that the chicken's color looks like a hawk. Gɔ́ sɔ means leopard clothes, meaning that the color of the clothes looks like a leopard skin. Note also that in

Liberia, the tribal word kwi refers to an educated person, an authority, and people from western countries. So kṹí púlú means a white man. Read the following.

EXERCISE B

Repeat the phrase three times.

tòò bɛ̀ɛ̃̀ɛ̃̄zɛ̀	a stripy chicken
mɔ̀ɔ̀ bɛ̀ɛ̃̀ɛ̃̄zɛ̀	a stripy bird
dìì bɛ̀ɛ̃̀ɛ̃̄zɛ̀	a stripy cow
sɔ bɛ̀ɛ̃̀ɛ̃̄zɛ̀	a stripy shirt
ɓòò bɛ̀ɛ̃̀ɛ̃̄zɛ̀	a stripy goat
ɓáá bɛ̀ɛ̃̀ɛ̃̄zɛ̀	a stripy sheep
ɓòò bɛ̀ɛ̃̀ɛ̃̄zɛ̀	a stripy goat
sòó bɛ̀ɛ̃̀ɛ̃̄zɛ̀	a stripy horse
wìì bɛ̀ɛ̃̀ɛ̃̄zɛ̀	a stripy animal

Lesson Twelve: The Sky

Let us talk about the heavenly bodies. Repeat each sentence three times.

nyɛ́nɛ́	sun
nyɛ́nɛ́ɛ̃	the sun
Nyɛ́nɛ́ɛ̃ lɛ́ɛ ɓɔ gágà.	The sun is hot.
Nyɛ́nɛ́ɛ̃ áà wèlè.	The sun has risen.
Nyɛ́nɛ́ɛ̃ lɛ wèlè pia.	The sun is rising.
Kámá lɛ nyɛ́nɛ́ɛ̇ mɔ̀.	There is ring around the sun.
Kámá nìɛɛ lɛ nyɛ́nɛ̀ mɔ̀.	There is a ring around the sun.
Nyɛ́nɛ́ tɛ́-nyɛ̀nɛ̀	sun set
Nyɛ́nɛ́ɛ̃ lɛ dà pia.	The sun is setting.
Nyɛ́nɛ́ɛ̃ áà dà.	The sun has set.
sĩ́ã́ã̃ŋèlè	stars
sĩ́ã́ã̃ŋèlèa	the stars
Sĩ́ã́ã̃ŋèlèa lɛ́ɛ ɓi.	The stars twinkle.
Sĩ́ã́ã̃ŋèlèa lɛ́ɛ ɓɔ.	The stars shine.
mɛnɛ	a moon; a month
mɛnɛè	the moon

Let us talk about the heavenly bodies. Repeat each sentence three times.

Mɛnɛ lɛ lèí.	The moon is up.
Ménéɛ léɛ ɓɔ.	The moon shines.
Ménéɛ léɛ ɓɔ́ lè nyɛ́néí.	The moon shines like day.
Ménéɛ lɛ wèlè pia.	The moon is rising.
Nu kó yà mɛnɛ ɓĩi bà.	Come let us sit under the moonlight.
Ménéɛ áà wèlè.	The moon has risen.
Ménéɛ lɛ dà pia.	The moon is setting.
Ménéɛ áà dà.	The moon has set.
lèí kii	the sky
lèí kii púlú	white sky
lèí kii tii	dark sky
lèɛ lɛ lèí	the rain is up
Lèí áà gózɛ.	when the sky looks like a leopard skin
gbèí ɓèlè	the rainbow
Gbèí ɓèlè lɛ lèí.	The rainbow is up.
Gbèí ɓèlè áà die.	The rainbow has crossed.

Lesson Thirteen: Homonyms

Some words sound alike, but they have different meanings depending on the stress and the un-stress syllables or sounds. Note that the word zóó means a traditional healer in Liberia. It is widely understood in the country.

Exercise A

Read the following words. Say each word three times to catch the difference.

né	a child
nè	a lie
kɛ́í	refusal to work; to mean
kɛi	a feather
kɛ́i	in the house
Sèé e kɛ́í kɛ m lɛ̀ɛ.	Saye refused to work for me.
Íi nè kè.	You lie.
Íi kɛ́í kè.	You refuse to work.
zóló	red
zòlò	a crest
zòlo	a red deer

Exercise A

Read the following words. Say each word three times to catch the difference.

zo	the red lizard
zò	a heart
zó	to break abruptly
zóó	a traditional doctor
zòla	on my heart
zolà	an iguana
Zòlò lɛ à wĩĩ.	There is a crest on his head.
Zòlò lɛ o wĩĩ.	There are crests on their heads.
Zòlò lɛ i wĩĩ.	There is a crest on your head.
zòloa.	the red deer
Zòloa lɛ pɛ ɓèlè pia.	The red deer is eating.
Zolà lɛ bàlà sí pia.	An iguana is running.
Zolàa lɛ bàlà sí pia.	The iguana is running.

Exercise B

Read these sentences.

M zò lɛ nyɔ́ɔ̀ɔ.	I am angry or my heart is painful.
M zò aà dà.	My heart is satisfied.
M zò lɛ́ɛ dà.	My heart is beating or my heart can be satisfied.
M zò lɛ́ɛ wààa; m ló pia zóó pie.	My heart is hurting; I am going to a doctor.
M̀ zóó áa nu.	My doctor has come.
Á à nu zò kɛ nyĩ̀ɛ̃ ka.	He has come with heart medicine.

Exercise B

Read these sentences.

M̀ zóó áa lo.	My doctor has gone.
À zò léɛ dà.	His heart is beating or his heart can be satisfied.
À zò lɛ sɛ.	He has a good heart.
À zò lɛ yɔɔ.	He has a bad heart.
À zò lɛ nyɔ́ɔ̀ɔ.	He is angry.
À zò wá sɛ̀.	He does not have a good heart.
À zò lɛ gbùò.	He has big heart (to be proud).

Lesson Fourteen: Names of Animals

Exercise A

Let us learn the names of some animals. Say each word three times.

bie	an elephant
welema	a rabbit
gèa	a rat
sòofãnlé	a camel
nyìɛwí tòotòò	a mantis
gué	a raccoon
kèlɛŋ	a fox
kèlɛŋ zóló	a red fox
lòolò	a chameleon
bámèi	a gecko
tòkóló	a grasshopper
tòkóló zɛɛ	a cricket
tùkpéi	a bear
gã̀ã̀	a guinea fowl
nényè	a hippopotamus
tèŋè	a pigeon

EXERCISE A

Let us learn the names of some animals. Say each word three times.

kúlù	hornbill
zɔ̃kã́ŋ	a blue jay
wɛɛ	a bush baby
dũũgèè	firefly
lólógbàgbà	a butterfly
yíàwákpá	a dragonfly
zèi	a locust
lèì	a bat
kã̄ŋkɛi	a quail
lúlú	an alligator
gbúúù	a crocodile
súnú	a shrew
kúo	a turtle
yííba kúo	a tortoise
gbémgbé	spring frog
fo	a toad
wɔ́ŋ	a boa frog
néìpáná	a lesh

Exercise B

Wìi bunuzè óò lɛ́ɛ́ ɓèlè; tó wìi bunuzè wáà wìi ɓèlè. Some animals eat leaves while some animals eat other animals. Ɛ́ɛ́ zení wìi lɛ́ ò lɛ́ɛ́ ɓèlèa bunuzè tɔ́ lɛ e kéa. These are names of some animals which eat leaves:

zòlo	a red deer
gbàà	a black deer
vèlè	a gray deer
bie	an elephant
sú	a bush cow
gɔ́lɔ́	a zebra
dìi	a cow
ɓò	a goat
ɓáá	a sheep

Exercise C

Wìi lɛ́ è yílí ɓɛɛ ni, yílí gã́ã́ ni ɓèlèa. Names of some animals which eat fruits, tubers, and roots.

bẽi	a beaver
té	a hedgehog
tùkpẽi	a bear
gbàgùɛ́	a gorilla
wɔ́kpɔ̀	a squirrel
gbɛ̃̀ɛ̃̀	a chipmunk
bɔ́nɔ	an opossum
lúúɓɔ̀	a bush hog

EXERCISE C

Wìì lέ è yílí ɓɛɛ ni, yílí gā́nā́ ni ɓèlèa. Names of some animals which eat fruits, tubers, and roots.

vúlú	a porcupine
sɔ́ɛ́	a ground hog
ɓàla	a pangolin (eats ants)
wɛɛ	a bush baby
lɛi	a bat
zétéŋ	a house mouse

EXERCISE D

Mɔ̀ɔ̀ vɔ̀ tɔ́ Names of some Birds.

tɔ̀ɔ̀	a chicken
tɔ̀ɔ̀gɔ̃́	a rooster
tɔ̀ɔ̀mu	a hen
kɔ̀a	an eagle
gélé	a hawk
kū́íí tɔ̀ɔ̀	a duck
kãkɛi	a quail
gà̰à̰	a guinea fowl
zɔ̃kéi	a blue jay
sɛ́lè	a hummingbird
wέi	a crow
fɔ́ɔ́	a hornbill
kúlu	a toucan
nyà̰mã̰nà̰	a weaverbird (rice bird)

Exercise D

Mɔ̀ɔ̀ vɔ̀ tɔ́ Names of some Birds.

záábòlu	a mockingbird
gbàà mɔ̀ɔ̀	a blackbird
dìì diẽ̀ mɔ̀ɔ̀	an egret
gbɔ́gbɔ́	a woodpecker
sòlòũ	a swallow
tèŋè	a pigeon
kpèlɛ́kpèlɛ́	a boubou (pepper bird)

Exercise E

Wìì lɛ́ ò wìì ɓèlèa o bunuzè tɔ́ lɛ́ e kéa: These are names of some animals which eat animals.

kèleĩ̀	a fox
gɔ́ẽ́nɛ́	a cat
gɔ́	a leopard
wɔ̀ɔ́ŋ	a lion
gbìnì	a boa constrictor
ɓólóŋ	a cheetah
kɔ̀a	an eagle
síí	a kite
gɔ̀ãgɔ̀ã	a vulture
lúúgbã́	a hyena

Exercise F

Let us put some of them in sentences. Say each sentence three times.

Wìia lɛ e lé ɓèlè pia.	The animal is eating.
Kɛ̀lɛĩa lɛ e lé ɓèlè pia.	The fox is eating.
Kɛ̀lɛĩa lɛ tɔ̀ɔ́ ɓèlè pia.	The fox is eating a chicken.
Gbìnìa e súé mání.	The boa constrictor swallowed a groundhog.
Súɛ́ɛ lɛ gbákò.	The groundhog is big.
Wɔ́ɔ́ŋ áa ɓáá kũ.	The lion has caught a sheep.
Wɔ́ɔ́ŋ lɛ gbákò.	The lion is big.
Wɔ́ɔ́ŋ gɔ̃ lɛ.	It is a pride male.
Wɔ́ɔ́ŋ mu lɛ.	It is a lioness
Wɔ́ɔ́ŋ nyɔ̀nɔ́ lɛ.	It is a cub.
Kɔ̀a lɛ lúúa yi.	There is an eagle in this bush.
Kɔ̀a lɛ bílíkùa yi.	There is an eagle in this forest.
Gɔ́ lɛ bílíkùa yi.	There is a leopard in this forest.
Gɔ́ yã̀ã̄ã́ lɛ bílíkũa yi.	There is an aggressive leopard in this forest.
Bílíkũa yi lɛ gbíní-gbínízè̀.	This forest is fearful.
Wìi yã̀ã̄ã̄zè̀ lɛ̀ɛ nyɛ bílíkũa yi.	An aggressive animal cannot finish in this forest.

Exercise G

Read the following sentences.

Mia búnùzè̀ òó wìi ɓèlè.	Many people do not eat meat.
Mia búnùzè̀ òó zòlo ɓèlè.	Many people do not eat red deer.

Exercise G

Read the following sentences.

Mia búnùzè òó gbàà ɓèlè.	Many people do not eat black deer.
Mia búnùzè òó wìì dɔ.	Many people do not know animals.
Mia búnùzè òó lɔ̀kɛ wìì ka.	Many people do not love meat/animals.
Mia búnùzè òó sɔ̀ɓo wìì ka.	Many people do not play with animals.
Mia búnùzè òó lɛ́ɛ́ ɓèlè.	Many people do not eat leaves.

Exercise H

Names of domestic animals. Pɛlɛí tòlòpè tɔ́ lɛ́ e kéa. These are names of domestic animals.

tɔ̀ɔ̀	a chicken
kúí tɔ̀ɔ̀	a duck
gà̰à̰	a guinea fowl
ɓɔ̀	a goat
ɓáá	a sheep
dìì	a cow
ɓɔ̀	a pig
gbã́	a dog
góɛné	a cat
welema	a rabbit
sòo	a horse
sòofã̀nlé	a camel

Exercise I

Names of Some Creeping things. Pɔɔ̀ lɛ́ ò tàà o gĩ́ làa. The creeping things.

vèívèí	The general name for ants.
zulu	driver ants
yéné zóló	red weaver ants
yéné tii	black weaver ants
wèĩ	lice
lɔ́ɛkpɛ́	bed bugs
nũɛ́-nũɛ́	fire ants
kpẽa-kpẽa	bullet ants
bɛ́lɛ́kpɔ̀	termites
nyã̌ã́-gɔ̀ã̀-gɔ́ã́	a thousand legs
wã́ná̃	a worm
mènɛ	a snake
bìli	a cassava snake (a rattlesnake)
kpɔ̀kúlú	a millipede
vùlù-gbɔ́ɔ̀lèe	a caterpillar
tòũ	a baboon worm
dòòvɔ̃ɔ̀	a baboon fly

Lesson Fifteen: Phrases

Exercise A

Some important phrases. Say each phrase three times.

séí-séí	all, everything
mia séí-séí	everybody
pɛ séí-séí	everything
lè séí-séí	everywhere; every place
wìì séí-séí	every animal
luu séí-séí	every bush
luu wìì séí-séí	every bush animal
pɛlɛi wìì séí-séí	every town animal
lɛ́ɛ́ séí-séí	every leaf; all leaves
lúó séí-séí	every day
lɔ́ɔ́ séí-séí	every week
mɛnɛ séí-séí	every month
kèè séí-séí	every year

Exercise B

Read the sentences below.

Ḿ m̀ tòlòpè tòlò kèè séíséí ka.	I raise cattle every year.
Ḿm̀ ɓáá tòlò kèè séíséí ka.	I raise sheep every year.
Ḿm̀m lé ɓèlè lúó séí ka.	I eat every day.
Ḿm̀ lo yɛɓo píé lúó séí ka.	I go to work every day.
Ḿm̀ lo Wálà kèi lɔ́ɔ́ séí ka.	I go to church every week.
Ḿm̀ lo pɛlɛi lɔ́ɔ́ séí ka.	I go to town every week.
Ḿm̀ lo máá mɛnɛ séíséí ka.	I go up country every month.
Ḿm̀ lo máá kèè séíséí ka.	I go up country every year.
Ḿm̀ lo máá lúó séí séí ka.	I go up country every day.

Lesson Sixteen: Words with Multiple Meanings

Word Study

In Mann, some words have several meanings. One of such is the word, káá. Káá means to waste, to go brook, to talk too much, etc.

Exercise A

Say each line three times.

yíí káá	waste water
Yíía káá	Waste the water.
Yíía káá tã́ã.	Waste the water on the ground.
À kɔ̀ áa kaa.	He has gone brook.
zi áa kaa	a road no longer in use
Zía áa kaa.	The road is no longer in use.
Ĭl wéé kàà.	You talk too much.
I wè káá.	Say what you want to talk.
I wè káá léa mɔ̀.	Propose to the woman.
sɛ́lɛ́ káá.	to pay the damage.
Lɛ́ɛ wéé kàà.	He/she talks too much.

EXERCISE A

Say each line three times.

Óò wéé kàà.	They talk too much.
Káa aà káá.	The house has fallen.
Gàlàa aà káá.	The fence has broken down.
Gáláa káá.	Start plaiting the mat.
Gálá káá.	Start plaiting a mat.
M sɔ̀ù káá.	Explain my habit.
I sɔ̀ù káá.	Explain your habit.
O sɔ̀ù káá.	Explain their habits.
Wɔ́ɔ̃ e káá à wĩĩ.	The case went against him.
Wɔ́ɔ̃ e káá o wĩĩ.	The case went against them.
Wɔ́ɔ̃ e káá m wĩĩ.	The case went against me.
Káàa e káá.	The car had an accident.
Káa wéé kàà káàa káá pia.	You are making noise at the scene of the car accident.
Káàa e káá ka ká Kákàpa?	Did the car make accident with you (plural) at Kakata?

EXERCISE B

Remember that the stress and un-stress syllables change the meaning of the word. Remember also that a word may sound the same but it has several meanings depending on the usage. See examples below. Say each word three times.

lúó	a day
lúó	to mean
lúó doó	one day

Exercise B

Remember that the stress and un-stress syllables change the meaning of the word. Remember also that a word may sound the same but it has several meanings depending on the usage. See examples below. Say each word three times.

lúó dò	someday
À lúó	mean him/her
À lúó pɛlèe ká.	Mean him with money.
À lúó sɔ ká.	Mean him with clothes.
lùò	a slave
lùò gɔ̃	a slave man
lùò lè	a slave woman
lùò lé	a slave's mouth
dùò	a bush cow
dùò	throw
gèlè dùò	throw a rock
Lè e kɛɛ i gèlè dùò?	Did you throw a rock?
E dùò gɛ̃.	He saw a bush cow.
E dùò zɛ.	He killed a bush cow.
E dùò dùò.	He threw at a bush cow.
E gèlè dùò dùòa pie.	He threw a rock at the bush cow.
E gèlè wélé dùò dùòa pie.	He threw a stone at the bush cow.

Exercise C

Read the following sentences.

wìì wélé	an animal bone

Exercise C

Read the following sentences.

yílí wɛ́lɛ́	seed; fruits
súo wɛ́lɛ́	pepper seed
wã́ã́ wɛ́lɛ́	palm kernel
gúó wɛ́lɛ́	peanut (seed)
wèlè	get up; stand up
Wèlè i ló.	Get up and go.
Wèlè zázá.	Get up quickly.
Wèlè zázá ɓá dùò gèlè wɛ́lɛ́ ka.	Get up quickly and stone it.
Wèlè zázá i yɛɓoa kɛ.	Get up quickly and do the work.
Wèlè zázá íi lé ɓèlè.	Get up quickly and eat.
Wèlè zázá i yíí mi.	Get up quickly and drink water.
Wèlè zázá i sɔ́ɔ pɛ́lɛ́.	Get up quickly and wash the clothes.
Wèlè zázá i lé ɓèlèa ɓèlè.	Get up quickly and eat the food.

Word Study

Quickly and fast can be used interchangeably. (zázá and tíèe-tíèe)

Exercise D

Say each line three times.

Wèlè tíèe-tíèe	Get up fast.
Wèlè tíèe-tíèe i ló.	Get up fast and go.
Táá tíèe-tíèe.	Walk fast.
Táá dɔ́lɔ́-dɔ́lɔ́.	Walk slowly.

Exercise D

Say each line three times.

À táá tíèe-tíèe.	Drive it faster.
I líédɔ.	Take time.
I líédɔ ɓá táá.	Take time to drive it.
I líédɔ í káàa táá.	Take time to drive the car.
À ɓèlè dɔ́lɔ́-dɔ́lɔ́.	Eat it slowly.
À ɓẽ̀ẽ dɔ́lɔ́-dɔ́lɔ́.	Write it slowly.
À mi dɔ́lɔ́-dɔ́lɔ́.	Drink it slowly.
À fɔ́lɔ́ tíèe-tíèe.	Loosen it fast.
Yíí dɔ́lɔ́ɔ mi dɔ́lɔ́-dɔ́lɔ́.	Drink the cold water slowly.

Lesson Seventeen: Names of Some Sickness

Learn the names of some sicknesses in the Mann. Yáá means sickness.

EXERCISE A

Say each line three times.

kɔ́ṹ-kɔ̀ũ̀	to be sick
yáá	sickness
M kɔ́ṹ-kɔ̀ũ̀.	I am sick.
Ko kɔ́ṹ-kɔ̀ũ̀.	We are sick.
I kɔ́ṹ-kɔ̀ṹ.	You are sick.
Lɛ kɔ́ṹ-kɔ̀ũ̀.	He/she is sick.
O kɔ́ṹ-kɔ̀ũ̀.	They are sick.
wũkèlè péɛ́	head pain, headache
wũkèlè wàa yàà	a severe headache
sɔ́ɔ́ wàa	tooth ache
nyiɛ wàa	eye pain
nyiɛ káá	blindness

EXERCISE A

Say each line three times.

kpɔ́lɔ́	disable, paralysis
gékpéné	stomach pains
gékpéné yàà	stomach sickness
nyiɛ káá yàà	blindness, visual impairment
kokɛ yàà	back pains
wei kélé yàà	gonorrhea
gbei kèlè	jaundice
yíí kpala yàà	diarrhea
géfũ yàà	diarrhea
gékṹ yàà	constipation
zòkɛ yàà	heart sickness
Ɓúlú fɔ̀ɔ yàà	liver sickness
Ɓa yàà	sore sickness
sólí yàà	voimiting
Lɛ sólí pia.	He is voimiting.
síkò-síkò	hiccough
kpìã	to burp or belch
tì sée yàà	sneezing sickness
dɔ̃ yàà	coughing sickness
bie dũẽ yàà	elephantiasis
tóó wàa yàà	ear pains
lòĩlè	ear sickness/ the mucus
kèlékèlé yàà	dysentery

Exercise A

Say each line three times.

yi yàà	sleeping sickness
dɔ̃ yàà	cough sickness
dɔ̃ kpẽipkẽi yàà	dry cough
fòò dɔ̃ yàà	asthma
zɔ̀kɔ̀lɔ̀ ɓɔ yàà	guiter
kɔ̀sɔ́ɔ́ kṹíí	whooping cough

Exercise B

Read the sentences below.

Dɔ̃ kpẽikpẽi yàà lɛ́ɛ à kè.	He suffers from dry cough.
Dɔ̃ kpẽikpẽi yàà lɛ́ɛ m kè.	I am suffering from dry cough.
Dɔ̃ kpẽikpẽi yàà lɛ́ɛ i kè.	You are suffering from dry cough.
Dɔ̃ kpẽikpẽi yàà lɛ́ɛ ko kɛ́.	We are suffering from dry cough.
M wũkèlè lɛ́ɛ pèè.	My head is hurting.
Ko wũkèlè lɛ́ɛ pèè.	Our head is hurting.
I wũkèlè lɛ́ɛ pèè?	Is your head hurting?
À wũkèlè lɛ́ɛ pèè?	Is his head hurting?
M zò lɛ́ɛ m kɛ.	My heart hurts.
Ko zò lɛ́ɛ ko kɛ.	Our heart hurts.
À zò lɛ́ɛ à kɛ.	His heart hurts.
gé fṹ yàà	diarrhea
Gé fṹ yàà lɛ́ɛ m kè.	I am having diarrhea.
Gé fṹ yàà lɛ́ɛ ko kè.	We are suffering from diarrhea.
Gé fṹ yàà lɛ́ɛ à kè.	He is suffering from diarrhea.

Exercise B

Read the sentences below.

Kèlé-kèlé léɛ m kè.	I am having dysentery.
Kèlékèlé léɛ ko kè.	We are suffering from dysentery.
Kèlékèlé léɛ o kè.	They are suffering dysentery.
kɔ̀ɔ̀ yí yàà	chest pains
Kɔ̀ɔ̀ yí yàà léɛ m kè.	I am suffering from chest pains.
Kɔ̀ɔ̀ yí yàà léɛ I kè.	You are suffering from chest pains.
Kɔ̀ɔ̀ yí yàà léɛ o kè.	They are suffering from chest pains.
À kɔ̀ɔ̀ yí lɛ nyɔ́ɔ̀.	His chest is painful.
O kɔ̀ɔ̀ yí lɛ nyɔ́ɔ̀.	Their chests are painful.
M kɔ̀ɔ̀ yí lɛ nyɔ́ɔ̀.	My chest is painful.

Exercise C

Read these sentences.

M kɔ́ṹ-kɔ̀ṹ.	I am sick.
Yáá léɛ m kè.	Some sickness is bothering me.
Ko kɔ́ṹ-kɔ̀ṹ.	We are sick.
I kɔ́ṹ-kɔ̀ṹ.	You are sick.
Lɛ kɔ́ṹ-kɔ̀ṹ.	He/she is sick.
O kɔ́ṹ-kɔ̀ṹ.	They are sick.
Mɛ̃ɛ̃ yàà léɛ i kè?	What type of sickness is bothering you? (Singular)
Mɛ̃ɛ̃ yàà lé à kè?	What type of sickness is bothering him/her?

Exercise C

Read these sentences.

Mɛ̃ɛ̃ yàà lɛ́ɛ o kè?	What type of sickness is bothering them?
Mɛ̃ɛ̃ yàà lɛ́ɛ ka kè?	What type of sickness is bothering you? (plural)

Exercise D

Read the following sentences.

M kéléĩ́-kèlèĩ̀.	I am well.
Maà kɛ kéléĩ́-kèlèĩ̀.	I am well now.
Ɓaà kɛ kéléĩ́-kèlèĩ̀?	Are you well now?
I kéléĩ́-kèlèĩ̀.	You are well.
Lɛ kéléĩ́-kèlèĩ̀.	He is well.
O kéléĩ́-kèlèĩ̀.	They are well.
Ko kéléĩ́-kèlèĩ̀.	We are well.
Nyìè	medicine; herb
Nyĩ̀ɛ̃̀ sí.	Take medicine.
Máà nyĩ̀ɛ̃̀ gɛ̀.	I have seen the medicine.
M nyĩ̀ɛ̃̀ si.	I took medicine.
Maà nyĩ̀ɛ̃̀ si.	I have taken medicine.
I nyĩ̀ɛ̃̀ si.	You took medicine.
Ɓaà nyĩ̀ɛ̃̀ si.	You have taken medicine.
O nyĩ̀ɛ̃̀ si.	They took medicine.
Waà nyĩ̀ɛ̃̀ si.	They have taken medicine.
M nu nyĩ̀ɛ̃̀ sĩ́.	I came to take medicine.

Exercise D

Read the following sentences.

Ḿm lo nyĩ̀ẽ̀ sĩ̀.	I am going to take medicine or I will take medicine.
M ló nyĩ̀ẽ̀ sí pia.	I went to take medicine.
M gó nyĩ̀ẽ̀ sí pia.	I came from taking medicine.
E gó nyĩ̀ẽ̀ sí pia.	He/she came from taking medicine.
E gé nyĩ̀ẽ̀ si.	He/she took stomach medicine.
O gé nyĩ̀ẽ̀ si.	They took stomach medicine.
Ko gé nyĩ̀ẽ̀ si.	We took stomach medicine.
M wḗnḗ nyĩ̀ẽ̀ si dɛɛ.	I took worm medicine recently.
M gé nyĩ̀ẽ̀ si.	I took stomach medicine.
M gó gé nyĩ̀ẽ̀ síi.	I am coming from taking stomach medicine.
O gó gé nyĩ̀ẽ̀ síi.	They are coming from taking stomach medicine.

Exercise E

Read the following sentences.

wḗnḗ	a worm
wḗnḗ nyĩ̀ẽ̀	a worm medicine
gé kpḗnḗ	stomach pains
gé kpḗnḗ nyĩ̀ẽ̀	stomach pains medicine
wɛ̀ɛ́	cold
Wɛ̀ɛ́ lɛ́ɛ m kɛ̀.	I am suffering from cold.
wɛ̀ɛ́ nyĩ̀ẽ̀	a cold medicine

EXERCISE E

Read the following sentences.

wũkèlè	a head
wũkèlè péé	headache
wũkèlè péé nyĩ̀ẽ̀	a headache medicine
yáá	a sickness
yáá nyĩ̀ẽ̀	a medicine for sickness
wélé yé	bone fracture
wélé yé nyĩ̀ẽ̀	a bone fracture medicine
nyĩẽ	an eye
nyĩẽ nyĩ̀ẽ̀	an eye medicine
ba	a sore
ba nyĩ̀ẽ̀	a sore medicine
tóó	ears
tóó nyĩ̀ẽ̀	an ear medicine
ko	back
kokɛ	a backache
kokɛ nyĩ̀ẽ̀	a back pain medicine
mɛ́ kpɔ̀nɔ	a fever
mɛ́ kpɔ̀nɔ nyĩ̀ẽ̀	a fever medicine
kpóló	body
m kpóló	my body
M kpóló kũũ lɛ m mɔ̀.	My body is hot.
M kpóló kũũ lɛ mɛ́ kpɔ̀nɔ ka.	My body is hot with fever.

Lesson Eighteen: Some Health Rules

Let us Learn Some Health Rules.
EXERCISE A

Kɔ̀à pɛ dɑ̃́ é gbɛ̃̀ à ká kɔa kɛ̀ kéléĩ́-kèlèĩ̀ wɔ̃̀ mɔ̀. Let's learn health rules.

Kɔ̀à kɔa kɔ̀ pɛ́lɛ́ teele.	Let's wash our hands always.
Kɔ̀à kɔa kɔ̀ pɛ́lɛ́ yíí ka.	Let's wash our hands with water.
Kɔ̀à kɔa kɔ̀ pɛ́lɛ́ yíí wà wèèe ka.	Let's wash our hands with soap and water.
Kɔ̀à kɔa kɔ̀ pɛ́lɛ́ yíí yie ka.	Let's wash our hands with good water.
Kɔ̀à kɔa kɔ̀ pɛ́lɛ́ yíí kpẽi-kpẽi ka.	Let's wash our hands with clean water.
Yé kɛ̀ kɔ́á kɔa kɔ̀ pɛ́lɛ́ yíí dùlùzɛ̀ ka.	Let's not wash our hands with dirty water.
Kɔ̀à kɔa kɔ̀ pɛ́lɛ́ yé kɔ́à gó zipiea ka.	Let's wash our hands when we come from the latrine.
Kɔ̀à kɔa kɔ̀ pɛ́lɛ́ yé kɔ́à gó yɛɓo kɛ pia ka.	Let's wash our hands when we come from working.
Kɔ̀à kɔa kɔ̀ pɛ́lɛ́ teele.	Let us wash our hands always.
Kɔ̀à kɔa kɔ̀ pɛ́lɛ́ lúó sɛ̃́ɩ-sɛ̃́ɩ ka.	Let us wash our hands every day.

Exercise B

Let us review the sight words. Say each word three times.

kòà kɔa	let us
kò	hands
pélɛ́	wash
yíí	water
yíí yie	good water
yíí dùlùzè	dirty water
yíí vúèe	rotten water/dirty water
yɛɓo	work
wèèe	soap; salt; lice, depending on the contex.
teele	always
zi	a road
zipie	road; toilet, depending on the contex.
kpola bunuzè	many times

Exercise C

Read the following sentences.

wɛ́ɛ́	flies
yằŋ	an egg
wɛ́ɛ́ yằŋ	fly eggs
Yé kè wɛ́ɛ́ é yà ɓà léɓèlè mɔ̀.	Don't allow flies to sit on your food.
Yé kè wɛ́ɛ́ ée yằŋ káá ɓà léɓèlè mɔ̀.	Don't allow flies to lay eggs on your food.

Exercise C

Read the following sentences.

Yé kè wɛ́ɛ́ɛ́ é yà ɓà yíí mi kɔ̀ɛ̀ mɔ̀.	Don't allow flies to sit on your cup.
Yé kè wɛ́ɛ́ɛ́ ɛ́e yằŋ káá ɓà wìì mɔ̀.	Don't allow flies to lay eggs on your meat.
Yé kè wɛ́ɛ́ɛ́ ɛ́e kɔ̀ pɛ́lɛ́ ɓà lɛ́ɓèlè bà.	Don't allow flies to wash their hands in your food.
Wɛ́ɛ́ɛ́ wá sè.	Flies are not good.
Wɛ́ɛ́ɛ́ lɛ́ɛ yà lè yɔɔ̀-yɔɔ̀ mɔ̀.	Flies sit at bad places.
Yé wɛ́ɛ́ɛ́ áa gó lɛ yɔɔ̀-yɔɔ̀ mɔ̀ɔ, lɛ́ɛ yà lɛ́ ɓèlè mɔ̀.	When flies come from bad places, they sit on food.
Yé wɛ́ɛ́ɛ́ áa gó lɛ yɔɔ̀-yɔɔ̀ mɔ̀ɔ, lɛ́ɛ yáá nɔ mia lɛ̀ɛ.	When flies come from bad places, they give sickness to people.

Lesson Nineteen: Mosquitos

Learn About Mosquitos.

EXERCISE A

Repeat each sentence three times. Some are long sentences.

Pɛ dã é gbè à ká nia-nia mɔ̀. Learn about mosquitoes.

Níã-níã lɛ́ɛ mia kã.	Mosquitoes bite people.
Níã-niã lé lɛ líé-líézè.	Mosquitoes have sharp mouth.
Níã-níã lɛ́ɛ mi kã, áa mi lɛ́à pɔ̃̀nɔ̀.	Mosquitoes bite and suck blood.
Yé níã-níã áa mi kã́ã, lɛ́ɛ yáá dà mi kpóló yi.	When mosquitoes bite, they pass sickness into the body.
Kṹí vɔ̀ óò yáá e kílía si màléwèlè.	Western people call it malaria.
Kɛɛ Máá mìà óò si mɛ́ kpònɔ̀ yàà.	But Mann people call it body pain sickness.
Lɛ́ɛ mi kè kɔ́ŋ-kɔ̀ŋ ɛ́ɛ́ áa mi kpóló yí kè nyɔ́ɔ̃̀ɔ̃.	It makes one sick and makes the body painful.

EXERCISE B

Read the following:

Màléwèlè e kília lɛ́ɛ mi kè nɛ́nɛ́ ka.	Malaria makes one to feel cold.

Exercise B

Read the following:

Màléwèlè e kília, búnùzè láà kè mia wáa sòlì.	Malaria makes some people throw out.
Lɛ́ɛ pɛ ɓèlè lɔ̀ nyẽ mia mɔ̀.	It causes the loss of appetite.
Làa kè tó nɛ́nɛ́ áa mi kè, ɛ́ɛ́ ɓáa tìséè ɓo.	It makes you feel cold, and makes you sneeze.
Nĩ́ã-nĩ́ã lɛ́ɛ e ɓṹũ̀ ɓo yíí vúèe bà, ɛ́ɛ́ lè yɔɔ̀-yɔɔ̀ mɔ̀.	Mosquitos breed in dirty water and dirty places.
Yé yíí vúèe aà kɛ kɔ̀è kòlò yí ká mèía, lɛ́ɛ e ɓṹũ̀ ɓo à bà.	When there is dirty water in a cup behind the house, it breeds in it.
Yé yíí vúèe aà kɛ pã́ni kòlò yí ká mèía, lɛ́ɛ e ɓṹũ̀ ɓo à ɓa.	When there is dirty water in an old pan behind the house, it breeds in it.
Yé yíí bálázè aà dɔ ká mèía, lɛ́ɛ e ɓṹũ̀ ɓo à bà.	When there is muddy water behind the house it breeds in it.
Yé sùu aà tòlò ɓà ká mɔ̀ɔ, nĩ́ã-nĩ́ã lɛ́ɛ e ɓṹũ̀ ɓo à yi.	When grass grows around your house, mosquitoes breed in it.
Ɛ́ɛ́ zénĩ yé dṹṹlà áa kɛ kɔ̀é ɓà ká mɔ̀ɔ, nĩ́ã-nĩ́ã lɛ́ɛ e ɓṹũ̀ ɓo à yi.	Also, when there is a dumpsite near your house, mosquitoes breed in it.
À mɔ́ɔ wɔ̃̀ e kília, yé kè yíí vúèe nì, gbòo nì, sùu nì, bálá nì ó kɛ ɓà ká mɔ̀.	As a result, do not allow dirty water, dirt, or grass to grow near your house.

Exercise C

Review these sight words. Pronounce them, paying attention to the sounds.

bálá	a mud
gbòo	a dirt

EXERCISE C

Review these sight words. Pronounce them, paying attention to the sounds.

gbòó	a joke
gbóó	to cry
vúèe	dirty, rotten
ɓű̃ṹ	breed; multiply
kɔ̀ɛ̀	a cup
kɔɛ	near
kɔ̀ɛ̀ kòlò	an old cup
tòlò	grow; bushy
tóló	a mushroom
tolo	something to be sworn on
mé kpònɔ	fever, sickness, pains
tìsée	cold/sneeze
Lɛ kɔ́ŋ-kɔ̀ŋ.	He is sick.
À mé kpònɔɔ̀ lɛ.	His body is painful.

EXERCISE D

Read these sentences.

dɔ́nɔ́	a net
nĩ́ã-nĩ́a dɔ́nɔ́	a mosquito net
mɛ́ɛlẽŋ	a needle/ syringe
mi	to drink or suck
Ì yìì nĩ́ã-nĩ́a dɔ́nɔ́ wì.	Sleep under a mosquito net.

Exercise D

Read these sentences.

Ɓáa yìì níã-níã dɔ́nɔ́ wìa, níã-níã lɛ́ɛ̀ i mi.	When you are under a mosquito net, mosquito does not suck you.
Níã-níã sɔ́ɔ́ wáá le. Kɛɛ mɛ́ɛlẽŋ lɛ à le.	Mosquito does not have teeth, but it has a suryringe in its mouth.
Lɛ́ɛ̀ mi lɛ̀a pɔ̀nɔ mi kpóló yi.	It sucks one's blood from the body.
Níã-níã wá sɛ̀.	Mosquito is not good.
Lɛ́ɛ̀ yáá dà m yi.	It puts sickness in people.
Lɛ́ɛ̀ màléwèlɛ̀ yáà dà mi yi.	It puts malaria sickness in people.
Kɛɛ yé ɓaà yìì níã-níã dɔ́nɔ́ wìa, níã-níã lɛ̀ɛ́ ló i mìì, sã̀manekè é i kã; ɓɔ̀wáká i dɔ́nɔ́ wì.	When you sleep under a mosquito net, mosquitoes will neither suck you nor bite you because you are under the net.

Exercise E

Review these sight words.

níã-níã	a mosquito
màléwèlɛ̀	a malaria
dɔ́nɔ́	a net
yáá	sickness
mɛ́ɛ̃lẽŋ	a needle; suryringe
ɓɔ̀wáká	because
yíí	water
yìì	sleep; last long; way of life
yìì zèe	sleep here

EXERCISE E

Review these sight words.

yìì yie	good way of life
yìì yɔɔ	bad way of life
aà yìì	He/she/it has lasted or lived long.

Lesson Twenty: Names of Tribes in Liberia

Let us learn the names of tribes or languages.

EXERCISE A

Say each word three times.

Máá wè	Mann Language
Gbàlà wè	Kpelle Language
Gbɔ́ɔ́ɔ̀ wè	Bassa Language
Gìsì wè	Kissi Language
Tũá̋ wè	Lorma Language
Vèi wè	Vai Language
Mèlé wè	Mandi Language
Kɔ̃́ná wè	Krahn Language
Kùlúù wè	Kru Language
Géɛ́ɛ wè	Dan Language
Gbã̀lé wè	Gbandi Language
Gèlépò wè	Grebo Language
Gòláa wè	Gola Language
Ɓèlé wè	Belle Language

Let us learn the names of tribes or languages.

EXERCISE A

Say each word three times.

Kúí wè	English Language
Fã́nã́sì wè	French Language
Pòlògíi wè	Portuguese Language
Máá mi	Mann person
Máá mia	Mann people
Wa ye Máá.	He was born in the Mann land.
Gbàlà mi	Kpelle person
Gbàlà mia	Kpelle people
Wa ye Gbàlà.	He was born in the Kpelle land.

EXERCISE B

Read the following sentences.

Gbàlà mia óò Gbàlà wè gèe.	Kpelle people speak Kpelle.
Fólómó lɛ́ɛ̀ Gbàlà wè gèe.	Flomo speaks Kpelle.
Gbɔ́ɔ́ɔ̀ mia óò Gbɔ́ɔ́ɔ̀ wè gèe.	Bassa people speak the Bassa language.
Gàapú lɛ́ɛ̀ Gbɔ́ɔ́ɔ̀ wè gèe.	Garpu speaks Bassa.
Gàapú lɛ Gbɔ́ɔ́ɔ̀ gɔ̃ ka.	Garpu is a Bassa man.
Tṹã́ mia óò Tṹã́ wè gèe.	Lorma people speak Lorma.
Kɔ́lí lɛ́ɛ̀ Tṹã́ wè gèe.	Kollie speaks Lorma.
Kɔ́lí lɛ Túã́ gɔ̃ ka.	Kollie is a Lorma man.
Kɔ́lí, Túã́ wè gèe m lɛ̀ɛ.	Kollie, speak Lorma to me.
Máá mia óò Máá wè gèe.	Mann people speak Mann.

Exercise B

Read the following sentences.

Kɔũ lɛ́ɛ̀ Máá wè gèe.	Kou speaks Mann.
Kɔũ, lɛ Máá le ka.	Kou is a Mann woman.
Wa ye Yía.	She was born in Yila.
Wa ye Sḯŋgbèiŋ.	She was born in Sanniquellie.

Exercise C

Read the following sentences.

Kɔũ, Máá wè gèe ko lèɛ.	Kou, speak Mann to us.
Kɔũ, ɓà kpélɛ sè. Máá wè gèe ko lèɛ.	Kou, please speak Mann to us.
Kɔũ, ɓà kpélɛ sè, Máá wè gèe m lèɛɛ.	Kou, please speak Mann to me.
Máá wè gágà gèe ko lèɛ.	Speak hard Mann to us.
Máá wè lɔ́ɔ́-lɔ̀ɔ̀ gèe ko lèɛ.	Speak easy Mann to us.
Máá wè kpãna-kpãnazè gèe à lèɛ.	Speak important Mann to him.
Ɓáá Máá wè kpálààa gèe m lèɛ.	Don't speak smart Mann to me.
Ɓáá Máá wè ɓò gbɔ́ɔ́-bìlízè gèe m lèɛ.	Don't speak upside down Mann to me.
Ɓáá Máá wè fũã̀-fũã́zè gèe m lèɛ.	Don't speak an embarrassing Mann to me.
I lé Máá wè lɛ yéízè.	You speak funny Mann.
Ɓáà kè máà yéí sì.	You make me laugh.
Ɓáá yéí sí m mɔ̀.	Don't laugh at me.
Yéí sí kó i sṍṍ gè.	Laugh let us see your teeth.
Yéí sí ɓá gàá dà.	Laugh loudly.

TEACH YOURSELF THE MANN LANGUAGE

Exercise C

Read the following sentences.

Máá mia óò yéí si mia mɔ̀.	Mann people can laugh at people.
Máá mia óò yéí si fèle-fèle.	Mann people can laugh for nothing.
Máá mia óò sɔ̀ɓo.	Mann people play.
Máá mia óò sɔ̀ɓo wáa tákè.	Mann people play and dance.
Óò tákè wáa yílízè.	They dance and beat drum.
Óò táɓo, wáa tákè, wáa nyɔ̀nɔ̀.	They sing, dance, spin, twist and turn.
Óò tákè sè.	They dance well.
Gólà mia óò tákè.	Gola people dance.
Óò tákè wáa bìnì lèi wáa gbè.	They dance, jump up and down.
Gbàlà mia óò tákè sè.	Kpelle people dance fine.
Òó tákɛ lɔ́ɔ́-lɔ̀ɔ̀.	They do not dance easily.
Gèlépò mia óò tákè lɔ́ɔ́-lɔ̀ɔ̀.	Grebo people dance easily.
Ɓèlé wè lɛ gágà.	Belle Language is difficult.
Ɓɔ́ímà, Ɓèlé wè zɔ̃́ m lèɛ.	Boima, please teach me the Belle Language.
Ɓɔ́ímà, ḿm̀ nàà ḿ Ɓèlé wè dã̀.	Boima, I want to learn Belle.
Ɓà kpé Ɓèlé wè zɔ̃́ m lèɛ.	Please teach me the Belle language.

Exercise D

Read the following sentences.

Wè kpeè lɛ́ ɓà gèe?	Which language do you speak?
Wè kpéɛ lɛ́ ɓà ma?	Which language do you understand?

Exercise D

Read the following sentences.

Ḿm̀ Kṹí wè gèe.	I speak English.
Ḿm̀ Kṹí wè gèe.	I speak English.
Ḿm̀ Kṹí wè bɛ̂ɛ̃.	I write English.
Ḿm̀ Kṹí wè gèe máà bɛ̂ɛ̃.	I read and write English.
Ḿm̀ Kṹí wè gèe féfé le.	I speak English very well.
Ḿm̀ Kṹí wè bɛ̂ɛ̃ féfé le.	I write English very well.
I Kṹí wè médá̃ mɛ́?	Where did you learn English?
M kṹi wè médá̃ Dùkɔ.	I learned English in Monrovia.
M Kṹí wè médá̃ Gɔ́ɔ́pà.	I learned English in Ganta.
M Kṹí wè médá̃ Sɛ́íŋgbèiŋ.	I learned English in Sanniquellie.
Ka Kṹí wè médá̃ mɛ́?	Where did you (plural) learn English?
Ko Kṹí wè médá̃ Kákàpà.	We learned English in Kakata.
Ko Kṹí wè médá̃ Gbɛkɔ.	We learned English in Buchanan.
Ko Kṹí wè médá̃ Tàpèpà.	We learned English in Tapita.
Ko Kṹí wè médá̃ Sègélepíé.	We learned English in Saclepea.
M Kṹí wè médá̃ Yía Mísɔ̀.	I learned English at Yila Mission.
Yía Mísɔ̃̀ Kṹí púlú vɔ̀ lé o Kṹí wè zɔ̃̀ ko lèɛ.	Yila Missionaries taught us English.
Yía Mísɔ̃̀ Kṹí púlú vɔ̀ o kii zɔ̃̀ ko lèɛ.	Yila mission white people taught us to read.
O Wálà lé wè gèe ko lèɛ Yía nɔ́ kíli.	They preached the word of God to us also.
Íì bèi táɓoò Kṹí wè yí?	Are you able to sing in English?

EXERCISE D

Read the following sentences.

Íì bɛ̌i dɔɔ̀ mi lélà Kúí̋ wè yí?	Are you able to interprete English?
M̀m̀, ḿm bɛ̌i dɔɔ̀ mi lélà.	Yes, I am able to interprete.
Gbào, m̀ḿ bɛ̌i dɔɔ̀ mi lélà.	No, I am not able to interprete.

EXERCISE E

Read the following questions and answers.

Wè kpeɛ̀ lɛ́ 6à ma?	Which language do you understand?
Ḿm̀ Gɛ́ɛ wè ma.	I understand the Dan language.
Wè kpeɛ̀ lɛ́ 6à ma zéni?	Which language do you understand again?
Ḿm̀ Gbɔ́ɔ̀ wè geè máa Gbàlà wè gèè.	I can speak Bassa and Kpelle.
O i ye mɛ́?	Where were you born?
O à ye mɛ́?	Where was he/she born?
O o ye mɛ́?	Where were they born?
O ko ye Gbàk̋à.	We were born in Gbarnga.
Káa Gbàlà wè gèe?	Do you speak Kpelle?
M̀m̀. Ḿm̀ Gbàlà wè gèe.	Yes, I speak Kpelle.
Túa̋ wè bɛ̌ɛ̋?	What is it about Lorma?
Gbào, m̀ḿ Túa̋ wè ma.	No, I don't understand Lorma.
Gìsì wè bɛ̌ɛ̋?	What is it about Kissi?
Gbào, m̀ḿ Gìsì wè ma.	No, I don't understand Kissi.
Ḿ gɔ̀ Gìsì le lɛ i píé?	I thought you married a Kissi woman?

Exercise E

Read the following questions and answers.

Gbào, Gbàlà le lɛ́ e m píéa.	No, I married a Kpelle woman.
Íi Gbàlà wè gèe mɔű?	Do you speak Kpelle then?
Ḿm̀, ḿm̀ Gbàlà wè gèe féfé le.	Yes, I speak Kpelle very well.
Ɓa dá̂ kɔ̀ɔ kè kpɛ?	How did you learn it?
M kèè vṹdoó kɛ m na pà.	I spent ten years in my wife's home.
À lè lɛ́ m Gbàlà wè dá̂ yia.	There I learned Kpelle.
Ḿm̀ gɔ̀ íi Kɔ̃ná wè gèe?	I thought you speak Krahn?
Gbào, ḿm̀ Gèlépò wè gèe.	No, I speak Grebo.
I Gèlépò wè mɛ́ dá̂ mɛ́?	Where did learn Grebo?
M Gèlépò mɛ́ dá̂ Pílíɓò.	I learned Grebo in Pleebo.
M lèe lɛ́ɛ go Pílíɓo.	My mother comes from Plebo.
Píliɓo lɛ m lèe ye pèà ka.	Pleebo is my mother's birthplace.
M dàa lɛ́ɛ go Gààpà.	My father comes from Ganta.
O m dàa ye Gààpà.	My father was born in Ganta.
M lèe e m tòlò Píliɓo.	My mother raised me in Pleebo.
Ye lɛ́ m ló Gààpà Mísɔ̃̀ kii kèia.	Then I attended Ganta Mission School.
Ḿm̀ Máá wè wà Gélépò wè gèe.	I speak both Mann language and Grebo.

Exercise F

Translate the following sentences into the Mann language.

Yes, I speak Kpelle.

Yes, you speak Kpelle.

Exercise F

Translate the following sentences into the Mann language.

Yes, Korto speaks Kpelle.

Yes, they speak Kpelle.

Vai people live in Cape Mount.

Gola people live in Cape Mount.

My father was born in Gbapolu.

My mother was born in Gbapolu.

Where was she born?

She was born in Monrovia.

Lesson Twenty-One: Proverbs

Let us say some proverbs in Mann. Kɔ̀a Máá pĩ̀ɛ̀ vɔ. They are long sentences; repeat each line several times.

Gbá̃ nyɔ̀nɔ́ lèe nyu nũ wá yɔɔ à lèɛ.	A puppy's mother's nose does not look messy to her.
Mi wȭkèlè lèɛ́ die yílí ìi bĩ̀ĩ̀ a mèia la.	Your head cannot be taller than the tree you hide behind.
Kɔ̀ lɛ́ɛ̀ ɓɔ lɛ̀ lɛ́ e bɛi ɓɔɔ̀ yia mɔ kɛɛ lɛ́ e tĩ́ã́ ɓoò e kée mɔ.	The hand is supposed to reach to where it should reach before mouth opens.
Mi aà kɛ tópia yíí bàa, lɛ́ɛ̀ pɛ nɔ́ fɛ́ kũ.	When one is getting drown, he holds anything.
Né èe zɔ̀ɔ̀ nyɔ́ɔ̃́ɔ̃́, lɛ́ɛ kɛ́lɛ́ ɓo e lèe wĩ́ĩ.	The child who acts too much uncovers his mother's head.
Wɛi mésĩ́ĩ́ĩ́zè lɛ nɔ́ wɛi ka.	A decorated monkey is a monkey.
Wɛi kɔ̀ kè tii wá wɔ́ dɛɛ ka.	Monkey's black hand is nothing new.
Wɛi ɓèlè mì lɛ́ɛ̀ wàa ɓèlè.	One who eats monkey suffers.
Yé kaa áà gèe kelè gbũ̀ũ̀ nã lɛ ká mɛia, mɔ̀ɔ̀ lɛ́ɛ bɛi à tèéɓoò?	When a crab says that crocodile's wife is in labor pains, can a bird deny it?

TEACH YOURSELF THE MANN LANGUAGE

Let us say some proverbs in Mann. Kɔa Máá pīɛ̀ vɔ. They are long sentences; repeat each line several times.

Yé gbā́nā̀ áa kɛ dà piaá, ìi kɔ̀ kpɔ́ i die wīī.	When the lightening is striking, cover your own head.
Tíé lèé lè gélé nɔ́ ke kɛɛ i gbɛ̄̀ à kpā́nā̀ yi.	Fire cannot just burn a farm then you step there.
Wìì é nyɔ́nɔ́ bɛ̄ɛ̃̀, ɔ̀ó ɓo tíe o naà ka.	No matter how greesy the meat, you cannot take it from the fire with your tongue.
Kìe kɔwɛ́nɛ́ é kɛ bɛ̄ɛ̃̀ gbuòa lɛ́ɛ bɛi à nyū bū yi.	No matter how big the baboon's fingers, they fit in his nose.
Mɔ̀ɔ̀ gbuo lèé kɔ̀ɔ-kɔ́ɔ́ ɓɔɔ; lɛ́ɛ kɔ̀ɔ-kɔ̀ɔ̀ pɛ la.	A big bird does not boast for nothing; it boasts over something.
Yé né aà kɛ e lee diɛ̄̀ sìè pia, làá yí dɔ ke lɛ a dietī́ yàlà lɛ.	When a child is messing his mother's back, he does not know that it is his own seat.
Ɔ̀ó kaa ɓèlè yélè ka.	One does not eat crabs with shame.
Ìí yà mi gbā̄ā̀ ɓáa gèè kélè à lé gīī lɛ́ɛ ɓɔ̀.	You cannot be over somebody's shoulder and complain that his mouth smells.
Dà gāla mi lèé e lee ɓóa dɔ.	A sojourner does not know his mother's grave.
Né gí áa dɔɔ, lɛ́ɛ tènè zā́ yìlì mɔ̀.	When a child is full, he climbs on okra tree.
Wɛi lɛ́ɛ e die woŋ sia.	Monkey tows its own tail.
Géli gbuo lɛ́ɛ kòo dà bini.	Too much happiness drops scale fish on the shore.
'Bòo à né yeè lɛ́ɛ ɓòò la.	Goats can be saved because of having kids.

Let us say some proverbs in Mann. Kɔa Máá pīɛ̀ vɔ. They are long sentences; repeat each line several times.

Wɛ́ɛ́ è nɛ̀ɛ̃ gèɛ mɔ̀ɔ̀, lɛ́ o bìì à káa.	A stubborn fly is buried with the corpse.
Ɓèlè nɔ́ doó lɛ́ o wɛi dũ à kaà, óò kìe dũ à ka nɔ́ kíli.	The same rope that hangs a monkey, can hang a baboon as well.
Wɛi kpɔ̀nɔ̀mà gĩ̀ĩ lɛ̀ɛ́ nyɛ wɛi wélɛ́ mɔ.	Monkey scent can never finish from its bones.
Lɛ̀ ò ɓòò yèlè yia, lɛ́ èe lɛ́ ɓèlè yia.	Where you tie goat, there it eats.
Zū lɛ́ɛ ɓɔ ɓòògɔ̃ mɔ̀, kɛɛ mia ɔ̀ɔ́ yí dɔ.	Billy goat sweats, but people don't know.
Yé nɛ́ áa naa ɓɛ́ káa, lɛ́ɛ̀ tòlò à wĩ̃̀.	When a child wants horns, they grow on is head.
Yé sɔ́ɔ́ áa kɛi léa, ĩ̀ wɛ́ɛ̃̀ wi.	When you have teeth, you break kernels.
Yílí kpã̀nã̀ é yìì bɛ̃̀ɛ̃̀ yííbàa fɛ̀ɛ̀ɛ̃̀, lɛ̀ɛ́ niɛ gbũ̀ũ̀ yi.	No matter how long a log remains under the river, it can never change into a crocodile.
Gbɛ́ lɛ́ɛ̀ lo peigɛ́nà kpɛi gbéné wɛ́i; kɛɛ gɔ̃ané lɛ́ɛ̀ lo peigɛ́nà kpɛi mɛɛ wɛ́i?	Dog goes to a blacksmith's shop for a bell, but what does a cat go to blacksmith's shop for?
Zòwàà gé lɛ́ɛ gbo nɔ gbɛ́ lɛ̀ɛ.	Frustration causes dogs to eat trash.
Gbéè nyɛ̀i wá gbɛ́ɛ́kpã̀nã̀ ka.	Charcool is not the medicine for leprosy.
Foo láa lɔ̀kè yíí ka; kɛɛ ye wá yíí tîèe ka.	Toad loves water; but not when the water is hot.
Wɔ́ ò gèe wɔ̀ũ bili làa, ɔ̀ó bɛi à gèeè wɔ̀ũ nyiɛ mɔ̀.	What one would say over a dead lion, cannot be said in its face.

TEACH YOURSELF THE MANN LANGUAGE

Let us say some proverbs in Mann. Kɔa Máá pĩ̀ɛ vɔ. They are long sentences; repeat each line several times.

Lèɛ dɛɛ áa bã́ã́, sùu dɛɛ lɛ́ɛ̀ ɓɔ.	When new rains fall, new grass grows.
Wɔ́ lɛ́ e pá tɔ̀ɔ̀ mɔ̀ lɛ́ à sùe e yà à gã̀ mèa.	It is something that causes chicken to have its nails at the back of its legs.
Tɔ̀ɔ̀ pɛ lɛ à léa lɛ́ tɔ̀ɔ̀ lɛ à kpeĩa.	The chicken which has something is the one which others follow.
Ɓomo à lɔnyèa mɔ lɛ́ à kè lɛ́ bénɛ e kèí kũa.	The swampy bird's hatry causes black snake to be caught in a trap.
Òó nu mè nyìɛ gé lèɛ́ li.	When you slap nose, eyes can't be happy.
Yé wéélɔ̀ wá zèi mɔ̀ɔ, zèi zì dɛ laa dìɛ.	Because grasshopper does not like palaver, she tows her husband.
Zikpo lɛ́ɛ yà lɛ́ gã̀ è sɔ̀nɔɔ.	The butt sits before legs stretch.
Lɛ́ lɛ nɔ́ yɔɔ wáà pàà.	Mouth can be ugly, yet you lick it.
Tèè à nɛ́ lèɛ́ béi die ɓòo zòí.	An orphan child cannot dip a pounded cassava in the center of the soup.
Kpòò lɛ́ ò dɔ o kée mɔ̀ɔ, lɛ́ɛ ò tìnì o kée mɔɔ.	The bottles which stand together are the ones which rub against one another.
Ĭì gɔɔ kũ ɓáa kpóṹ kũ̀.	You hold a canoe and hold a riverbank at the same time.
Nyuéè lèɛ dà tíe wáa gèè à kpèlɛ e gélé.	When an elder falls in fire, no need to ask whether his beards got burnt.

Let us say some proverbs in Mann. Kɔ̀a Máá pīɛ̀ vɔ. They are long sentences; repeat each line several times.

Óò nèkɛ̀ sɔ́ɔ́yá̰-mì lɛ̀ɛ, kɛɛ òó nèkɛ wūkɛ-mì lɛ̀ɛ.	You can lie to one who shapens the teeth, but you cannot lie to a babber.
Òó líé mì là líé ɓo à kèlḛ̀.	You can't take a first person's first position from him.
Sɔ́ɔ́ wà nìna o nɔ́ mi lé wáà wéé dɔ̀.	Teeth and tongue are in the mouth, yet they make fuss.
Yé sɔ́ɔ́ wà nìna wáa wéé kɛɛ, dé à kɔ̀ è dìɛ̀?	When teeth and tongue fuss, which one wins?
Yíí kɔ̰̀né lɛ̀ɛ́ ɓe kɛ.	A tributary does not play magic.
Bɔ́ɔ́ sīi wá gágà, kɛɛ à yà mɛ̀ɛ́ wɔ̰̀.	It is not hard to join a craft, but the aftermarth is the problem.
Mi kòlò áà kɛ lḛ̀ mɔ̀ɔ, mɛɛ̀léíŋ lɛ̀ɛ́ gínì.	When an elder is around, a needle cannot get lost.
I vùò mì áà kɛ ɓeà, ìi yi gɔ̀nɔ̀ kásɔ́nɔ́.	When you have someone to wake you up, you can snore in the veranda.
Sɔ̀ e né lɛ̀ɛ sɛ̀ɛ, lé è lo à ká e lìidìɛ píéa.	The play which a child likes, is what he carries to his elder brother.

EXERCISE B

The language is surely rich with proverbs, parables, songs of specific occasions, ballads, sports, riddles, and puns. Here are a few examples of riddles and puns.

Kò náná ni nànà ni ko ló lɔ́ɔ́ yí.	We, Náná, and Nànà went to the market.

Exercise B

The language is surely rich with proverbs, parables, songs of specific occasions, ballads, sports, riddles, and puns. Here are a few examples of riddles and puns.

Náná áà e na nàà, nànà áà e na nàà.	Náná and Nànà were looking for their wives.
Kɛɛ Náná à ná à nààa lèɛ́ a naa.	But Náná's way of searching wasn't like Nànà's.
Nànà à na naa zì ka, Kɛɛ nànà lɛ́ɛ̀ e na nàà Náná à na naa zì ka.	And Nànà's way of searching was like Náná's.
M̀ pépé pàa kpáa, kpàà páa kpáa.	
Gǘɛ́ɛ́nɛ́ nyàámà nyɔ̀nɔ́, "M̀ḿ," lɛ́ɛ̀ kèáa, m̀ pɛ́ɛ kpáa ɓáa kɛ̀.	
Pèé Dùò e dùò dùò Dúo.	Paye Duo shot a bush cow at Duo.

Lesson Twenty-Two: Days of the Week & Months of the Year

EXERCISE A

The days of the week. Lúó lɛ́ e lɔ́ɔ́ yia tó lɛ e kéa.

Fíídɔ lùò	Sunday
Lɔ́ɔ́gbɛ̀ lùò	Monday
Lɔ́ɔ́zàká lúó	Tuesday
Lɔ́ɔ́pèèyí lùò	Wednesday
Lɔ́ɔ́tɔ́wáɓe lùò	Thursday
Lɔ́ɔ́tùòɓo lùò	Friday
Lɔ́ɔ́lúó	Saturday

EXERCISE B

The Months of the Year. Mɛnɛ lɛ́ e kèè yía tó lɛ e kéa.

Nyénépúlú mènè	January
Vùù mènè	February
Vùùsèá mènè	March
Zɛzɛgã̀là	April
Gélépɛ̃́ízɔ̃́á	May

EXERCISE B

The Months of the Year. Mɛnɛ lɛ́ e kèɛ̀ yía tɔ́ lɛ e kéa.

Tɔ̃́ɛ̃sí	June
Gbàlɛ̀ɛ́	July
Kàakáá	August
Dɔ̀lúú	September
Wàlàwàlà	October
Gamìpíétó	November
Néné mɛnɛ	December
Mɔ̀sì	Christmas
Mɔ̀sì mɛnɛ	Christmas month
Kóò lo Mɔ̀sì ɓoò Néné mɛnɛ yi.	We will celebrate Christmas in December.

Lesson Twenty-Three: Public Holidays in Liberia

Labía Lúó Gbuo. Let us talk about the holidays in Liberia. Public holidays in Liberia are as follow:

Fíídɔ lùò séí̃ lɛ lúó gbùò ka.	All Sundays are holidays.
Lúó gbùò vɔ̀ɔ gè o ké.	Here are the public holidays.
Kèè dɛɛ Lúó; Nyénépúlú Mɛnɛ Lúó 1	New Year's Day; January 1
Bu Lúó; Vùù Mènè lúó 11	Armed Forces Day; February 11
Ɓóà Mésí Lúó; Vùù sèá Mènè, Lɔ́ɔ́ pèè yí pèèlɛ lùò	Decoration Day; second Wednesday in March
Zeé Zeé Wáláɓa Ye Lùò; Vùùsèá Mènè Lúó 15	J.J. Roberts Birthday, March 15
Kɔ̀ Káá Kéa Lúó; Gélépéízɔ̀á Mènè Lúó 14	Unification Day, May 14
Tò Dìèlà Lúó; Gbàlèé Mènè Lúó 26	Independence Day, July 26
Félè Lúó; Kàa Káá Mènè Lúó 24	National Flag Day, August 24
Zúoɓo Lúó; Gamìpíétó Mènè à lɔ́ɔ́ Tɔ́wáɓe bèĩzè lúó	Thanksgiving Day; the first Thursday in November

Labía Lúó Gbuo. Let us talk about the holidays in Liberia. Public holidays in Liberia are as follow:

| Wéyɔ̀ Tɔ́mɛ̀ ye Lúó; Gamìpíétó Mɛ̀nɛ̀ Lúó 29 | William Tubman's Birthday, November 29 |
| Mɔ̀sì Lúó; Mɔ̀sì Mɛnɛ Lúó 25 | Christmas Day, December 25 |

EXERCISE A

Read the following sentences.

Ḿm̀ lo lóò Dùkɔ Tɔ́mɔ̀ ye Lùò ka.	I will go to Monrovia on Tubman's Birthday.
Ḿm̀ lo sɔ dɛɛ wàà Mɔ̀sì Lúó ka.	I will wear new clothes on Christmas Day.
Kóò lo sɔ̀ɓoò Kɔ̀ kàà-Kéa Lúó ka.	We will play on Unification Day.
Kɔ̀ Kàà Kéa Lúó wá gbaa gbèĩ.	Unification Day is not far again.
O Kɔ̀ Kàà Kéa Lúó bèĩzèɛ kɛ Vɑ́yámà.	The first Unification Day was held in Voijama.
Pélésè Tɔ́mɛ̀ e kpílì gbákò kɛ Vɑ́yámà.	President Tubman made a great feast in Voijama.
Mia o géli kɛ.	The people were happy.
O táɓo wáà tákè Vɑ́yámà.	They sang and danced in Voijama.
O táɓo, wáà yílízè, wáà tákè.	They sang, beat drums, and danced.
Mia ɓéɛ̀ɛ oo léɓèlè wáà o kɔ̀ pàà.	Human beings ate and licked their fingers.
O dìì búnùzè zɛ wa ɓèlè.	They killed several cows and ate them.
Tɔ́mɛ̀ a gèe mìa séĩ́ ó kɛ doó.	Tubman said that everybody should be one.

Exercise A

Read the following sentences.

Ó! E kɛ géli kɛ lùò gbákò ka.	Oh! It was a joyous day.

Exercise B

Read the following.

Kèɛ̀ Dɛɛ Lúó lɛ géli kɛ lùò ká.	New Year's Day is a festive day.
Mia búnùzè óò lo Wálà kèì.	Many people go to Church.
Míá òò ló kpáá Wálà kèìa óò lo Wálà kèì.	People who are not church goers go to church.
Óò Kèɛ̀ Dɛɛ ɓo nyéné pɛ́.	New Year is celebrated during the dry season.
Zúóɓo Lùò lɛ́ɛ nu líé Mɔ̀sì mɔ̀.	Thanksgiving Day comes before Christmas.
Mia óò Wálà zúo ɓo à lúó ka.	People thank God on that day.
Óò Wálà tǎɓo wáà sɛ̀nɛɓo.	They sing God's songs and pray.
Óò Mɔ̀sì ɓo nyéné pɛ́.	Christmas is celebrated during the dry season.
Óò Tò Dìè Là Lùò ɓo Lɛ̀ɛyíí pɛ́.	Independence Day is celebrated in rainy season.
Félɛ̀ Lúó lɛ́ɛ nu lɛ̀ɛyíí pɛ́.	Flag Day comes in rainy season.
Ɓóa Bèi Lùò lɛ yéɪ̃zè.	Decoration Day can be mournful.
Mia zò lɛ́ɛ vùò o mìà nì ka.	People can remember their loved ones.
Mia búnùzè óò gɓóɓo kpã̀nazè.	Many people cry too much.
Bu Lúó lɛ sóyà vɔ̀ wà géli kɛ lùò ka.	Armed Forces Day is soldiers' joyous day.
Óò dɔ o ɓèlɛ̀ yí wáà tàà.	They stand in line and march.

Exercise B

Read the following.

O líésí mì láa gèe, "Kà dɔ ka ɓèlè yí!"	Their leader says, "Stand in line!"
Óò dɔ o ɓèlè yí púlùù le.	They stand in straight lines.

Lesson Twenty-Four: Dressing

EXERCISE A

Let us talk about Dressing. Kɔ̀à wɔ́ gèe é gbɛ̃̀ à ka mi mésí pè mɔ̀.

Ɓɔ́ɔ́	a ring
Ɓɔ́ɔ́ lɛ i kɛlɛ?	Do you have a ring?
Ɓɔ́ɔ́ gbɛ̃̀ i kɔ̀ mɔ̀.	Wear a ring on your hand.
Ɓɔ́ɔ́ wàà i kɔ̀ mɔ̀.	Put a ring on your hand.
Ɓɔ́ɔ́ɔ wàà i ɓɔ́ɔ́ kɔ̀-wɛ́nɛ́ mɔ̀.	Put the ring on your ring finger.
Kpíèŋ lɛ i kpeí?	Do you have beads on your neck?
Yɔ̀ɔ́ lɛ i kpeí?	Do you have a chain on your neck?
Yɔ̀ɔ́ dà i kpeí.	Wear (drap) a chain on your neck.
Yɔ̀ɔ́ wàà i kpɛɛ mɔ̀.	Put a chain on your neck.
yà wĩĩ kɛ́lɛ́	head tie; cap
dà tóóyí pè	earring
gbàlá	a hat
gbàsà kɛ́lɛ́	a head tie (which ladies wear)
Dà tóóyi pè lɛ i tóóyi?	Do you have earrings in your ears?
Gɔ̃ lɛɛ́ dà tóóyí pè dà.	Men do not wear earrings.

Exercise A

Let us talk about Dressing. Kɔ̀à wɔ́ gèe é gbɛ̃̀ à ka mi mɛ́sí pɛ̀ mɔ̀.

Loa lɛ́ ò dà tóóyí pɛ̀ dàa.	Only women wear earrings.
Íi kɛ́lɛ́ yà i wĩĩ?	Do you wear a cap?
Ǐl gbàlá yà i wĩĩ?	Do you wear a hat?
Íi gbàsà kɛ́lɛ́ yà i wĩĩ?	Do you wear a head tie on your head?
Kɛ́lɛ́ɛ lɛ́ɛ i mɛ́kũ.	The cap looks good on you.
Kɛ́lɛ́ɛ lɛ́ɛ i wũ mɛ́kũ.	The cap looks good on your head.
Gbàláa lɛ́ɛ i mɛ́kũ.	The hat looks good on you.
Gbàsà kɛ́lɛ́ɛ lɛ́ɛ i mɛ́kũ.	The head tie looks good on you.

Exercise B

Read the following sentences.

sɔ	clothes
dà sɔ̀	a shirt
sɛ́ŋkéle	a singlet (t-shirt)
bèlè	trousers
bèlè gbèi	long trousers
bèlè kpũũ	short trousers
yèlè sɔ̀	a lappa
bàá	shoes
sàkpà	slippers
Bàá yà i gã̀ mɔ̀.	Wear a shoe on your foot.
Sàkpà yà i gã̀ mɔ̀.	Wear a slipper on your feet.
Sàkpàa ɓo i gã̀ mɔ̀ kéi.	Take off the slippers in the house.

Exercise B

Read the following sentences.

Sɔ́ɔ wàà kɔ́á ló.	Wear clothes let's go.
Sɔ́ɔ wàà kɛɛ kɔ́á ló.	Wear the clothes so that we can go.

Exercise C

Read the following.

Yèlè sɔ̀ yèlè.	Wear lappas.
Dà sɔ̀ dà.	Wear a shirt.
Dà sɔ̀ɔ dà.	Wear the shirt.
Bèlè gbèi yèlè.	Wear a long trouser.
Bèlè kpũũ yèlè.	Wear a short trouser.
sɔ dɛɛ	new clothes
Sɔ dɛɛ dà.	Wear new clothes.
Sɔ kòlò	old clothes
Sɔ kòlò dà.	Wear old clothes.
Sɔ kòlòa dà.	Wear the old clothes.
Bèlè dɛɛ yèlè.	Wear a new trousers.
Bèlè dɛ́ɛ́ɛ yèlè.	Wear the new trouser.
Bàá dɛɛ wàà.	Wear a new shoe.
Bàá dɛ́ɛ́ɛ wàà i gã̀ mɔ̀.	Wear the new shoes on your feet.

Exercise D

Read the following.

nyɛ́nɛ́-kɛ́ŋ	a watch
Nyɛ́nɛ́-kɛ́ŋ yà i kɔ̀ mɔ̀.	Wear a watch on your hand.

Exercise D

Read the following.

Nyɛ́nɛ́-kɛ́ŋ dɛɛ yà i kɔ̀ mɔ̀.	Wear a new watch on your hand.
dà tóóyí pè	an earring
Dà tóóyí pè dà i tóóyí.	Wear earrings on your ears.
Dà tóóyí pèɛ dà i tóóyí.	Wear the earrings on your ears.
i mésí	dress
I mésí sɛ.	Dress well.
I mésí pɛ sɛ́i-sɛ́i ka.	Dress with everything.
I mésí pɛ yie ká.	Dress with fine things.
I mésí sɔ dɛɛ ni, bàá dɛɛ ni ka.	Dress with new clothes and new shoes.

Lesson Twenty-Five: Culture and Tradition

Let us talk a bit about the culture and the tradition. The Mann peole have some unique culture and tradition. The tradition goes with discipline. The early training begins with the child and his mother. As a baby, when he bites his mother's breast intentionally while suking the breasts, his mother responds quickly by disciplining him so that he would not repeat such act. She slaps his mouth. Ɓáá m sɔ́ɔ́ dɔ!" (Don't bite me!). If he pinches or scratches his mother's face, or hands, she scratches his too. "Ɓáá m sùe dɔ!" (Don't pinch me). There is a proverb that says, "Sɔ̀ e né lɛ̀ɛ sɛ̀ɛ, lɛ́ e lo à ká e lidìè pia." (The play which a child likes, is what he carries over to his elder brother).

As the child is growing, he is toilet trained; he is taught to greet people and taught to behave properly when eating. For example, the use of spoons came later. People used their right hands to eat even if the person was left-handed. "Yé kè í pɛ ɓèlè i kɔ̀ gbiè ka." (Do not eat with your left hand).

The child is taught not to let his four fingers enter his mouth when eating. Instead, the fingers rest on the lips while the food enters the mouth. "Yé kè Íi kɔ̀ wɛ́né wàà i kpẽi." "Don't put your fingers in your throat." "Yé kè i leí é pà i kɔ̀ wɛ́né mɔ̀." "Don't let your spate touches your fingers." "Yé kè Í lé ɓèlèa gòlò." "Don't full your hand with the food." "Yé kè í léɓèlè pàlà dùò." (Don't eat in a greedy manner (fast).

Another important tradition is greetings. Among the Mann people, greeting is always in the form of a question. In the morning, "Ɓááa vuò?"

"Have you woken up?" In the afternoon or evening, "I túó?" Meaning, "Did you stay?"

The response is interesting. The answer is not yes, I have woken up. Instead, the response is "Yes, you have woken up or yes, you stayed." "M̀m̀ ɓaà vùò or m̀m̀ i túó."

What is most important is that the Mann people always call the person's name before responding to the greeting. Calling names would indicate respect, closeness, and warmth. If someone says, "Good morning, Kona," you are expected to call the person's name to respond. If you do not respond in that manner and if it is your habit, the society frowns at you because you do not greet properly.

If you traveled and spent one day or one week or more, close to one month, you greet when you return, "Ɓáa vùò? Or "Káa vùò?" The answer is, "M̀m̀ Sèé, ɓaà vùòa" or "m̀m̀ kaà vùòa," meaning Yes, Saye, have you woken up?" If you are answering one person, you say "M̀m̀ Sèé, ɓaà vùòa", and if it is more than one person, you may want to call one person's name among the group and greet all, "M̀m̀ Yàa, kaà vùòa." They all will answer in unison, "Ee, ɓáa vùòa," meaning, "Yes, you have woken up." "Vùò" means to wake up from sleep.

If the person spent longer time, the people welcome him, "I séné," meaning "Welcome." If it requires hugging, you hug and say, "Àáooo" which is just an expression of happiness and welcome. After hugging with Àáooo, you shake the person's hand and say, "I ùá," which is also a form of saying welcome, and the person answers, "M̀m̀, i ùá," meaning yes, you are welcome. It sounds funny but that is the direct translation.

If they are more than one, for example, three persons, you hug each person with Àáooo followed by shaking of hands and saying, "Ka ùá?" And they answer, "M̀m̀, i ùá." This welcome statement literally means did you stay? The answer sounds funny, but that is the literal transliteration, "Yes, you stayed." "M̀m̀, i ùá, or m̀m̀ ka ùá."

If it is a stranger, you welcome him or her "I séné." Meaning, welcome. Then both of you shake hands and you tell the stranger, "I ùá." And the answer is "M̀m̀, i ùá." You do not have to call the stranger's name because you do not know his name. But if you want to know his name, you call your name first.

Finally, it is good to mention about the tradition of the segment of the Mann speaking people in the Republic of Coté d'Ivoire. During the Liberian Civil Crises, the author traveled through Cotè d'Ivoire by bus to the Republic of Benin. He slept with some family members in Cotè d'Ivoire before leaving for Benin the next day.

Interestingly in the morning, when he greeted the landlady who was an Ivorian Mann-speaking woman, she did not answer. When the author asked, he was informed that it is the tradition of the Mann people in that country that they do not greet or answer greetings when they have not brushed their teeth and washed their faces. This is done to avoid bad breath (lé gii). Beyond this, the Mann they speak in Cotè d'Ivoire sounded different and one could tell that it is mixed with other languages (French and other local languages).

Exercise A

Let us do some greeting exercises. Say each sentence three times.

M dàa, ɓaà vuo?	My father, good morning.
M̀m̀ ɓaà vuoá.	Yes, good morning.
M lòóò ɓaà vuo?	My mother, good morning.
M̀m̀, ɓaà vuoá.	Yes, good morning.
Sèé, i sḗnḗ.	Saye, welcome.
M̀m̀.	Yes.
I ùá?	You stayed?
M̀m̀, i ùá.	Yes, you stayed.
Sèé, i túó.	Saye, hello or good afternoon or good evening.
M̀m̀, i túóàá.	Yes, hello or good afternoon or good evening.

EXERCISE A

Let us do some greeting exercises. Say each sentence three times.

Kɔ̀ù, i túó.	Kou, hello, or good afternoon or good evening.
M̀m̀, Nyã̀ã́, i túóàá.	Yes, Nya, hello or good afternoon or good evening.
I gó mɛ?	Where are you coming from?
M gó ko pà.	I am coming from our home.
M gó i pà.	I am coming from your (singular) home.
M gó ka pà.	I am coming from your (plural) home.
M gó Dùkɔ.	I am coming from Dukor.
M gó Láó.	I am coming from Lao.
M gó Zã̀ã̀.	I am coming from Zahn.
M gó Yía.	I am coming from Yila.
I gó mɛ?	Where are you coming from?
M gó Kṹí pa.	I am coming from a Western country.
I gó mɛ?	Where are you coming from?
M gó Mɛ́lɛ́kà.	I am coming from America.

Another important aspect of the Mann tradition in Liberia is the linage. All your mother's sisters are your mothers (m lòóò). There is no special term for it. All your mother's brothers are your uncles (m zíé). Your father's brothers are your fathers (m dàa). They are not your uncles. Your father's sisters are your mothers. There is no term for aunt. The Mann tradition is very unique. Your mother's brothers are your zíé (uncles) and you are their báèe (nephew).

There is no such word as cousins. They are your brothers and sisters because your father's brothers are your fathers and their children are your brothers and sisters. Similarly, your mother's sisters are your mothers and their children are your sisters and brothers. There is no such thing as cousins.

Interestingly also, there is no such term as brother between two boys. The word liidìe, meaning the elder is often used. You can either say lìidìè lezé if it is your older sister or lìidìè gɔ̃zè if it is your older brother. Also, you can say lekè lezè if it is your younger sister or lekè gɔ̃zè if it is your younger brother.

However, generally, boys can refer to their sisters as "M lɔ́ɔ̀ lèé" (my sister) and the sisters refer to boys as "M lɔ́ɔ̀ dàá" (my brother). The boy also refers to his sister as "M lúlɔ̀" (my sister), and the girl refers to her brother as "M mɔ́nɔ̀gɔ̃̀" (My brother).

Exercise B

Let us read each of these exercises three times.

M lúlɔ̀.	My sister.
M lúlɔ̀ gbuo mi.	My older sister.
M lúlɔ̀ ɓéí mi.	My younger sister.
Yàá lɛ m lúlɔ̀ ɓéí mi ka.	Yah is my younger sister.
Kɔ̀ũ lɛ m lúlɔ̀ gbuo mi ka.	Kou is my older sister.
Kɔ̀ũ lɛ m liidìè ka.	Kou is older than I.
Yàá lɛ m lekè ka.	Yah is younger than I or I am older than Yah.
Zósè lɛ m lekè gɔ̃zè ka.	Joseph is my younger brother.
Selɔ́ lɛ m lekè lezè ka.	Sarah is my younger sister.
Kóná lɛ m liidìè lezè ka.	Konah is my older sister.

NOTE:

Traditionally, when women are passing among men, they bow down in respect. Yékè í dɔ i gã mɔ í die mia fiɛ̃ "Do not stand up and walk among people."

Men do not wear earrings. Only slaves were identified by bowing their ears and putting rings in their ears to indicate that they were slaves. Gɔ̃ lɛ́ɛ́ dà tóóyí pè dà e tóóyí. "Men do not wear earrings." Loà lɛ́ ò pɛ dà o tóóyía. "Only women wear earrings." Men do not wear beads on their necks or on their waist. Only women wear beads on their waist and their necks. Gɔ̃́a òó kpĩɛ̀ dà o kpɛí; ɛ́ɛ́ òó kpĩɛ̀ dà o dĩ. Lóa lɛ́ ò kpĩɛ̀ dà o kpɛí wáa dà zéni o día. Men are taught to exhibit their masculinity by valor, gallantry, endurance, strength, physique, nobility, agility and so. Men are not allowed to behave or act like women. Such issues are strongly taught and handled by the elders and zoos.

Lesson Twenty-Six: A Brief History of the Mel Group

According to linguistic studies, languages have families, and it is interesting to touch this aspect in this book. The Mann language is said to be one of the daughters of the Mel language group within the South-Sahara Region of Africa. The Mel is said to have derived from the Niger-Congo Language families according to Linguistic Studies of Africa.

The Niger-Congo Language families according to Irene Thompson (March 2015), would be the largest in terms of member languages, the third largest in terms of speakers, and Africa's largest in terms of geographical area.

According to Bernard Comrie, World's Major Languages, 3rd Edition, languages became major, not because of their grammatical structure, but because of social factors-the sociolinguistic rations, in particular concerning the social interaction of languages. When languages share some set of features in common, these features are attributed to their common ancestor (p.1).

According to Ethnologue, an annual reference publication of Languagues of the World, there are 1,540 named Niger-Congo languages with large native speakers, and as at 2020, Ethologue's web-base had 7,117 languages in its 23rd edition (WIKIPEDIA).

Studies show that the most widely spoken Niger-Congo languages by member of native speakers include the Yoruba, the Igbo, the Fula, the

Shona, the Zulu. The Swahilli is also widely spoken in East and Southern Africa, and it is used as a Lingua franca, according to Irene Thompson.

Other languages within the Niger-Congo families according to Heine, Bernd, Derek (2000-08-03) include Temne, Mende, Gola, Kpelle, Dogon, Wolof, Maninka, Bambara, etc.

So then what can one say about the Mann language? Not much is said about it; however, studies indicate that it is a member of the Mel speaking group, with some specific inflectional, grammatic characteristics. Mann Language is spoken in some parts of Guinea, Cote'd Ivoire and Liberia.

THE KPELLE

The largest in the Mel group is the Kpelle, widely spoken in Liberia and Guinea. One of their distinctive shared characteristics is the position of the adjectives as well as the complicated use of the pronouns compared to other languages. For example, adjectives come before the nouns they describe. The Mann, the Dan, and the Kpelle people say, "a knife small," instead of a "small knife."

Another characteristic is that one word may mean several things depending on the intonation, the stress, and unstress syllabi.

As mentioned earlier, Kpelle is the largest and has much influence in Liberia in terms of the language in some respect. For example, long ago in Firestone when the company issued cups of rice to its employees, it gave 30 cups for 30 days regardless of the employee's family size. So, the Kpelle man used to say, I only got thirty (pùúsàwa) cups of rice. Pùúsàwa means thirty in Kpelle, and it absorbed into the Liberian English. The American parboiled rice, especially the ones from Firestone is widely called Pusawa in Liberia.

Another Kpelle word that is very popular in terms of communal work is kuu.

Besides naming towns in Kpelle, Kpelle's influence extends into the larger part of the then Central Province of Liberia. They named Kakata, Ganta, Sanniquellie, Tappita, and the word Mano.

According to Dr. Nya Kwiawon Taryor, they named the Mann people, "Mánu" in Kpelle, meaning Mann people. Thus, other people started calling the Mann people, 'Mano people." The Mann people themselves do not call themselves Mano people. In fact, when they are outside of the Mann region like in Monrovia, Cape Mount, Buchanan, Sinoe for example, they say, M ló pìà Máá (I am going to Mann.)

The Kpelle ethnic group is very humble and respectful due to its cultural influence. They and the Mann people share a lot of activities including traditional practices, culture, and festivities.

The language was promoted or elevated by President William Richard Tolbert in the 1970s when he asked his uncle, Dr. Advertus A. Hoff, former President of the University of Liberia, to add the Kpelle language to the language curriculum of the University because he wanted the Kpelle language to become the National language of Liberia. Thus, Kpelle was added to Vai, German, French, and of course English, at the Liberia College.

However, as the former President was facing strong political forces, he was at the same time having internal rangling among his Monrovia-based elite class who were unhappy with the decision to make Kpelle a national language, which could, in turn, subject their children to speaking Kpelle. Since his government allowed for the freedom of expression, people were openly criticizing and telling him that he (Tolbert) was only speaking Kpelle because he grew up with Kpelle people in Belefana, Bong County. That is why he was called Willie Loŋ (Willie's son), but he should not force their children to speak Kpelle.

Therefore, after the 1980 Coup d'etat in Liberia, the political will or the driving force which was behind the Kpelle language becoming a national language became unpopular and it is now dormant.

The Kpelle language, being a member of the Mel language family, has some words which are common, which sound alike, and have the same meaning.

See the table on the next page.

TEACH YOURSELF THE MANN LANGUAGE

English Word	Kpelle	Mann	Dan
God	Álà	Wálà	Áaɓí
forever	wɔ́lɔ́wɔ́lɔ́	wɔ́lɔ́wɔ́lɔ́	tòápé
fence	gàlà	gàlà	gàlà
two	vèèlɛ	pèèlɛ	pèèlɛ
three	saaɓa	yààka	yààka
five	nɔ́ɔ́lú	sɔ́ɔ́lí	sɔ́ɔ́lú
lock	kpoo	kpoo, gɔ́ɔ́ɓo	kpoo
bed	kpĩ	kpĩ	kpĩ
on the bed	kpĩla	kpĩla	kpĩla
sleep	yi	yi	yi
ship	méè	méè	méè
my mother	m lee	m lèe	m le
water	nyài	yíí	yíí
Let it be so.	É kɛ́ tí.	È kɛ kílí.	È kɛ pé.
you, me, my	m, i, ka, kú	m, i, ka, ko	m, i, ka, ko
where	mí	mé	mé
a girl	nèní or nèĩ́	né lèe/ né (a child)	né
unmarried woman	nèní	néĩ́	núú
a young mother	kɔ̀ɔ lèe	kɔ̀ɔ lèe	bɛ́ɛ
sacrifice	sálà kɔ̀là	sálà	sálà
cutlass	gbía	gbíe	gbíe
palm	tóŋ	tóŋ	sé

English Word	Kpelle	Mann	Dan
We're going to cut palm.	Kɔ̀à líi tóŋ tée.	Kóo lo tóŋ vɔɔ̀.	Ko ló la sé bɔ la.
swamp/mud	blá	blá	béi
hello	kà túóa	ka túó	nyéné áà ɓía
sweet	nìɛ́ɛ	néínèì	néínèì
price	sɔ̀ɔ̃́	sɔ̀ɔ́̃	sɔ̀ɔ́̃
chicken	téé	tɔ̀ɔ́	tɔ̀
a rat trap	gbĩ́	gbĩ́	ɓĩ́
head	wũ̀	wũ̀	gɔ̀
to be tired	fíŋ	fíŋ	gíga
I am tired.	Ḿ fíŋ áa kpɛɛ.	M fíŋ lɛ́ɛ nyɛ.	M gí áà ga.
door	kpóŋ	kpóŋ	kpóŋ
go	lí	lo	ló
toilet	kpó	gbo	gbo
potato	kúyɔ́	kwísóŋ	bãne
a bad person	nú nyɔ́ɔ́	mi yɔ́ɔ́	mɛ yaa
bad word	wò nyɔ́ɔ́	wè yɔɔ	wè yaa
corn	kpàí	kpèí	kpèí
an eye	nyéí	nyìɛ	nyã́
bad behavior	sòŋ nyɔ̀ɔ́	sòŋ yɔɔ	sòŋ yaa
Let your eye be on it.	Í nyéí kɛ́ mà.	I nyìɛ kɛ à mɔ̀.	I nyã́ kɛ à ɓà.
Let us go.	Kɔa lí.	Kɔa lo.	Kɔa ló.
a chicken	téé	tɔ̀ɔ́	tɔ̀

English Word	Kpelle	Mann	Dan
a cat	nyàle	nyã̀ã́mà	nyã
doing	kɛ mɛnɛ	kɛ wɔ̀	kɛ pè
western	kwíí	kwíí	kwíí
to open	láaɓó	léɓo	lípɛ̃́
Open a door.	Kpóŋ láaɓó.	Kpóŋ léɓo.	Kpóŋ lípɛ̃́.
Open the lock.	Kpoo tí láaɓó.	Kpooa léɓo.	Kpooɛ lípó.
Thank you.	I sèéè.	I sèkéè/ I zúo.	I zuo.
case	mèí / mèní	méí	za
your older person	Í lía	i lìi	i leí
spoon	mìnà	mìná	mìɛ̃́

Lesson Twenty-Seven: Intonation and Pronunciation

The Mann language has some important characteristics in intonation and pronunciation. Like other languages, the farther one goes, the differences one observes in speaking the Mann language. For example, those who live in Lao and Gbana Clans (Ganta, Kpain, Flumpa, etc) have some slight differences in pronouncing some words as compared to those who live in Zahn Clan or part of Wolota Clan in Bong County. These are dialects of the Mann language.

In Kpai Chiefdom, Bong County, the Mann speaking towns include Ɓéíwi, Bãnpa, Dòlòpà, Gàálemɔ̀, Gáà, Kpééwì, Lɔ̀ɔpà, Pélɛdɛɛyi, Kɔ́ípà, Kɔ́íkáàpɔ̀pà, Yíígbã́ãnlà, Yía, Yópíé, Yùúlà, Yólópa, Zówèsɔ́nɔ́, and Zɔ̀wúa. Some of these towns are near the Wohngan Fall, the lagest waterfall in Liberia. Those who are closer to Grand Bassa County speak the Mann, the Kpelle and the Bassa. They code-switch easily when speaking these languages and sometimes mix them up. They are called the Kokoya people in Liberia. Kokoya is a name of a small clan that has become a whole district.

Language is dynamic and other languages can be borrowed or absorbed or married into others due to their closeness or due to some circumstances. In the Kokoya District, the Mann people have absorbed the Bassa word, "yãnã̀ chá" which means exact in Bassa. They have also absorbed the word, fɔɔ which means "at all" in Bassa. The Mann word for fɔɔ is fuu. A person in Yolopa for example, would say, Lèé gbaa à kɛ fɔɔ chá (He didn't do it at all). In Nimba, it would be, Lɛɛ́ gbaa à kɛ fuu le (He didn't do it at all).

The same Mann ethnic group which lives across the St. John River in Guinea speak slightly different from the Mann in Liberia. Although we understand one another, they name some items which those in Liberia do not know or which have changed over the years. Look at this table, sampling a few expressions in Liberia and Guinea.

GUINEA	LIBERIA			ENGLISH
	ZAHN CLAN	GBANA CLAN	YARWII	
M ló pèlɛ̀	M ló pia.	M ló pie.	M ló pia.	I am going.
I tèká.	I tèá.	I tèá.	I tèá.	Sorry.
m lòkóo	m lòóò; m lèe.	m lòóò; m lèe.	m lòkóò; m nàá.	my mother
M lòkóo kɔ̀ɔ̀	M lòóò lɛ mɛ?	M lòóò lɛ mɛ?	M lèé lɛ mɛ?	Where is my mother?
	gbɛ̀lɛ̀	gbɛ̀ɛ̀	gbɛ̀ɛ̀	drum
gèlɛ	gèa	gèa/gèlɛ	gèa	rat
M lo tóloo pɛlɛi.	M lo dúoo pɛlɛi.	M lo dúoo pɛlɛi.	M lo dúoo pɛlɛi.	I am going to town.
gbao	gbao	gbao	Èé yòò; gbao	No
yíí sía mɔ̀	yíí sɔ́ɔ̀	yíí sɔ́ɔ̀	yíí sɔ́ɔ̀	Water side
Kà kòlo	Kòlo; kɔ̀à lo	Kòlo; kɔ̀à lo	Kɔ̀à lo; kòlo	Let us go.
sà kpána	sà fána; sópò	sà fána; sópó	sà fána; sópò	soap (savon in French)
né té ɓɛ	né lé e kéa	né lé e kéa	né lé e kéa	this child

Guinea	Liberia			English
	Zahn Clan	Gbana Clan	Yarwii	
kéŋkéŋ	páni	páni	páni	pan
Nu kó kɔ́nɔ́ ɓèlè./nu kó kɔ́nɔ́ yɔlɔ dà.	Nu kóo lé ɓèlè.	Nu kóo lé ɓèlè.	Nu kóo léɓèlè.	Come let us eat.
kpȅkélé	kpóó	kpȅkélé	kpóó	stool
keleŋ	kpèi	keleŋ	kpèi	palaver hut
kóɓé	ká	ká	ká	house
yɔɔ-tɔ́lɔ kà	nyìɛ kà	nyìɛ kà	nyìɛ kà	clinic
kii	bàá	bàá	bàá	shoes
wɛ́i	wɛ́iwɛ́lɛ́	wɛ́iwɛ́lɛ́	wɛ́iwɛ́lɛ́	coin
pɛ té ɓɛ	pɛ lɛ́ ɓɛ	pɛ lɛ́ ɓɛ	pɛ lɛ́ ɓɛ	this thing
wɔ́ té ɓɛ	wɔ́ lɛ́ e kéa	wɔ́ lɛ́ e kéa	wɔ́ lɛ́ e kéa	this case

The Mann Scripts

According to our Liberian history, Momolu Duwalu Bukɛlɛ invented the Vai scripts in 1833. Apparently, it was at the same period that a lot of missionaries were coming to Liberia, and churches were established. According to Mr. Jacob Kilikpo, a former long-time head of the Mann program at the ELWA Radio, the United Liberia Inland Missionaries came to Liberia in 1938. When the missionaries came, they observed that there were a lot of churches in Monrovia, so they decided to go into rural Liberia (inland) to establish their churches. Some of these missionaries came from England, Ireland, and Canada. Since they came from divergent denominations, they decided to name their mission, the United Liberia Inland Mission and they settled in Nimba County. It is they who introduced the Mann scripts around the 50s and 60s and it became more popular in the early 1960s when according to Mr. Kilikpo, he was a young person in school.

In the early 1960s, Rev. David Calson and Rev. Robert Mekay joined the Methodist Church in Ganta to translate the Bible into the Mann language. Rev. Mekay developed a Mann dictionary which he used during the translation. A big conference was convened at Ganta, Nimba County at which time Mr. Kilikpo served as one of the interpreters and translators. The Dan scripts were developed by Rev. Tom Jackson, who settled among the Dan-speaking people in Nimba. The Mann scripts like the Bassa, Kpelle, Dan, Kru, Lorma, etc, were developed by the missionaries to ensure that the Bible be translated into the local languages so that the people can own the word of God.

Lesson Twenty-Eight: Allophones in Mann

One of the speech allophones that is carried over in English in Liberia is the "m̀m̀," meaning, "yes" or "ḿm̀ḿ," meaning "no." "Èè" also means "yes" depending on the condition or distance. When a person is near or closer, he/she answers, "M̀m̀" with the lips closed and the sound comes from the nasal cavity. When the person is far away, he wouldn't answer "m̀m̀" because his voice won't be heard. Instead, he answers, "Èé" with the lips opened.

Similarly, to answer negatively, one says, "Ḿm̀ḿ," meaning "No." The "m̀m̀" or "m̀ḿ" allophones affect Standard English in Liberia, especially from the Mann background. When you call a person, instead of him answering "yes," he answers, "m̀ḿ" or èé, depending on the distance. For example, if Yàá is far away from me, she answers, "Èé" so that I hear her. If I want her to do something for me, she answers, "Èè." If she is near me, she answers "M̀ḿ." If I yell, "Yàá," and she is near me, she answers "M̀ḿ." But if she is far away, she answers loudly, "Èé!"

To answer in the negative, we say, ḿm̀ḿ or gbào. In the Yááwíí Mèsónó area in Nimba County, the people can answer gbào or èéi-yò. When we were in grade school learning English in rural Liberia, our teachers used to warn us not to answer "m̀m̀" or "m̀ḿ" when speaking English. Instead, we should say "yes" or "no."

The way some words are used or some expressions are made in the local language, that's how it is carried over into English in Liberia. For example, in the Mann Language, we say, M zò e dà zízàá (My heart falls back); or m lé páa lɛ (my mouth is full); or e m̀ pelèe ɓèlè (he ate my money); or m nupìa lóò (I am coming to go), etc. In Standard English, we don't eat money; we spend money. Our mouth can't be full; we can be surprised. The mouth can only be full with food. Our heart can't fall down; we can be disappointed instead. In Mann, we say "M̀ zò aà yà táã̀" (My heart has sat down), meaning I am satisfied. In the Mann Language, we can also say, "M nupìa tíèe-tíèe" (I am coming quick, quick), instead of I am coming quickly.

EXERCISE A

Repeat each sentence three times.

I ló pia lòònɔɔ̀?	Are you going today?
M̀m̀, m ló pia lòònɔɔ̀.	Yes, I am going today.
Ḿm̀ḿ, ḿm̀ lo tòò.	No, I am going tomorrow.
Gbào, ḿm̀ lo tòò.	No, I will go tomorrow.
Ḿm̀ḿ, ḿm̀ lo dîi.	No, I will go the day after tomorrow.
Ḿm̀ḿ, ḿm̀ lo dîi mèí.	No, I will go three days from now.
Íi lo nuù mɛ́ɛ pɛ́?	When are you coming? (singular)
Káa lo nuù mɛ́ɛ pɛ́?	When are you coming? (plural)
Kɔ́à lo nuù mɛ́ɛ pɛ́?	When are we coming?
Léè lo nuù mɛ́ɛ pɛ́?	When is he coming?
Óò lo nuù mɛ́ɛ pɛ́?	When are they coming?
Èè, óò lo nuù Lɔ́ɔ́lúó ká.	Yes, they will come on Saturday.
Èè, léɛ lo nuù Lɔ́ɔ́lúó ká.	Yes, he will come on Saturday.
Èè, léɛ lo lóò Lɔ́ɔ́pèèyí lùò ka.	Yes, he will go on Wednesday.

Note:

Remember that today is lòònɔɔ̀, tomorrow is díí, the day after tomorrow is díì mèí (meaning behind the day after tomorrow).

Exercise B

Repeat these sentences three times each.

Ḿm̀ḿ, m̀ḿ ló nuù Lɔ́ɔ́lúó ka.	No, I won't come on Saturday.
Gbào, m̀ḿ ló nuù Lɔ́ɔ́lúó ka.	No, I won't come on Saturday.
Ḿm̀ḿ, ìí ló nuù Lɔ́ɔ́lúó ka.	No, you (singular) won't come on Saturday.
Ḿm̀ḿ, kàá ló nuù Lɔ́ɔ́lúó ka.	No, you (plural) won't come on Saturday.
Gbào, kàá ló nuù Lɔ́ɔ́lúó ka.	No, you (plural) won't come on Saturday.
Ḿm̀ḿ, lèé ló nuù Lɔ́ɔ́lúó ka.	No, he/she won't come on Saturday.
Gbào, lèé ló nuù Lɔ́ɔ́lúó ka.	No, he/she won't come on Saturday.
Lɛ́ɛ lo nuù lɔ́ɔ́tɔ́wáɓe lúó ka.	He/she will come on Thursday.
E nu Fíídɔ lùò ká?	Did he/she come on Sunday?
E nu Lɔ́ɔ́gbè lùò ká?	Did he/she come on Monday?
E nu Lɔ́ɔ́zàká lùò ká?	Did he/she come on Tuesday?
E nu Lɔ́ɔ́tùòɓo lùò ká?	Did he/she come on Friday?
Gbào, lèé gbaa nu.	No, he/she didn't come.
Ḿm̀ḿ, lèé gbaa nu.	No, he/she didn't come.
Ee zúlú yalá?	Did he/s take shower yesterday?
M̀m̀, ee zúlú.	Yes, he/she took shower.

EXERCISE B

Repeat these sentences three times each.

Gbào, lɛ́ɛ́ gbaa e zúlú pɛ́.	No, he/she didn't take bath last night.
M̀m̀, e à gè.	Yes, he saw him/her/it.
Ḿm̀ḿ, lɛ́ɛ́ gbaa à gè.	No, he/she didn't see him/her/it.
M̀m̀, m pɛlèa sɔ̀lɔ̀ɓo.	Yes, I received the money.
Ḿm̀ḿ, m̀ḿ gbaa pɛlèa sɔ̀lɔ̀ɓo.	No, I didn't receive the money.
M̀m̀, m pɛlèa sɔ̀lɔ̀ɓo.	Yes, I received the money.
M̀m̀, ka pɛlèa sɔ̀lɔ̀ɓo.	Yes, you (plural) received the money.
M̀m̀, e pɛlèa sɔ̀lɔ̀ɓo.	Yes, he/she received the money.
M̀m̀, pɛlèa áà nyɛ.	Yes, the money has finished.
Gbào, pɛlèa lɛ́ɛ́ nyɛ nɛ.	No, the money has not finished yet.
Gbào, lɛ́ɛ́ gbaa pɛlèa sɔ̀lɔ̀ɓo.	No, he/she didn't receive the money.
Ḿm̀ḿ, lɛ́ɛ́ gbaa pɛlèa sɔ̀lɔ̀ɓo.	No, he/she didn't receive the money.
M̀m̀ e léa sí.	Yes, he married the woman.
M̀m̀ áa léa sí.	Yes, he has married the woman.
Ḿm̀ḿ, lɛ́ɛ́ léa sí nɛ́.	No, he has not married the woman yet.
Ḿm̀ḿ, lɛ́ɛ́ gbaa à píépè gó.	No, he didn't pay her bride price.

Exercise C

Repeat these sentences three times each.

Íì bèi bie kii ɓele?	Are you (singular) able to chew an elephant skin?
Káa bèi bie kii ɓele?	Are you (plural) able to chew an elephant skin?
Ḿmḿ, m̀ḿ bèi bie kii ɓele.	No, I am not able to eat an elephant skin.
Gbào, m̀ḿ bèi bie kii ɓele.	No, I am not able to chew an elephant skin.
M sɔ́ɔ́ lɛ́ɛ́ bèi à ɓele.	My teeth are not able to chew it.
M sɔ́ɔ́ lɛ́ɛ́ bèi à ɓèlè tèlétèlé.	My teeth are not able to grand it well.
M̀ḿ bèi à máníi bɛ̃́ɛ̃́.	I am not able to even swallow it.
Íì bie ɓèlè yo?	In the first place, do you eat an elephant?
Ḿmḿ, m̀ḿ bie ɓèlè.	No, I don't eat an elephant.
M tɔ́ɛ́ lɛ́ bie ka.	Elephant is my taboo.
M tɔ́ɛ́ wá ɓe.	I don't have any taboos.
Íì ɓɔ̀ ɓèlè?	Do you (singular) eat pigs?
Káa ɓɔ̀ ɓèlè?	Do you (plural) eat pigs?
Gbào, kòó ɓɔ̀ ɓèlè.	No, we don't eat pigs.
Gbào, m̀ḿ ɓɔ̀ ɓèlè.	No, I don't eat pigs.
Ɓɔ̀ lɛ m tɔ́ɛ́ ka.	Pig is my taboo.
Kòó ɓɔ̀ ɓele.	We don't eat pigs.
Gbào, kòó ɓɔ̀ ɓèlè.	No, we don't ear pigs.
Mɛ́ kàá mɔ́ɔ̀ ɓɔ̀ ɓèlè ɓo?	Why you don't eat pigs?

Exercise C

Repeat these sentences three times each.

Mɛ́ e kɛ lɛ́ kàá ɓɔ̀ ɓèlè?	What happened you (plural) don't eat pigs?
Bɔ̀wáká ɓɔ̀ lɛ ko tɔ́ɛ́ ka.	Because pig is our taboo.

Lesson Twenty-Nine: Learning New Words

lìèwè	an advice
bèi	to be able; to fix; to be equal; full
ɓáàsí	to respect
die	self

Exercise A

Repeat these sentences three times each.

Íì bèi à lìèwè dɔɔ̀?	Are you able to advise him?
Ḿm̀ḿ, m̀ḿ bèi a lìèwè dɔɔ̀.	No, I am not able to advise him/her.
Kàá bèi à lìèwè dɔɔ̀.	You (plural) are not able to advise him/her.
Kàá bèi o lìèwè dɔɔ̀.	You are not able to advise them.
Gbào, kòó bèi à lìèwè dɔɔ̀.	No, we are not able to advise him/her.
M̀m̀, kóò bèi à lìèwè dɔɔ̀.	Yes, we are able to advise him/her.

Exercise A

Repeat these sentences three times each.

Káà lo à lìèwè dɔɔ̀ mɛ́ɛ pɛ̃́?	When are you going to advise him/her?
Káà lo à lìèwè dɔɔ̀ mɛ́ɛ zàá?	Where are you going to advise him/her?
Káà lo o lìèwè dɔɔ̀ mɛ́ɛ pɛ̃́?	When are you going to advise them?
Káà lo o lìèwè dɔɔ̀ mɛ́ɛ zàá?	Where are you go advise them?
Kóò lo o lìèwè dɔɔ̀ kɛ́i.	We will advise them in the house.
Ḿm̀ lo à lìèwè dɔɔ̀ nɔ̀ nyéŋèɛpíé.	I will advise him this evening.
Ḿm̀ lo à lìèwè dɔɔ̀ tòò làapíé.	I will advise him tomorrow morning.
Lɛ́ɛ lìèwè ma?	Does he listen to advice?
Lɛ́è mia wée ma?	Does he hear people?
Lɛ́è e tóó dɔ mia wée mɔ?	Does he listen to people?
M̀m̀, lɛ́ɛ mia ɓáàsi.	Yes, he respects people.

Exercise B

Read the following sentences three times.

I die lìèwè dɔ.	Advise yourself.
Kà ka die lìèwè dɔ.	Advise yourselves.
Èe die lìèwè dɔ.	Let him advise himself.
Òo die lìèwè dɔ.	Let them advise themselves.
Íi lo i dìè lìèwè dɔɔ̀ mɛ́ɛ zàá?	Where are you going to advise yourself?
Íi lo ko lìèwè dɔɔ̀ mɛ́ɛ zàá?	Where are you going to advise us?
Kà ko lìèwè dɔ.	Advise us.

Exercise B

Read the following sentences three times.

Kà m lìèwè dɔ.	Advise me.
Kà à lìèwè dɔ.	Advise him/her.
Ì à lìèwè dɔ.	You (singular) advise him/her.
Ḿm̀ lo i lìèwè dɔ̀ɔ̀.	I will advise you (singular).
Ḿm̀ lo ka lìèwè dɔ̀ɔ̀.	I will advise you (plural).
Kóò lo ka lìèwè dɔ̀ɔ̀.	We will advise you (plural).
Kóò lo à lìèwè dɔ̀ɔ̀.	We will advise him/her.
Léè lo i lìèwè dɔ̀ɔ̀.	He/She will advise you.
Kóò lo o lìèwè dɔ̀ɔ̀.	We will advise them.
M̀ḿ lo gbaa i lìèwè dɔ̀ɔ̀.	I won't advise you (singular) again.
M̀ḿ lo gbaa ka lìèwè dɔ̀ɔ̀.	I won't advise you (plural) again.
M̀ḿ lo gbaa à lìèwè dɔ̀ɔ̀.	I won't advise him/her again.
M̀ḿ lo gbaa o lìèwè dɔ̀ɔ̀.	I won't advise them again.
Kòó lo gbaa i lìèwè dɔ̀ɔ̀.	We won't advise you (singular) again.
Kòó lo gbaa ka lìèwè dɔ̀ɔ̀.	We won't advise you (plural) again.
Kòó lo gbaa à lìèwè dɔ̀ɔ̀.	We won't advise him/her again.
Kòó lo gbaa o lìèwè dɔ̀ɔ̀.	We won't advise them again.

Lesson Thirty: Complaints, Murmur, Sue

wèĩkpɔ́	means to complain or murmur
wèĩkpɔ́wè	a complaint
wèĩkpɔ́	to complain; to sue
wéédɔ	means to make confusion

EXERCISE A

Read each of the following sentences three times.

Ḿm̀m wèkpɔ.	I murmur/ complain.
Íì wèkpɔ.	You (singular) murmur/ complain.
Káàa wèkpɔ.	You (plural) murmur/complain.
Káà ka wèkpɔ kili kpɛ?	Why do you (plural) complain like that?
Mɛ́ ɓà mɔ́ɔ i wèkpɔ kílí?	Why do you (singular) complain like that?
Mɛ́ à mɔ́ɔ e wèkpɔ kílí?	Why does he/ she complain like that?
Mɛ́ ò mɔ́ɔ o wèkpɔ kílí?	Why do they complain like that?
Yékè íi wèkpɔ́ kílí.	Don't murmur like that.
Yékè ká ka wèkpɔ́ kílí.	Don't murmur like that (plural).

Exercise A

Read each of the following sentences three times.

Yékè kó ko wèkpɔ.	We shouldn't complain/murmur.
Yékè ée wèkpɔ kílí.	He/She shouldn't murmur/complain like that.
Wèkpɔ́ɔ wá sè.	It is not good to murmur/complain.

Exercise B

Read each of these sentences three times.

M wèĩkpɔ́.	Sue me.
Ko wèĩkpɔ.	Sue us.
À wèĩkpɔ́.	Sue him/her.
O wèĩkpɔ́.	Sue them.
M wèĩkpɔ́ dɔmì líé.	Sue me before the chief.
À wèĩkpɔ́ dɔmì líé.	Sue him before the chief.
Ko wèĩkpɔ́ dɔmì líé.	Sue us before the chief.
O wèĩkpɔ́ dɔmì líé.	Sue them before the chief.
Lo m wèĩkpɔ́ɔ.	Go sue me.
Lo à wèĩkpɔ́ɔ.	Go sue him.
Lo à wèĩkpɔ́ɔ kóti.	Go sue him/her in court.
Lo o wèĩkpɔ́ɔ kóti.	Go sue them in court.
Dɔmì lɛ́ɛ lo i sùo kɛè.	A chief will call/summon you.
Dɔmì lɛ́ɛ lo à sùo kɛè.	A chief will call/summon him.
Dɔmì lɛ́ɛ lo o sùo kɛè.	A chief will call/summon them.
Dɔmìa lɛ́ɛ lo i sùo kɛè.	The chief will call/summon you. (singular)

EXERCISE B

Read each of these sentences three times.

Dɔmìa lɛ́ɛ lo ka sùo kɛè.	The chief will call/summon you. (plural)
Dɔmìa lɛ́ɛ lo à sùo kɛè.	The chief will call/summon him.

EXERCISE C

Read the following three times each.

Ma wá mi wèȋkpɔ́ pìà kóti.	I am not suing anybody in a court.
Ma wá mia wèȋkpɔ́ pìà kóti.	I am not suing people in a court.
M̀ḿ ló wèȋkpɔ́ kɛè.	I will not sue.
M̀ḿ ló ka wèȋkpɔ́ɔ.	I will not sue you. (plural)
Ma wá gbaa ló pìà wèȋkpɔ́ kɛè.	I am not going to sue again.
O wá gbaa ló pìà wèȋkpɔ́ kɛè.	They are not going to sue again.
Ye wá gbaa ló pìà wèȋkpɔ́ kɛè.	He/she is not going to sue again.
Íì m wèȋkpɔ kpɛ?	Why do you sue me?
I m wèȋkpɔ́ kpɛ?	Why did you sue me?
I à wèȋkpɔ́ kpɛ?	Why did you sue him/her?
I o wèȋkpɔ́ kpɛ?	Why did you (singular) sue them?
I o wèȋkpɔ́ mɛɛ wɔ̀ wɛ́ȋ?	You (singular) sued them for what reason?
Ka o wèȋkpɔ́ kpɛ?	Why did you (plural) sue them?
Ka o wèȋkpɔ́ mɛɛ wɔ̀ wɛ́ȋ?	You (plural) sued them for what?

EXERCISE D

Write the following in Mann.

No, I did not sue you. (singular)

Exercise D

Write the following in Mann.

No, I did not sue you. (plural)

No, we did not sue you. (plural)

No, we did not sue him/her.

No, we did not sue them.

Yes, we sued you in a court.

Yes, I sued you before the chief.

Yes, they sued us in a court.

Yes, he/she sued us in a court.

Yes, they sued us before the chief.

Exercise E

Translate the following questions in Mann.

When did you sue me in court?

When did you sue us in court?

When did you sue him/her in court?

When did you sue them before a chief?

Where did you sue him/her?

When did you sue us in court?

When did you sue him/her in court?

When did you sue them before the chief?

Where did you sue him/her?

Where did they sue you? (plural)

Where did they sue you? (singular)

Where did you sue us?

Exercise E

Translate the following questions in Mann.

Where did he sue him/her?

Where did he sue them?

Exercise F

Write the following Mann in English.

Yékè ká m wè̄ìkpɔ.

Yékè í m wè̄ìkpɔ.

Yékè í à wè̄ìkpɔ.

Yékè í o wè̄ìkpɔ.

Yékè é o wè̄ìkpɔ́.

Ɓáà nàà í m wè̄ìkpɔ́?

Ɓáà nàà í à wè̄ìkpɔ́?

Ɓáà nàà ká ko wè̄ìkpɔ́?

Láà nàà é m wè̄ìkpɔ́?

Láà nàà é à wè̄ìkpɔ́?

Láà nàà é o wè̄ìkpɔ́?

Káà nàà ká ko wè̄ìkpɔ́?

Káà nàà ká o wè̄ìkpɔ́?

Lesson Thirty-One: More About Fight

It is believed that some people have some medicines/herbs called (ɓɔ̀táa) which make them use the fist like a hammer. That medicine is believed to help one to bump or blow the opponent's head like a stick of dynamite.

EXERCISE A

Practice the following. Read the following sentences.

wéédɔ	to make confusion/ palaver
lé gǎdɔ	lodge a complaint
wéédɔ mi	one who makes palaver/ confusion
ɓɔ̀táa	fighting medicine
kɔ̀kpo	a fist
ɓɔ̀táa dùò mì	one who fights with medicine
ɓɔ̀táa lɛ à yí.	There is fighting medicine in him.
Ɓɔ̀táa lɛ o yí.	There is fighting medicine in them.
Lɛ́ɛ ɓɔ̀táa dùò.	He fights with medicine.
Yékè í wéédɔ.	Don't make palaver.
Yékè kó wéédɔ.	We shouldn't make palaver.
Yékè é wéé naa.	He/She shouldn't look for palaver/ pick at others.

EXERCISE A

Practice the following. Read the following sentences.

Yékὲ ká wéédɔ.	You (plural) shouldn't make palaver.
Yékὲ ó wéédɔ.	They shouldn't make palaver.
M̀ḿ wéé naa.	I don't want confusion.
Ḿm̀ wéé naa.	I want confusion.
Íì wéé nàà kpókpó.	You like confusion too much.
Kóò wéé nàà.	We want confusion.
Kòó wéé naa.	We don't want palaver.
Káà nàà ká wéédɔ́?	Do you (plural) want to make palaver?
Ɓáà nàà kɛɛ í wéédɔ?	Do you (singular) want to make palaver?
Ɓáà nàà kɛɛ í gèlègɔ́?	Do you (singular) want to fight?
Káà nàà kɛɛ ká gèlègɔ́?	Do you (plural) want to fight?
Láà nàà kɛɛ é gèlègɔ́?	Does he/she want to fight?
Lɛ́ɛ gèlègɔ̃ ɓɔtáa ká?	Does he fight with medicine?
Lɛ́ɛ ɓɔ̀táá duo?	Does he fist with the fighing medicine?

EXERCISE B

Read the following sentences.

Ɓà kpélɛsὲ, ɓáá gèlègɔ̃.	Please/ I beg you (singular), don't fight.
Kà kpélɛsὲ, káá gèlègɔ̃.	Please, don't (plural) fight.
Là kpélɛsὲ, áá gèlègɔ̃.	Please, he/she shouldn't fight.
Wà kpélɛsὲ, wáá gèlègɔ̃.	Please, they shouldn't fight.

Exercise B

Read the following sentences.

Lɛ wéé naa pìà, kà kű táâ̰.	He's looking for palaver, stop him.
Lɛ wéédɔ pìà, kà kű táâ̰.	He's making palaver, stop him.
O wéédɔ pìà, kà o kű táâ̰.	They are making palaver, stop them.
O gèlègɔ̃ pìà, kà o kű táâ̰.	They are fighting, stop them.
Lɛ gèlègɔ̃ pìà, kà à kű táâ̰.	He/she is fighting, stop him/her.
Lɛ kɔ̀kpo dùò pìà.	He is throwing his fist
Ma wá gèlègɔ̃ pìà.	I am not fighting.
Bi wá gèlègɔ̃ pìà.	You (singular) are not fighting.
Ka wá gèlègɔ̃ pìà.	You (plural) are not fighting.
Ye wá gèlègɔ̃ pìà.	He/she is not fighting.
Ko wá gèlègɔ̃ pìà.	We are not fighting.
O wá gèlègɔ̃ pìà.	They are not fighting.

Exercise C

Read the following sentences.

Ma mè ɓɔ̀táa ka.	I beat him with fighting medicine.
M ɓɔ̀táa dùò à mɔ̀.	I fist/ blew him with a fighting medicine.
À mè ɓɔ̀táa ká.	Beat him with a fighting medicine.
O mè ɓɔ̀táa ká.	Beat them with a fighting medicine.
Wa mè ɓɔ̀táa ka.	They beat him with a fighting medicine.
Yékè í gèlègɔ̃ ɓɔ̀táa ka.	Don't fight with ɓɔ̀táa.

EXERCISE C

Read the following sentences.

Yékè í gèlègɔ̄ ɓɔ̀táa dùò mìà píe.	Don't fight people who fight with medicine.
À légâdɔ	Complain him
À légâdɔ à dàa lèɛ.	Complain him/her to his/her father.
À légâdɔ à lèe lèɛ.	Complain him/her to his/her mother.
À légâdɔ dɛɛ ká.	Lay his/her complaint just now.
O légâdɔ dɛɛ ká.	Lay their complaint just now.
À légâdɔ dɛɛ ká à màa lèɛ.	Lay his/her complaint just now to his grandma.
À légâdɔ dɛɛ ká à lìedìè lezè lèɛ.	Lay his complaint just now to his older sister.
Ma légâdɔ à lèe lèɛ.	I laid his/her complaint to his/her mother.
Kɔa légâdɔ à dàa lèɛ.	We laid her complaint to her father.
Ko o légâdɔ o mìà nì lèɛ.	We laid their complaint to their parents.

Lesson Thirty-Two: Ask Questions

EXERCISE A

Learn questioning. Read the following questions.

Mέ?	Where?
Μέε zàa?	Where?
Μέε pɛ́?	When?
Κpέε?	Why?
Deĩ?	Who?
Wèεε lε?	How many/ how much?
Mεε?	What?
Mεε lε?	What is that?
Μέέ e ké?	What is this?
Κpεε wɛ́ɪ́?	For what or for what reason?
Íì lo mέ?	Where are you going?
Íì lo mέε zàa?	Where are you going?
Deĩ lε?	Who is that/ who is it?
Deĩ ká?	Who is that?
Dé i ká?	Who are you?
Íì go mέ?	Where are you coming from?

Exercise A

Learn questioning. Read the following questions.

Íì go mɛ́ɛ zàa?	Where are you coming from?
Káa go mɛ́ɛ zàa?	Where are you (plural) coming from?
Óo go mɛ́ɛ zàa?	Where are they coming from?
Ḿm̀ go Kèmá légā̀dɔ pìà.	I am coming from laying Kema's complaint.
M gó Kèmá légā̀dɔɔ̀.	I came from laying Kema's complaint.
Kèmá dàa lɛ mɛ́?	Where is Kema's father?
Kèmá lèe lɛ mɛ́ɛ zàa?	Where is Kema's mother?
Kèmá gbe lɛ mɛ́?	Where is Kema's son?
Kèmà lú lɛ mɛ́ɛ zàa?	Where is Kema's daughter?
Kèmá gbe ni o mɛ́ɛ zàa?	Where are Kema's sons?
Kèmá lú ni o mɛ́ɛ zàa?	Where are Kema's daughters?
Kèmá là ká lɛ mɛ́ɛ zàa?	Where is Kema's house?
Kèmá pà lɛ mɛ́ɛ zàa?	Where is Kema's home?
Kèmá píé gbéí̃ lɛ mɛ́ɛ zàa?	Where is Kema's quarter?

Exercise B

Read the following.

M gó Kèmá légɔ̃dɔɔ̀ dɔmì là.	I came from laying Kema's complaint to chief.
Dɔmì lɛ mɛ́?	Where is chief?
Dɔmìa lɛ mɛ́?	Where is the chief?
Dɔmìa lɛ e píé kéi.	The chief is at his house.

Exercise B

Read the following.

Dɔmìa lɛ e píé gbéĩ́.	The chief is at his quarter.
Dɔmìa lɛ e píé gàlàyi.	The chief is in his fence.
Íì lo mɛ́ɛ zàa?	Where are you (singular) going?
Ḿm̀ lo Sèé wèĩ̀kpóɔ dɔmìa líé.	I am going to sue Saye before the chief.
Ḿm̀ lo Zàwòlò wèĩ̀kpóɔ dɔmìa líé.	I am going to sue Zawolo before the chief.
E gó Zàwòlò wèĩ̀kpóɔ dɔmìa líé.	He came from suing Zawolo before the chief.
Zɔ̃́ɔ́ lɛ mɛ́ɛ zàa?	Where is John?
Zɔ̃́ɔ́ áa ló mi dò légā̀dɔɔ̀.	John has gone to complain someone.
Deĩ píé?	To whom?
Dɔmìa píé.	To the chief.
Deĩ́ píé?	To whom?
Wà tísè píé.	To their teacher.
Wà tísè lɛ mɛ́ɛ zàa?	Where is their teacher?
Wà tísè lɛ kii kàlà.	Their teacher is at the school.
Wà tísè lɛ sùkúu-kàlà.	Their teacher is at the school.
'Ba légā̀dɔ kpɛ?	Why did you complain him?
'Ba wèĩ̀kpó kpɛ́?	Why did you sue him?
'Ba lìèwèdɔ kpɛ?	Why did you advise him?
'Ba mè kpɛ́?	Why did you beat him?
'Ba sɔ́ɔ́dɔ kpɛ́?	Why did you bite him?
'Ba gìí kpɛ́?	Why did you hurt him?

EXERCISE B

Read the following.

Ɓa pá kpɛ́?	Why did you wound him?
Ɓa pá mɛɛ ká?	What did you wound him with?
Ɓa gìí mɛɛ ká?	What did you hurt/ bruise him with?
Ma pá gbíè ka.	I wounded him with a cutlass.
A pá làà ka.	He wounded him with a knife.
A pá fɔ́lɔ ka.	He wounded him with a hoe.

EXERCISE C

"Pá" also means to chunk, to throw something at someone. Read the following sentences.

I tòlòpèɛ pá yílí-kpṹṹ ká kpɛ́?	Why did you chunk the cattle with a stick?
Ma pá yílí-kṹṹ ka.	I chunked him with a stick.
Ma pá gèlè ka.	I stoned him/her/it.
Ma pá yòlòŋ ka.	I chunked him/her/it with a sling.
Ma gìí yòlòŋ ka.	I hurt him/her/it with a sling.
A gìí kɛ kɔ̀ kè kpɛ?	How did he hurt him?
A yèlè kɛ kɔ̀ kè kpɛ?	How did he tie him?
A ɓèlè kɛ kɔ̀ kè kpɛ́?	How did he eat it?
A wòlò kɛ kɔ̀ kè kpɛ́?	How did he uproot it?
A wòlò mɛ́?	Where did he uproot it?

Exercise D

Read the following sentences.

Ɓa gélé mɛ́?	Where did you burn it?
Ɓa ɓèlè mɛ́?	Where did you eat it?
Ɓa gè mɛ́?	Where did you see it?
Ɓa zɔ̃ mɛ́?	Where did you show it?
Ɓa dùò mɛ́?	Where did you throw it?
Ɓa mɛ́ pélé mɛ́?	Where did you wash it?
I sɛ́ŋ mɛ́?	Where did you stump your toe?
I sɛ́ŋ mɛ́ɛ zàa?	Where did you stump your toe?
I pèlè mɛ́ɛ zàa?	Where did you fall?
Ɓa gè mɛ́ɛ zàa?	Where did you see him/her/it?
Ma gè nyénèɛ.	I saw it at the farm.
Ma gè kɛ́í.	I saw it in the house.
Ma gè kpiŋ wì.	I saw it under the bed.
Ma gè gbɔ̀lɔ̀ yí.	I saw it in a box.
Ma gè kɔ́ɛ́ yi.	I saw it in a basket.
Ma gè m̀ yúfà yi.	I saw it in my pocket.
Ɓa gè mɛ́ɛ zàa?	Where did you see it?
Ma gè pélè-zòí.	I saw it outside.
À zɔ̃ pélɛ-zòí.	Show it outside.
À dùò pélè-zòí.	Throw it outside.
À zɔ̃ kii-kàlà.	Show it at the school.
Kò lo pélè-zòí.	Let us go outside.
Nu pélè-zòí.	Come outside.

EXERCISE D

Read the following sentences.

Nu m gè pélè-zòí zàá.	Come see me outside.
À mè pélè-zòí zàá.	Beat him/her/it outside.
Lo à gèɛ pélè-zòí zàá.	Go see him outside.
Lo o gèɛ pélè-zòí zàá.	Go meet them outside.
Ma mé pélé pélè-zòí.	I washed it outside.

Lesson Thirty-Three: The House and Other issues

EXERCISE A

Read the following Sentences.

Ma mɛ́ pɛ́lɛ́ ká-mèí.	I washed it behind the house.
Ma mɛ́ pɛ́lɛ́ ká-lɔ́ɔ̀.	I washed it in front of the house.
Ma mɛ́ pɛ́lɛ́ ká-sɔ́nɔ́.	I washed it near the house.
Ma mɛ́ pɛ́lɛ́ ká-vãɛ̃́-wì.	I washed it under the eave of the house.
Ma mɛ́ pɛ́lɛ́ ká-ɓɔ́lɔ́-là.	I washed it on the foundation.
Ma dùò ká-gbãà.	I threw it on top of the house.
Ma wèí ká-gbãà.	I spread it on top of the house.
Ma káá ká-gbãà.	I wasted it on top of the house.
Ma yà kpóŋséí.	I set it behind the door.
Pã̀ã̀ lɛ kpóŋsèí.	There is a broom behind the door.
Pã̀ã̀a lɛ kpóŋséí.	The broom is behind the door.
Góŋkólóa lɛ kpóŋséí.	The dustpan is behind the door.
Góŋkóló wà pã̀ã̀ o kpóŋséí.	The dustpan and the broom are behind the door.

Exercise B

Read the following sentences about other issues. Learn more new words. A joke can be expressed in two ways. One can either say, Íì sǎ̃ã kɛ or íì gbòó kɛ (you can joke). Gbòó and sǎ̃ã can be used interchangeably.

yéísí	to laugh
gbòó kɛ	to joke
sǎ̃ã kɛ	to joke
tìséè ɓo	to sneeze
tèé ɓo	to deny
A tèéɓo.	He denied it.
À tèeɓo.	Deny it.
Nè lɛ.	It is a lie.
Nè wá.	It is not a lie.
wã́nà	a truth
Wã́nà lɛ.	It is a truth.
kélá	a witness
Ɓáá tèéɓo.	Don't deny it.
Kélá kũ.	Get a witness.
Kélá naa.	Look for a witness.
I kélá lɛ́ deĩ ká?	Who is your witness?
M kélá lɛ́ Melé ka.	Mary is my witness.
tìi-tíí	to tickle
Ɓáá m tìi-tíí.	Don't tickle me.
Íì gbòó kɛ nyɔ́ɔ̀ɔ.	You joke too much.

Exercise B

Read the following sentences about other issues. Learn more new words. A joke can be expressed in two ways. One can either say, Íi sẫã kɛ or íi gbòó kɛ (you can joke). Gbòó and sẫã can be used interchangeably.

Dèɓé e káa lɔ.	David bought a car.
Gbòó lɛ́ ɓà kèɛ?	Are you joking?
Gbào, ma wá gbòó kɛ pìà.	No, I am not joking.
Gbòó kɛ wɔ̃ wáá ka.	It is not a joking thing.
Gbòó wáá yí.	There is no joke about it.
Ɓáá yéísí.	Don't laugh.
Ma wá yéísí pìà.	I am not laughing.
Ma wá yéísí pìà i mɔ̀.	I am not laughing at you.
M̀ḿ yéísí i mɔ̀.	I am not laughing at you.
Íi yéísí mɔ̀ű deĩ mɔ̀?	Whom are you laughing at?
Íi sẫã kè nyɔ́ɔ̀ɔ.	You joke too much.

Exercise C

Read the following sentenes on sneezing.

Ḿm̀ nàà ḿ tìséè ɓo.	I want to sneeze.
I tìséè ɓo mɛ́?	Where did you sneeze?
Ii kɔ̀ kpaa i lɛ́?	Did you cover your mouth?
I tìséè ɓo mɛ́ɛ pɛ̋?	When did you sneeze?
I tìséè ɓo kpɛ?	Why did you sneeze?
Wɛ̀ɛ́ lɛ́ɛ̀ m kɛ̀.	I am suffering from cold.
Wɛ̀ɛ́ lɛ́ɛ̀ m kɛ̀ tìséè ka.	The cold makes me to sneeze.

Exercise C

Read the following sentenes on sneezing.

Ɓáá kɛ wèɛ́ɛ é mi dò kũ.	Don't make the cold to catch someone.
Ɓáá wèɛ́ɛ wẽ́ĩ.	Don't spread the cold.
M tìséè ɓo pélè-zòí.	I sneezed outside.
M tìséè ɓo dɛɛ ka.	I sneezed just now.
M tìséè ɓo yalá.	I sneezed yesterday.
M tìséè ɓo yalá kpã̀nazè.	I sneezed too much yesterday.
M tìséè ɓo pẽ́ bímía teele.	I sneezed throughout last night.
M tìséè ɓo yalá nyénéí sóló-tótó.	I sneezed mid-day yesterday, throughout.
M tìséè ɓo yalá làapíé.	I sneezed yesterday morning.
M tìséè ɓo pẽ́ nyéŋèepíé.	I sneezed last evening.
M kɛ pẽ́ tìséè ɓo pìà máa yéísì.	I was sneezing and laughing last night.
I yéísí mɛɛ wẽ́í?	Why did you laugh?
Mɛ́ e kɛ lɛ́ i yéísí?	Why did you laugh?
I yéísí deĩ mɔ̀?	You laughed at whom?
Nè lɛ, m̀ḿ gbaa yéísí.	It is a lie, I didn't laugh.
Kèmá e kɛ pẽ́ yéíwɔ̀ kɛ pìà.	Kema was playing fun last night.
Mi dò e kɛ m tìi-tíí pìà.	Someone was tickling me.
Pílè e kɛ m tìi-tíí pìà.	Peter was tickling me.
Wéyɔ̀ e kɛ m tìi-tíí pìà.	William was tickling me.
Wa kɛ m yéísí kpã̀nazè.	They made me to laugh too much.
Wéyɔ̀ wà Pílè óò sã̀ã kɛ nyɔ́ɔ.	William and Peter joke too much.

Exercise C

Read the following sentenes on sneezing.

I yéísí mɛɛ mɔ̀?	What did you laugh at?
Káá yéí dɔ ko mɔ̀.	Don't make us to laugh.
Káá ko tìi-tíí.	Don't tickle us.
Ko yéísí Kóná là bèlè mɔ̀.	We laughed at Kona's trousers.
Kóná là bèlè e péé.	Kona's trouser was torn/ rifted.
À bèlèɛ e péé à zikpo mɔ̀.	His trouser rifted on the butt.
Lèé gbaa à yídɔ.	He didn't know.
Ko yéísí à mɔ̀ kpã̀na-kpã̀nazè.	We laughed at him very much.

Exercise D

Read the following sentences about laughing.

Lèé gbaa à yídɔ kélè à bèlèɛ péɛ lɛ.	He didn't know that his trouser was rifted.
Lèé gbaa à yídɔ gbɛɛ ɓo.	He didn't know at all.
Kòó gbaa à yídɔ gbɛɛ ɓo.	We didn't know at all.
Ko yéísí à mɔ̀ fɛ̃ɛ̃le.	We laughed at him for long.
M yéísí à mɔ̀ fɛ̃ɛ̃le.	I laughed at him for long.
Wéyɔ̀ e tó yéísí pìà tɔ̃́ e fɔ̃́ à mɔ̀.	William was laughing until he farted.
E kɛ yéísí pìà kàá-kàá le.	He was laughing, hahahaha.
O kɛ yéísí pìà kàá-kàá le.	They were laughing, hahahaha.
Óò yéísí kàá-kàá kpɛ?	Why did they laugh, hahahaha?
Wéyɔ̀ ee tɔ́ɓo.	William farted.
Ó, ee tɔ́ɓo?	Oh, did he fart?

Exercise D

Read the following sentences about laughing.

M̀m̀, ee tóɓo.	Yes, he farted.
Nè lɛ.	It is a lie.
Nè lɛ́ ɓà kèɛ.	You are lying.
Nè lɛ́ ò kèɛ.	They are lying.
M kélá lɛ ɓe.	I have a witness.
Ko kélá lɛ ɓe.	We have a witness.
À kélá lɛ ɓe.	He has a witness.
À kélá laa mɔ̀.	He/she/it has a witness.

Exercise E

Read the following sentences.

À kélá wá ɓe.	He doesn't have a witness.
Ká wɑ́nà wɔ̃̀ gèe.	You (plural) speak the truth.
Wɑ́nà kpókpó lɛ.	It is very true.
Kàá wɑ́nà wɔ̃̀ gèe.	You (plural) don't speak the truth.
Mɛ́ e kɛ lɛ́ èe tóɓo lè séí mɔ̀?	Why does he fart everywhere?
Mɛ́ e kɛ lɛ́ ìi tóɓo lè séí mɔ̀?	Why do you fart everywhere?
Yékè íi tóɓo m mɔ̀.	Don't fat on me (you singular).
Yékè ká ka tóɓo m mɔ̀.	Don't fart on me (you plural).
Yékè é e tóɓo ko mɔ̀.	He shouldn't fart on us.
I tɔ́ gii lɛ nyɔ́ɔ̀ɔ.	Your fart odor is bad.
À tɔ́gii lɛ nyɔ́ɔ̀ɔ.	His fart odor is bad.
O tɔ́gii lɛ nyɔ́ɔ̀ɔ.	Their fart scent is bad.
Mɛ́ ɓa ɓèlè?	What did you (singular) eat?

EXERCISE E

Read the following sentences.

Mɛ́ ka ɓèlè?	What did you (plural) eat?
Mɛ́ a ɓèlè?	What did he/she/it eat?
Mɛ́ wa ɓèlè?	What did they eat?
Ii tɔ́ɓo?	Did you fart?
Gbào, m̀ḿ gbaa m tɔ́ɓo.	No, I didn't fart.
Gbào, nè lɛ́ à kpɔ m mɔ̀ɔ.	No, he is lying on me.
Gbào, nè lɛ́ ò kpɔ m mɔ̀ɔ.	No, they are lying on me.

EXERCISE F

Translate these sentences into English.

Wɑ̌nà wɔ̌ kpókpó gèe.

Wɑ̌nà wɔ̌ kpókpó lɛ́ m̀ gèea.

Nè lɛ́ ɓà kèɛ.

Nè kpókpó lɛ́ ɓà kèɛ.

Nè wá.

M kélá lɛ ɓe.

M kélá laa mɔ̀.

M kélá lɛ́ Pílè ka.

M kélá lɛ́ Wèlèbɛ́kɔ̀ ka.

M kélá lɛ́ Matá ka.

Ko kélá lɛ́ Matá wà Melé o ka.

Exercise G

Translate these sentences into the Mann language.

Don't laugh.

Don't lie.

Don't sneeze.

Don't laugh at me.

Speak the truth.

Speak the very truth.

Who is your witness?

Don't tickle me.

Don't tickle her.

Don't make me to laugh.

Did he laugh, hahahaha?

Did we laugh, hahahaha?

Did I laugh, hahahaha?

Lesson Thirty-Four: Prayers

EXERCISE A

Learn new words and say the Lord's Prayer in the Mann Language. Read the following sentences.

sènɛɓo	to pray
sènɛɓo wè	prayer
Kɔa sènɛɓo Wálà lèɛ.	Let us pray to God.
Ì sènɛɓo Wálà lèɛ.	You (singular) should pray to God.
Kà sènɛɓo Wálà lèɛ.	You (plural) should pray to God.
Ɓáa sènɛɓo?	Have you (singular) prayed?
Káa sènɛɓo?	Do you (plural) pray?
Kaà sènɛɓo?	Have you prayed?
Ka sènɛɓo yalá?	Did you (plural) pray yesterday?
I sènɛɓo pɛ́?	Did you (singular) pray last night?
I sènɛɓo làapíé?	Did you pray in the morning?
I sènɛɓo làapíéa mɔ?	Did you pray this morning?
I sènɛɓo mɛ́ɛ pɛ́?	When did you pray?
I sènɛɓo mɛ́ɛ zàá?	Where did you pray?
I sènɛɓo kpɛ́?	Why did you pray?

EXERCISE A

Learn new words and say the Lord's Prayer in the Mann Language. Read the following sentences.

E sènɛɓo kpɛ́?	Why did he/she pray?
Íi bèi sènɛɓóo?	Are you able to pray?
Ìí bèi sènɛɓóo?	Aren't you able to pray?
Ìí bèi sènɛɓóo. Ye wá kílí?	You are not able to pray. Isn't it?
Kà deĩ lɛ́ ka sènɛɓo?	You and who prayed?
Kò Pílè lɛ́ ko sènɛɓoa.	Peter and I prayed.
Ko sènɛɓo deɛ ka.	We prayed just now.
Ko sènɛɓo deɛ ka Wálà lèɛ.	We prayed just now to God.
Ko káá ko kpũòlà ko sènɛɓo.	We got on our knees and prayed.

EXERCISE B

Read the following sentences.

Sènɛɓo m wɛ́ĩ.	Pray for me.
Sènɛɓo m lèɛ.	Pray for me.
Kò sènɛɓo à wɛ́ĩ.	Let us pray for him.
Wálà lɛ́ɛ kɔà sènɛɓo wè ma.	God hears our prayers.
Wálà lɛ́ɛ ɓà sènɛɓo wè ma.	God hears your prayers.
Wálà lɛ́ɛ m̀ sènɛɓo wè ma.	God hears my prayers.
Wálà lɛ́ɛ wà sènɛɓo wè ma.	God hears their prayers.
Wálà lɛ́ɛ à sènɛɓo wè ma.	God hears his/her prayers.
Kɔà sènɛɓo Zízè lèɛ.	Let us pray to Jesus.
Zízè Kɛ́lèì lɛ́ɛ kɔà sènɛɓo wè ma.	Jesus Christ hears our prayers.

Exercise C

The Lord's Prayers

Zízè Kélèì a gèe kɔ́á sèneɓo ke:	Jesus Christ said we should pray like this:
Ko Dàa lé i lèía,	Our Father which art in in heaven,
I tɔ́ é kɛ gbínígbínízè,	hallowed be thy name;
I zì tò-mia là è nu,	thy kingdom come,
wɔ́ lɛ́ ɓà nàà à káa è kɛ kpóűlà zèe lè zí laa ká lèía lɛ́ ɓe;	thy will be done on earth as it is in heaven.
Ì léɓèlè lɛ́ lɛ ko mɔ kó sɔlɔɓoa nɔ ko lèɛ pɛ́nɛ́ɛ.	Give us this day our daily bread.
Ì kɑ́ ko sɔŋyɔɔ mɔ ɓá káá tɑ̃̑.	Forgive us our sins.
Lè zí kò kã wɔ́ yɔɔ lɛ́ mia ò kɛ ko káa mɔ.	As we forgive those who sin against us.
Yékè í nu ko ká lè lɛ́ yídɑ́ wɔ̃ lɛ yía mɔ.	And lead us not into temptation.
Kɛɛ ì ko la kɛ-pè yɔɔ kɛ mìa kèlè.	But deliver us from evil;
Ɓi lɛ́ dɔ lɛ i kèlèe;	Thine is the kingdom;
Lɛ́ yíkè gágà lɛ i kèlèe,	the power,
Lɛ́ wɔ́ kpã̀nazè lɛ i kèlèe,	and the glory,
Wɔ́lɔ́-wɔ́lɔ́ ɓẽ̑ zì wɔ́lɔ́-wɔ́lɔ́ ka.	Forever and ever.
É kɛ kíli.	Amen.
Íi bèi sèneɓoò kíli?	Are you able to pray like that?

Exercise D

Read the following sentences.

I sèneɓo mɛ́ɛ pɛ́?	When did you pray?

Exercise D

Read the following sentences.

M sèneɓo lòò nɔ̀ɔ.	I prayed today.
M sèneɓo yalá.	I prayed yesterday.
M sèneɓo làapíea mɔ̀.	I prayed this morning.
M sèneɓo pɛ́ nyéŋèɛpíé.	I prayed last evening.
M sèneɓo bímía.	I prayed at night.
M sèneɓo bíbà.	I prayed in the dark.
M sèneɓo bítii-sɛ́sɛ́ bà.	I prayed in total darkness.
M sèneɓo bímía zòí.	I prayed in the middle of the night.
M sèneɓo làapíé-tutu-yí.	I prayed very early in the morning.
Mm bètó m sèneɓo.	I fasted and prayed.
M sèneɓo Fíídɔ Lùò ka nɔ́ kíli.	I prayed on Sunday also.
Ḿm̀ nàà kɛɛ ḿm bètó.	I want to fast.
Kóò nàà kó ko bètó.	We want to fast.
Láà nàà kɛɛ ée bètó.	He/she wants to fast.
Lèé à naa kɛɛ ée bètó.	He/she doesn't want to fast.
Óò nàà óo bètó.	They want to fast.
Ìi bètó lúó dò ká.	Fast some day.
Òó naa kèɛ óo bètó.	They don't want to fast.
Òó gbaa naa kɛɛ óo bètó.	They didn't want to fast.
Áà e bètó do?	Has he fasted before?
Wáà o bètó do?	Have they fasted before?
Yékè í Wálà wɔ̀ tèéɓo.	Don't doubt about God.

EXERCISE D

Read the following sentences.

Yékè ɓá tèéɓo.	Don't doubt it.
Yékè ɓá wɔ̀ tèéɓo.	Don't deny it.
Yékè ɓá wɔ̀ tèé dà.	Don't argue about it.

EXERCISE E

Read the following sentences.

Wálà lɛ ɓe.	There is God.
Wálà lɛ ɓe ɓéèe.	God exists, He is alive.
Wɔ́ ye wá ɓea, à dɔ̀ɔ̀ wá ɓe.	What does not exist, does not have a story.
Pé ye wá ɓea, à tɔ́ wá ɓe.	What does not exist, does not have a name.
Wálà lɛ ɓe.	There is God. God exists.
I yélé táá.	Think.
I yélé táá à wɔ̀ yí.	Think about it.
I yélé táá wɔ́ búnuzè ká.	Think about many things.
Ìi yélé táá pɔɔ̀ lé Wálà e à kɛɛ nì wɛ́ɪ̃.	Think about the things God created.
Wálà e nyéné ni, mɛnɛ ni, sìã́ã̀ŋkèlè nì kɛ.	God made the sun, the moon and stars.
Wálà e lèí wà tã́ã̀ o kɛ.	God created the heaven and the earth.
Wálà e mi-gbunu kɛ.	God created human beings.
Wálà e gíkã́ nɔ mi-gbunu lɛ̀ɛ kɛɛ é pɔɔ̀ kɛ.	God gave man knowledge to make things.
Gɔ̃ lɛ́ɛ lèí-kéléĩ́ kè.	Man makes airplane.

Exercise E

Read the following sentences.

Gɔ̃ lɛ́ɛ fɔ̃́ɔ̀ kɛ̀.	Man makes phones.
Gɔ̃ lɛ́ɛ mée kɛ̀.	Man makes ships.
Kɛɛ mi lɛ̀ɛ́ nyéné ni mɛnɛ ni kɛ.	But man does not make the sun and the moon.
Mia óò pɔɔ̀ búnuzè kɛ̀.	People make lot of things.
Kɛɛ òó gbaa sìã̀ã̀ŋkèlè nì kɛ.	But they did not make the stars.
Gɔ̃ lɛ̀ɛ́ gbaa mɛnɛ kɛ.	Man did not make the moon.
Gɔ̃ lɛ̀ɛ́ gbaa mèí kɛ.	Man did not make the sea.
Gɔ̃ lɛ̀ɛ́ gbaa lèí kɛ.	Man did not make the heaven.
Gɔ̃ lɛ̀ɛ́ gbaa kpóűlà kɛ.	Man did not make the earth.
Wálà lɛ́ e o kɛɛ.	It is God who created them.
Wálà lɛ ɓe, ɓéèe.	There is God, alive.
Wálà lɛ́ e pɛ ɓéèe kɛɛ.	God made livingthings.
Wálà lɛ́ e pɛ́ yewá ɓéèea kɛɛ.	God made nonliving things.
Wálà lɛ́ e pɛ́ yewá ɓéèea ni séí kɛɛ.	God made all nonliving things.
Wálà lɛ ɓe.	There is God.
Wálà lɛ ɓéèe.	God is alive.

Exercise F

Write the following sentences in Mann.

Am I able to fast?

Are we able to fast?

Are you (singular) able to fast?

EXERCISE F

Write the following sentences in Mann.

Are you (plural) able to fast?

Is he able to fast?

Are they able to fast?

Yes, I am able to fast.

Yes, we are ble to fast.

Yes, you (singular) are able to fast.

Yes, you (plural) are able to fast.

Yes, he is able to fast.

Yes, they are able to fast.

EXERCISE G

Write the following sentences in Mann.

Why do you pray?

Why do you (plural) pray?

Why do we pray?

Why does he pray?

Why do they pray?

Where did they pray?

Where did Peter pray?

Where did my sister pray?

When did Joseph pray?

When did Pastor pray?

Exercise H

Translate the following sentences into Mann.

We want to fast and pray.

I want to fast and pray.

You want to fast and pray.

He wants to fast and pray.

They want to fast and pray.

John and Peter want to fast and pray.

There is God, do you doubt it?

There is God, does he doubt it?

No, no. Don't doubt God.

Who made the sun?

Who made the stars?

Who made the seas?

The man that made phones was created by God.

The man that made ships was created by God.

The man that made vehicles was created by God.

Lesson Thirty-Five: New Words and Expressions

EXERCISE A

New Learn words and expressions. Read the following sentences.

la	life; his/ her/ his/ hers
ga	death
la wà ga	life and death

Depending on how "la" is used, it can either mean life or his or her or its. Read the following examples.

La lɛ sɛ̀.	Life is good.
Là né lɛ.	That's her child.
Là pɛ lɛ.	That's for him.
La lɛ ɓe.	There is life.
Ga lɛ ɓe.	There is death.
La lɛ ɓe lɛ́ ga lɛ ɓea.	There is life and there is death.
La wà ga o ɓe.	There is life and death.
La lɛ la ká.	Life is life.
Ga lɛ ga ká.	Death is death.
La lɛ Wálà kèlè.	Life is in God's hands.

Exercise A

New Learn words and expressions. Read the following sentences.

Ga lɛ Wálà kèlè nɔ́ kíli.	Death is in God's hands also.
La wà ga o Wálà kèlè.	Life and death are in God's hands.
La lɛ sè kpǎnazè.	Life is very good.
Ga lɛ yɔɔ.	Death is not good.
Ga lɛ yɔɔ nyɔ́ɔ̀.	Death is very bad.
Ga lɛ́ɛ wàa lɛ súo.	Death hurts like pepper.

Exercise B

Read the sentences.

Kɛɛ la wà ga o Wálà kèlè.	But life and death are in God's hands.
Kɔ̀à Wálà wɔ̃̀ sí wánà.	Let us believe in God.
Kɔ̀à sɛnɛɓo Wálà lèɛ.	Let us pray to God.
Maà m zò nìè.	I have believed.
Káà ko zò nìè.	We have believed.
Ɓáa i zò nìè.	You have believed.
Káà ka zò nìè.	You (plural) have believed.
Áà e zò nìè.	He/she has believed.
Wáà o zò nìè.	They have believed.
Sèé aà e zò nìè.	Saye has believed.

Lesson Thirty-Six: Goodness, Kindness, Fairness and Beauty

Exercise A

There are several ways to express goodness, kindness, fairness, beauty, etc. Read the following:

Wɔ́yie.	Goodness, kindness.
Wɔ́yie kɛ.	Do well.
Wɔ́yie kɛ mi ká.	Do well to a person.
Wɔ́yie kɛ mia ká.	Do well to people.
Wɔ́yie kɛ m lɛ̀ɛ.	Do well to me.
Wɔ́yie kɛ ko lɛ̀ɛ.	Do well to us.
Wɔ́yie kɛ à lɛ̀ɛ.	Do well to him.
Wɔ́yie kɛ o lɛ̀ɛ.	Do well to them.

Exercise B

Read the following (ways, behaviors, habits)

sòŋ	ways, behaviors, habits
lììi	handsome or beautiful
À lìì lɛ.	He is handsome.
sòŋyie	good ways, good behaviors

EXERCISE B

Read the following (ways, behaviors, habits)

À sòŋ lɛ sè.	He has good ways.
gɔ̃ nè yie	a handsome boy
le nè yie	a beautiful girl
Le nè yie lɛ.	She is a beautiful girl.
Gɔ̃ nè yie lɛ.	He is a handsome boy.
Gɔ̃ nèɛ lìi lɛ.	The boy is handsome.
Le nèɛ lìi lɛ.	The girl is beautiful.

The speakers of the Mann Language are careful in using these adjectives. Usually, the adjectives come after the nouns they describe. But some of these adjectives are either used before or after the noun depending on the occasion.

EXERCISE C

We can say, "Le nè yie lɛ" (She is a beautiful girl), or "le nèɛ lɛ sè." (Meaning the girl is beautiful). But we don't say, Le nèɛ lɛ yie.

Rather, we say:

Le nèɛ lɛ sè.	The girl is beautiful.
Le nèɛ lìi lɛ.	The girl is beautiful.
Le nè yie lɛ.	She (the girl) is a beautiful girl.
Gɔ̃ nèɛ lɛ sè.	The boy is handsome.
Gɔ̃ nèɛ lìi lɛ.	The boy is handsome.
Gɔ̃ nè yie lɛ.	He (the boy) is a handsome boy.

Exercise D

These adjectives can also be used to describe things, concepts and attributes. Read the following sentences.

M kɔ̀ yie.	My right hand.
M kɔ̀ gbie.	My left hand.
M kɔ̀ gbie gɛ.	Look at my left hand.
M kɔ̀ yie gɛ.	Look at my right hand.
À kɔ̀ yie bɛ̃̀ɛ̃ gè kílí.	Look at his right hand also.
À kɔ̀ gbie bɛ̃̀ɛ̃ gè kílí.	Look at his left hand also.
Lo i kɔ̀ yíe là zàá.	Go to your right-hand side.
Lo i kɔ̀ gbie là zàá.	Go to your left-hand side.

Exercise E
Words Study

So, the adjective yie stands for good, right, beauty, etc. If someone cooks a good meal, we say, "À kɔ̀ lɛ sè (Her hand is good)," meaning she cooks well. We do not use "yie" in this case. We either say, "À kɔ̀ lɛ sè" or "À kɔ̀ lĩ lɛ" (she cooks well). Practice the following sentences.

Léa lɛ́ɛ gbɔ kpàà sè.	The lady cooks well.
À kɔ̀ lɛ sè.	She cooks well.
Léa kɔ̀ lĩ lɛ.	The lady cooks well.
À kɔ̀ lĩ lè.	She cooks well.

Exercise F

The adjective li is another critical one to take note of. It means right, fine, or good. Practice the following examples.

À lĩ lɛ m lèɛ.	It is fine to me.

Exercise F

The adjective li is another critical one to take note of. It means right, fine, or good. Practice the following examples.

Ka lîi lɛ m lɛ̀ɛ.	It is fine to me.
Ka lîi lɛ m lɛ̀ɛ.	You (plural) are fine to me.
M gé lîi lɛ.	I am happy.
Ko gé lîi lɛ.	We are happy.
I gé lîi lɛ.	You (singular) are happy.
Ka gé lîi lɛ.	You (plural) are happy.
À gé lîi lɛ.	He/She is happy.
O gé lîi lɛ.	They are happy.
M gé li kɛ pìà.	I am rejoicing/ happy/feasting.
Ko gé li kɛ pìà.	We are happy/ rejoicing/ feasting.
Ka gé li kɛ pìà.	You (plural) are rejoicing/ happy/ feasting.
I gé li kɛ pìà.	You (singular) are rejoicing/ happy/ feasting.
Lɛ tɑ́ kɛ pìà.	He/She is dancing.
Lɛ gé li kɛ pìà áà tɑ́ kè.	He/She is rejoicing/ happy, dancing.
O gé li kɛ pìà wáà tɑ́ kè.	They are happy/ rejoicing dancing.
Mɛ́ m̀ mɔ́ɔ̀ gé li kè ɓɛ?	Why am I happy/ rejoicing?
Mɛ́ kɔ̀à mɔ́ɔ̀ gé li kè ɓɛ?	Why are we rejoicing?
Mɛ́ ɓà mɔ́ɔ̀ gé li kè ɓɛ?	Why are you (singular) rejoicing?
Mɛ́ kà mɔ́ɔ̀ gé li kè ɓɛ?	Why are you (plural) rejoicing?
Mɛ́ à mɔ́ɔ̀ gé li kè ɓɛ?	Why is he/she rejoicing/ happy?
Mɛ́ ò mɔ́ɔ̀ gé li kè ɓɛ?	Why are they happy/ rejoicing?

EXERCISE F

The adjective li is another critical one to take note of. It means right, fine, or good. Practice the following examples.

Mέ kà mɔ́ɔ̀ kpílì kὲ ɓo?	Why are you (plural) feasting?
Mέ ò mɔ́ɔ̀ kpílì kὲ ɓo?	Why are they feasting?

EXERCISE G

The adjective "sὲ" expresses kindness, goodness, attractiveness or beauty. Practice the following examples.

Gɔ́ɔ̃ lɛ sὲ.	The man is handsome/ fine.
Léa lɛ sὲ.	The woman is beautiful/ fine.
Lɛ m lὲɛ sὲ.	He/She/It is fine to me.
Lɛ ko lὲɛ sὲ.	It is fine to us.
Lɛ i lὲɛ sὲ.	It is fine to you (singular).
Lɛ ka lὲɛ sὲ.	It is fine to you (plural).
Lɛ o lὲɛ sὲ.	It is fine to them.
Káa lɛ sὲ.	The house is fine/beautiful.
Káa wá sὲ.	The house is not beautiful.
Káa lɛ yɔɔ.	The house is ugly.
Káa lέɛ ɓɔ.	The house leaks.
Káa lɛ kòlò.	The house is old.
Káa lɛ dɛɛ.	The house is new.
Ká dɛɛ lɛ.	It is a new house.
Ká ziia lὲ fɔ́kɔ́fɔ̀kɔ̀.	The old house is not spacious.
Kóò yà à wì nɔ́ ké sɔ̀kɔ̀ɔ̀ le.	We sit in there squeezed up.
Ko fólóŋ ɓoò wá.	We are not free.

Exercise G

The adjective "sè" expresses kindness, goodness, attractiveness or beauty. Practice the following examples.

Sɔ́ɔ lɛ sè.	The clothes are good/fine/beautiful.
Lé ɓèlèa lɛ sè.	The food is good.
Lé ɓèlèa lɛ nɛ́ı́nèı̀.	The food is delicious or sweet.
À wɛlɛ lɛ sè.	His/Her face is fine/good.
À sɔ́ɔ́ lɛ sè.	His/Her teeth are fine/good.
À sɔ̀ŋ lɛ sè.	His/Her ways are good.
À léwè lɛ sè.	He/She talks nicely.
À léwè yí wá sè.	He/She does not talk nicely.
À ɓɔ́ɔ lɛ sè.	His/Her ring is fine/good.
Lɛ́ɛ táɓo sè.	He/She sings well.

Exercise H

The word "sè" also refers to walnut. Read the following sentences.

sè yìlì	a walnut tree
sè wélé	a walnut seed
Sè wéléɛ lɛ káá pìà.	The walnuts are falling.
Íì sè wélé ɓele?	Do you (singular) eat walnuts?
Káa sè wélé ɓele?	Do you (plural) eat walnuts?
Gbào, sè lɛ m tɔ́ɛ́ ká.	No, walnut is my taboo.
Gbào, sè lɛ́ ko tɔ́ɛ́ ka.	No, walnut is our taboo.
M̀m̀, ḿm sè wélé ɓèlè.	Yes, I eat walnuts.
Kò lo sè yìlì dí.	Let us go under a walnut tree.

Exercise H

The word "sè" also refers to walnut. Read the following sentences.

Kò lo sè yìlìa dí.	Let us go under the walnut tree.
Kò lo sè wélɛ́ɛ wɔ́ɔ.	Let us go pick the walnuts.
Kóo lo sè wélɛ́ɛ dò lɔ́ɔ́dɔɔ̀?	Will we sell some of the walnuts?
Lɛ́ɛ lo sè wélɛ́ɛ dò lɔ́ɔ́dɔɔ̀?	Will he/she sell some of the walnuts?
Ɓèlé lɛ́ɛ lo sèɛ dò lɔ́ɔ́dɔɔ̀?	Will Belle sell some of the walnuts?
Gɔ̀púdòlò lɛ́ɛ lo sè wélɛ́ɛ lɔ́ɔ́dɔɔ̀?	Will Gorpudolo sell the walnuts?
Gɔ́màadòlò lɛ́ɛ sè wélɛ́ lɔ́ɔ́dɔ́?	Does Gormadolo sell walnuts?
Gɔ́nɔ̀ɔ́dòlò lɛ́ɛ sè wélɛ́ lɔ́ɔ́dɔ́?	Does Gornordolo sell walnuts?
Zɔ̀púdòlò lɛ́ɛ lo sè wélɛ́ɛ lɔ́ɔ́dɔɔ̀?	Will Zonpulolo sell the walnuts?
Sɛ́ídòlò lɛ́ɛ lo sè wélɛ́ɛ dò lɔ́ɔ́dɔɔ̀?	Will Sendolo sell some of the walnuts?
Sè wélɛ́ lɛ néínèì	A walnut seed is sweet.
Sè wélɛ́ɛ lɛ sè.	The walnut is good.

Lesson Thirty-Seven: Other Adjectives

EXERCISE A

Now let us learn other adjectives which describe human behaviors. Read the following.

Sèé sɔ̀ŋ lɛ sɛ̀.	Saye has good ways.
Sèé sɔ̀ŋ wá sɛ̀.	Saye does not have good ways.
Sèé yìlì lɛ yɔɔ.	Saye is mean.
Sèé lɛ́ɛ́ mi gba.	Saye does not offer people.
Sèé lɛ tɔ́ú-tɔ̀ù.	Saye is tastless / mean / selfish.
Sèé lɛ gɔ́ŋgɔ̀ŋ.	Saye is dull.
Sèé yígínî lɛ.	Saye is an idiot; he doesn't have sense.
Sèé lɛ fṹã̀-fṹã́zɛ̀.	Saye is troublesome.
Sèé lɛ kɔ́ŋ-kɔ̀ŋ.	Saye is sick.
Sèé lɛ mìnìmìnìzè.	Saye is terrible.
Sèé lɛ pɔ́nɔ́pɔ̀nɔ.	Saye is soft.
Sèé fîà lɛ.	Saye is lazy.
Sèé lɛ yũ̀àyṹázɛ̀.	Saye whines; Saye is troublesome.
Sèé sɔ̀ŋ lɛ yɔ̀lɔ-yɔ̀lɔzè.	Saye has nastic ways.
Sèé lɛ́ɛ̀ lékã́ kɛ̀.	Saye is rude.

Exercise A

Now let us learn other adjectives which describe human behaviors. Read the following.

Sèé lɛ wésé-wèsè.	Saye is active.
Sèé lɛ mékéné-mèkènɛ.	Saye is weak; soft.

Exercise B

Read the following sentences.

Sèé lɛ mékéné-mèkènè lɛ à wélé wáá yí.	Saye is soft like he doesn't have bones.
Sèé zò lég kã.	Saye has quick temper.
Sèé zò lɛ dɔ́ɔ́lɔ́.	Saye's heart is cool.
Sèé lɛ yélè mì ka.	Saye is shy; an introvert.
Yélè wá Sèé nyìɛ là.	Saye doesn't have a shame face.
Sèé lɛ kpàlà-kpálázè.	Saye is a rascal.
Sèé lɛ kpàlà-kpálá kɛ mì ká.	Saye plays rascality.
Sèé lée kpàlà-kpálá kè mia mɔ̀.	Saye plays rascality on people.
Sèé lɛ yèìyéízè.	Saye is tricky.
Sèé lée kílí kɛ.	Saye causes confusion.
Sèé lée péléí kɛ.	Saye plays magic.
Sèé lɛ yéízè.	Saye is funny.
Lée yéídɔ mìa mɔ̀.	He makes people laugh.
Sèé lɛ yéíŋzè.	Saye is sorrowful.
Sèé lée tùò.	Saye is scary.
Sèé mé lée tàle.	Saye is fearful; his body trembles.
Sèé zò lɛ gágà, lèé túó.	Saye is brave; he is not afraid.

Exercise C

More on behaviors.

Sèé léɛ e zɔ̃ɔ̃, léɛ ɓɔ gbákɔ̀.	Saye is active; he acts too much.
Sèé lɛ zɔ̃ɔ̃-mì ka.	Saye is an actor; a clown.
Sèé lɛ wɔ̀ɔ̀-mì ka.	Saye is a foolish person.
Sèé lɛ wɔ̀ɔ̀zɛ̀.	Saye is foolish; rude.
Sèé lɛ yélɛ̀-mì ka.	Saye is a shameful person.
Yélɛ̀ wá Sèé nyìɛ̀ là.	Saye is shameless.
Sèé wɛlɛ pélɛ lɛ.	Saye is frisky.
Sèé léɛ sɛ̀ɛɛ̀ kɛ̀.	Saye plays witch.
Sèé lɛ sɛ̀ɛɛ̀-mì ka.	Saye is a wizard.
Sèé lɛ sɛ̀ɛɛ̀bà.	Saye is a member of witchcraft.
Sèé léɛ ɓɔ̀ búnùɓo.	Saye plays voodoo.
Sèé lɛ wìì yí.	Saye is an animist.
Sèé lɛ tɔ́ɔ̀zɛ̀.	Saye is jealus.
Sèé léɛ tɔ́ɔ̀ kɛ.	Saye plays jealousy.
Sèé lèé kpàá.	Saye doesn't care; non-challant.

Exercise D

Read the following sentences.

wààlà	to rape
wààlà kɛ-mì	a rapist
dìèdìèá	to roam, to loaf, to loiter
dìèdìèá kɛ-mì	a roamer or a loafer
dàgã̀là kɛ-mì	a vagabond
Saá léɛ dìèdìèá kɛ̀.	Charles roams.

Exercise D

Read the following sentences.

Saá lɛ dìèdìèá kɛ-mì ka.	Charles is a roamer.
Lùògɔ̃ lɛ́ɛ dìèdìèá kɛ̀.	Luogon roams.
Lùògɔ̃, i gó mɛ́?	Luogon, where are you coming from?
M gó gbɛ́ĩ́ píé.	I am coming from walking about.
M gó kii kà là.	I am coming from the school building.
M gó Dúo.	I am coming from Duo.
M gó Kɔ́ípà.	I am coming from Quoipa.
M gó nyɛ́nèì.	I am coming from the farm.
M gó Zówɛ̃́ĩ́ŋpà.	I am coming from Zowienta.
M gó Láó Zaò	I am coming from Lao Zao.
M gó Zãã̃.	I am coming from Zahn.

Exercise E

Read the following sentences.

Íi dìèdìèa kè nyɔ́ɔ̀.	You roam about too much.
Mɛ́ ɓà mɔ́ɔ dìèdìèa kɛ ɓo kílí?	Why are you roaming like that?
Íi dìèdìèá kè lè gbá̃ dàgà̃làzè lɛ́ ɓe.	You roam like a strayed dog.
Íi dìèdìèá kè lè nyã̌ã́mà dàluúzè lɛ́ ɓe.	You roam like a wild cat.
Dìèdìèá kɛ-mìà sòŋ wá sè.	Roamers don't have good behaviors.
Dìèdìèá kɛ-mìà o fía lɛ.	Roamers are lazy.
Dìèdìèá kɛ-mì gé wɔ̃ lɛ à mɔ̀.	Roamers are greedy.

Exercise E

Read the following sentences.

Dìèdìèá kɛ-mìà óò kã̀ã̀ 6o.	Roamers can steal.
Yékɛ̀ í dìèdìèá kɛ.	Do not roam or loaf.
Sèé lɛ́ɛ dàgã̀là kè.	Saye is a vagabond.
Sèé, tèá dàgã̀là kɛ́ɛ mɔ̀.	Saye, stop being a vagabond.
Dàgã̀là mìà o fía lɛ.	Vagabons are lazy.
Dàgã̀là mìà ɔ̀ó yà tã́ã̀.	Vagabons don't sit down.
Dàgã̀là kɛ-mì lɛ́ i ká?	Are you a vagabond?
Dàgã̀là kɛ-mì wà dìèdìèá kɛ mì o doó.	A vagabon and a roamer are just the same.
Mɛ́ e kɛ lɛ́ ìí yà tã́ã̀?	Why don't you sit down?
Yà tã́ã̀ wè!	Sit down!
Ɓáá dà Sèé píèèé!	Do not join Saye!
Sèé lɛ́ɛ wààlà kè.	Saye is a rapist.
Wààlà kɛ-mì lɛ́ Sèé ka.	A rapist is Saye.
Sèé tèá wààlà kɛ́ɛ mɔ̀.	Saye stop being a rapist.
Wààlà kɛ-mì sɔ̀ŋ wá sè.	A rapist does not have good ways.
Sèé, le sí.	Saye, get married.

Exercise G

Translate the following sentences in the Mann Language.

My house is fine/ beautiful.

Our house is fine/beautiful.

Their house is beautiful/fine.

Your house is beautiful.

EXERCISE G

Translate the following sentences in the Mann Language.

The walnut is good.

The walnut is not good.

EXERCISE H

Translate the following sentences into the Mann Language.

My house is ugly.

Our house is ugly.

Your (plural) house is ugly.

His house is ugly.

The house leaks.

My house leaks.

Your house (singular) leaks.

Your house (plural) leaks.

Our house leaks.

EXERCISE I

Translate the following sentences into the Mann language.

Where is your (singular) house?

Where is your (plural) house?

Where is his/her house?

Where is their house?

Where is their fine house?

Where is his beautiful wife?

Where is the good man?

Exercise I

Translate the following sentences into the Mann language.

Where is the kind lady?

Where is the ugly boy?

Where is the ugly girl?

Exercise J

Translate the following into the Mann language.

Why are you (singular) feasting?

Why are you (plural) feasting?

Why is he/she dancing?

Why are we dancing?

Why are they rejoicing?

Why are they feasting?

Why are you eating the good walnut?

Why is she/he eating the good walnut?

Why are they eating the good walnut?

Exercise K

Translate the following into the Mann Language.

Do I have a good/kind heart?

Do we have good/kind heart?

Do you (singular) have a good/kind heart?

Do you (plural) have good/kind hearts?

Does he/she have a good/kind heart?

Do they have good/kind heart?

Exercise K

Translate the following into the Mann Language.

You have very good ways.

He has very good ways.

We have very good ways.

They have very good ways.

Why is he/she singing?

Why is he/she dancing again?

Nya is a rapist.

He is a vagabond.

He is a roamer/ loafer.

Lesson Thirty-Eight: Uncomfortable, Troublesome, etc

LEARN THE FOLLOWING NEW WORDS:

Learn the following new words:

fũàfũá	uneasy, uncomfortable, troublesome
gíni	to lose
yígíni	to lose mind, to fool, madness, confusion

The exact translation is to lose knowledge. Yí means inside of; gíni means to get lost.

EXERCISE A

Practice the following.

M̀ pɛlèe e gíni.	My money lost.
M pɛlèe gíni.	I lost money.
I pɛlèe gíni.	You lost money.
Ko pɛlèe gíni.	We lost money.
E pɛlèe gíni.	He/she lost money.
O pɛlèe gíni.	They lost money.

Exercise A

Practice the following.

M yí e gíni.	I lost my mind.
Ko yí e gíni.	We lost our mind.
À yí e gíni.	He/She lost her mind.
O yí e gíni.	They lost their mind.
Ɓáá m yígíni.	Do not fool me.
Ɓáá ko yígíni.	Do not fool us.
Ɓáá à yígíni.	Do not fool him/her.
Ɓáá o yígíni.	Do not fool them.

Exercise B

Another way to say it is, Yékè í m yígíni (do not fool me).

Yékè í ko yígíni.	Do not fool us (singular).
Yékè ká ko yígíni.	Do not fool us (plural).
Íì m yígíni kpɛ?	Why are you (singular) fooling me?
Íì ko yígíni kpɛ?	Why are you fooling us?
Yékè ká kà yígínia kɛ m mɔ̀.	Do not play your foolishness on me.
Yékè í ɓà yígínia búnú m mɔ̀.	Do not rub your madness on me.
Yékè ó wà yígínia kɛ m mɔ̀.	They should not play their madness on me.
I yígíniì lɛ?	Are you (singular) mad/stupid?
À yígíniì lɛ?	Is he/she mad/stupid?
Ko yígíniì lɛ?	Are we mad/stupid?
O yígíniì lɛ?	Are they mad/stupid?

Exercise B

Another way to say it is, Yékè í m yígíni (do not fool me).

I fṹàfṹázè.	You are troublesome.
Néfúa lɛ fṹàfṹázè.	The child is troublesome.
Fṹàfṹá lɛ́ɛ m kè.	I am feeling uneasy/ uncomfortable.
Fṹàfṹá lɛ́ɛ ko kè.	We are feeling uneasy/uncomfortable.
Fṹàfṹá lɛ́ɛ à kè.	He/She is feeling uneasy/uncomfortable.
Mɛ́ à kè fṹàfṹá ka?	What makes him/her uneasy?
Fṹàfṹá lɛ́ɛ o kè.	They are feeling uneasy/uncomfortable.
Mɛ́ è o kè fṹàfṹá ka?	What makes them uncomfortable?
Gɔ́ɔ́ lɛ fṹàfṹázè.	The man is troublesome.
Léa lɛ fṹàfúázè.	The woman is troublesome.
E fṹàfṹá dɔ́ i mɔ́?	Did he/she embarrass you?

Exercise C

Read the following sentences.

M̀ḿ naa fṹàfṹá wɔ̃ ka.	I don't want embarrassment.
Kòó naa fṹàfṹá wɔ̃ ka.	We don't want embarrassment.
Ɓàá naa fṹàfṹá wɔ̃ ka.	You (singular) don't want embarrassment.
Yé kèá ɓáa nàà fṹàfṹá káa, ɓáá fṹàfṹá tènè m mɔ̀.	If you want embarrassment, don't embarrass me.
M fṹàfṹá tènè i mɔ?	Did I embarrass you?

Exercise C

Read the following sentences.

Kàá naa fṹàfṹá wɔ̃ ka.	You (plural) don't want embarrassment.
Làá naa fṹàfṹá wɔ̃ ka.	He/she doesn't want embarrassment.
Yé kèá láa nàà fṹàfṹá káa,	If he/she wants embarrassment,
Áá fṹàfṹá dɔ m mɔ̀.	He/she should not embarrass me.
Òó naa fṹàfṹá wɔ̃ ka.	They don't want embarrassment.
O fṹàfṹá dɔ i mɔ́?	Did they embarrass you?
Ɓáà nàà fṹàfṹá ká?	Do you want embarrassment?
Gbào, m̀ḿ naa fṹàfṹá wɔ̃ ka.	No, I don't want embarrassment.
Óò nàà fṹáfṹá ká?	Do they want embarrassment?
Gbào, òó naa fṹàfṹá ka.	No, they don't want embarrassment.
Ḿm̀ḿ, òó naa fṹàfṹá wɔ̃ ka.	No, they don't want embarrassment.
Mɛ́ ɓà mɔ́ɔ fṹàfṹá dɔ ɓo kílí?	Why are you troublesome like that?
Mɛ́ à mɔ́ɔ fṹàfṹá wɔ̃ kè kílí?	Why does he do such an embarrassment?
Mɛ́ ò mɔ́ɔ fṹàfṹá wɔ̃ kè kílí?	Why do they do such an embarrassment?
Gbào, ma wá fṹàfṹá wɔ̃ kɛ pìà.	No, I am not embarrassing.
Ma wá mi gbɛɛ fṹàfṹá kɛ pìà.	I am not troubling anybody.

EXERCISE D

Translate the following into the Mann Language.

Are you uncomfortable?

Is David troublesome?

Is Peter troublesome?

Is John uncomfortable?

Is he stupid?

Are they stupid?

Are you stupid/mad?

The people are troublesome.

The people are uncomfortable/uneasy.

The boy child is very troublesome.

The girl is feeling uneasy.

EXERCISE E

Translate the following into the Mann Language.

Did Kou embarrass you (singular)?

Did Kou embarrass you (plural)?

Did we embarrass you?

Did he embarrass you (plural)?

Why do they embarrass?

Why does he embarrass?

Why do we embarrass?

No, he does not want any embarrassment.

No, he is not embarrassing anyone.

Lesson Thirty-Nine: More on Tradition

Good news is usually welcomed with joy and happiness. The gravity and magnitude of the situation either lead the family to mere dancing, expressing joy, or feasting. People express their yúélɔ́ɔ́-lɔ̀ɔ̀ (congratulations) to one another.

The literal meaning of yúélɔ́ɔ́-lɔ̀ɔ̀ is "soft ashes." The texture of ashes is different from any other dust of the ground. So, whatever the occasion, it was as soft as ashes. Thus, people express yúélɔ́ɔ̀ for short. When a woman gives birth; when a child graduates from a western type of school, or traditional poro or sande type of school, when a family member is elected or appointed into a high office, or whatever the good news, people come around to express yúélɔ́ɔ̀.

Sometimes some special proverbial traditional songs are raised for people to dance. Below are two examples of such songs:

1. Tèè là wáá́ lèɛ́ péɛ́. Lɛ́ɛ̀ lòŋ-lòŋ lò ka là kũ.
   An orphan's kernel doesn't split. It comes out round and round.

2. Ɓélɛ́ lèɛ́ nyɛ gùlùlà. À kɔ̀sóŋ lɛ gùlùlà.
   Yams do not finish from the hole. A piece of it is always there.

Exercise A

Now, practice or read each of the following sentences three times.

Yúélɔ̀ɔ̀ sí.	Say, Congratulations.
Sèé là yúélɔ̀ɔ̀ sí.	Congratulate Saye.
Ɓà yúélɔ̀ɔ̀.	Congratulation to you (singular).
Kà yúélɔ̀ɔ̀.	Congratulation to you (plural).
À yúélɔ̀ɔ̀.	Congratulation to him.
Wà yúélɔ̀ɔ̀.	Congratulation to them.
Kò yúélɔ̀ɔ̀.	Congratulation to us.
M gbe, ɓà yúélɔ̀ɔ̀.	My son, congratulation to you.
M lú, ɓà yúélɔ̀ɔ̀.	My daughter, congratulation to you.
M̀ né, ɓà yúélɔ̀ɔ̀.	My child, congratulation to you.
Dèɓé, ɓà yúélɔ̀ɔ̀.	David, congratulation to you.
Zĩ́ĩ́, ɓà yúélɔ̀ɔ̀.	James, congratulation to you.
Melé, ɓà yúélɔ̀ɔ̀.	Mary, congratulation to you.
Wúlù, ɓà yúélɔ̀ɔ̀.	Ruth, congratulation to you.
Ɓaà yúélɔ̀ɔ̀ sí?	Have you (singular) congratulated?
Kaà yúélɔ̀ɔ̀ sí?	Have you (plural) congratulated?
Ìí yúélɔ̀ɔ̀ sí nɛ́?	Haven't you (singular) congratulated yet?
Kàá yúélɔ̀ɔ̀ sí nɛ́?	Haven't you (plural) congratulated yet?
Òó yúélɔ̀ɔ̀ sí nɛ́?	Haven't they congratulated yet?
Wéyɔ̀ e die; ɓà yúélɔ̀ɔ̀.	William passed; congratulation to you.

Exercise A

Now, practice or read each of the following sentences three times.

Wéyɔ̀ e die kii vṹ doó wɛ́lɛ́ pèèlɛ yí; ɓà yúélɔ́ɔ̀.	William passed the 12th grade; congratulations.

Exercise B

Read the following.

Wéyɔ̀ e nyɛ kii mɔ̀.	William finished book.
Wéyɔ̀ áà nyɛ kii mɔ̀.	William has finished book.
Wéyɔ̀ ɓɔ́ɔ̀, áà nyɛ kii mɔ̀.	William is blessed; he has graduated.
Nɔ̀ɔ́ áà nyɛ kii mɔ̀.	Norn has graduated.
Kɔ̀ú áà nyɛ kálè.	Kou has finished college.
Bètí áà nyɛ kálè.	Betty has completed college.
Betí ɓɔ́ɔ̀, áà nyɛ kálè.	Betty is blessed; she has finished college.
Kà yúélɔ́ɔ!	Congratulations!
Ka séí kà yúélɔ́ɔ!	Congratulations to all of you!
Kà yúé! Kà yúé! Kà yúé!	Congrats! Congrats! Congrats!

Exercise C

Read the following.

Kɔ̀ú áà la.	Kou has given birth.
Kɔ̀ú áà la gɔ̃nè ka.	Kou has delivered with a boy child.
Kɔ̀ú áà la lenè ka.	Kou has delivered with a girl child.

Exercise C

Read the following.

Kɔ́ú áà la yòo ka.	Kou has delivered with twins.
Wáà Sèé sí dɔmì ka. Kà yúélɔ́ɔ̀.	Saye has been elected. Congratulation.
Wáà Sèé yà dɔmì ka. Kà yúélɔ́ɔ̀.	Saye has been appointed. Congratulation.
Wáà Sèé yà mi gbùò ka.Kà yúé!	Saye has been appointed as big man. Congrats!
Nyã̀ã́ áà le sí. Kà yúélɔ́ɔ̀.	Nya has married. Congratulation.
Nyã̀ã́ áà le dɛɛ sí. Kà yúélɔ́ɔ̀.	Nya has married a new woman. Congrats.
Nyã̀ã́ áà le pèèlɛ sí. Kà yúélɔ́ɔ̀.	Nya has married two women. Congrats.
Nyã̀ã́ na ni o sɔ́ɔ́li.	Nya has five wives.
Ɓà né áà gó bòí; ɓà yúélɔ́ɔ̀.	Your child has returned from down (Monrovia).
Ɓà né áà gó Dùkɔ́; ɓà yúélɔ́ɔ̀.	Your child has returned from Monrovia; congrats.
Ɓà né áà gó Mélékà; ɓà yúélɔ́ɔ̀.	Your child has returned from America. Congrats.
Ɓà né áà gó kṹíípà; ɓà yúélɔ́ɔ̀.	Your child has returned from a western country. Congrats.

Exercise D

Write the following sentences into the Mann Language.

I have finished school.

We have finished school.

You have finished school.

EXERCISE D

Write the following sentences into the Mann Language.

He/she has finished school.

They have finished school.

Congratulate my father.

Congratulate our father.

Congratulate your (singular) father.

Congratulate your (singular) mother.

Congratulate their mother.

Congratulate their father.

EXERCISE E

Translate the following into English.

Zɔ̏ɔ́ lɛ́ɛ lo nyeè kèɛ yi.

Zósè lɛ́ɛ lo nyeè kálè kèɛ yi.

Kèmá lɛ́ɛ lo nyeè kíí vṳ̀doó wélé pèèlɛ yi.

Sèé e nyé?

Zósè e die?

I Kóná là yúélɔ̀ɔ̀ sí?

Ka Kóná là yúélɔ̀ɔ̀ sí?

O Kóná là yúélɔ̀ɔ̀ sí?

Mɛ́ kà mɔ́ɔ̀ yúélɔ̀ɔ̀ sí ɓo?

Mɛ́ ɓà mɔ́ɔ̀ yúélɔ̀ɔ̀ sí ɓo?

Mɛ́ à mɔ́ɔ̀ yúélɔ̀ɔ̀ sí ɓo?

Mɛ́ ò mɔ́ɔ̀ yúélɔ̀ɔ̀ sí ɓo?

Kàá yúélɔ̀ɔ̀ sí nɛ́?

EXERCISE E

Translate the following into English.

Òó yúélɔ̀ɔ̀ sí nɛ́?

Kà wà yúélɔ̀ɔ̀ sí.

Kɔ̀à wà yúélɔ̀ɔ̀ sí.

Lesson Forty: Business Related Terms

EXERCISE A

Learn New Words. Below are some business-related Terms.

zǎgbè	business
zǎgbè-mi	businessman/customer
lɔ́ɔ́dɔ	to sell
À lɔ́ɔ́dɔ	Sell it.
À lɔ́.	Buy it.
pɛ lɔ́	to buy something
kèle	credit
Wèéɛ lɛ?	How much/how many?
kèle kű	borrow
sı́ɑ́ŋ kű	to borrow
kèle dɔ	to credit
À kèle dɔ.	Put it into credit.
À kèle kű.	Credit it.
tɔ̀lɔ̀màyà	to pawn
À tɔ̀lɔ̀màyà	Pawn it.
kɔ̀ kàà tɑ́ɑ̀	to lose

EXERCISE A

Learn New Words. Below are some business-related Terms.

wũmɛ́ɓo	to redeem
À wũmɛ́ɓo.	Redeem it.
À yíkã́.	Count it.
À lóní.	Count it / Check it.
M̀ pèlèa yíkã́.	Count my money.
sɔ̀ɔ́	pay/ value
À sɔ̀ɔ́ nɔ.	Pay for it.

EXERCISE B

Practice reading each of the following sentences three times.

À sɔ̀ɔ́ lɛ sè, à lɔ́.	The value is good, buy it.
M lɔ́ pìà ɓu lɔ́ɔ́dɔɔ̀.	I am going to sell rice.
M lɔ́ pìà gúó lɔ́ɔ́dɔɔ̀.	I am going to sell peanuts.
M lɔ́ pìà kpã̀ã́ lɔ́ɔ́dɔɔ̀.	I am going to sell fish.
M lɔ́ pìà wìì lɔ́ɔ́dɔɔ̀.	I am going to sell meat.
M lɔ́ pìà sɔ lɔ́ɔ́dɔɔ̀.	I am going to sell clothes.
M lɔ́ pìà tã́ã̀ lɔ́ɔ́dɔɔ̀.	I am going to sell a land.
M lɔ́ pìà lúú lɔ́ɔ́dɔɔ̀.	I am going to sell a farmland.
Wèɛ́ɛ lɛ́ e ɓúá ká?	How much is the rice?
Wèɛ́ɛ lɛ́ e kíía ká?	How much does the book cost?
Wèɛ́ɛ lɛ́ e kpã̀ã́a ká?	How much does the fish cost?
Wèɛ́ɛ lɛ́ e bèlɛɛ ká?	How much do the trousers cost?
Wèɛ́ɛ lɛ́ fɔ́ɔ̃́ ká?	How much does the phone cost?
Wèɛ́ɛ lɛ́ le là nyú-kɛ́ĩ́ a ká?	How much for the lady's bras?

Exercise B

Practice reading each of the following sentences three times.

Mɛ́ ɓà lɔ́ɔ́dɔ?	What are you selling?
Mɛ́ kà lɔ́ɔ́dɔ?	What are you (plural) selling?
Mɛ́ à lɔ́ɔ́dɔ?	What is he/she selling?
Mɛ́ ò lɔ́ɔ́dɔ?	What are they selling?
Ḿm̀ dìì lɔ́ɔ́dɔ.	I sell cows.
Ḿm̀ káa lɔ́ɔ́dɔ.	I sell cars.
Ḿm̀ pɔɔ̀ kélé-kélé lɔ́ɔ́dɔ.	I am a peti-trader (I sell little things).
Ḿm̀ yílí-pɛ́ɛ́ lɔ́ɔ́dɔ.	I sell planks.
Ḿm̀ tíéýíí lɔ́ɔ́dɔ.	I sell kerosene.
Ḿm̀ tíékɛ́ɛ̃́ lɔ́ɔ́dɔ.	I sell matches.
Kóò yíídɔ́ɔ́lɔ́ lɔ́ɔ́dɔ.	We sell cold water.
Óò yíídɔ́ɔ́lɔ́ lɔ́ɔ́dɔ.	They sell cold water.

Exercise C

Practice reading the following sentences.

Zã̀gbè mi, kèle dɔ m mɔ̀.	Customer, credit me.
Zã̀gbè mi, pɛlèe kèlè dɔ m mɔ̀.	Customer, credit me money.
Zã̀gbè-mi, kèle kã́ m mɔ̀.	Customer, free me from debt.
Zã̀gbè-mi, m̀ kèlea kã́.	Customer, pay my debt.
M̀ zã̀gbè-mi sɔ̀ŋ lɛ sè.	My customer has good ways.
M̀ zã̀gbè-mi sɔ̀ŋ wá sè.	My customer does not have good ways.
M̀ zã̀gbè-mi lɛ́ɛ̀ fùlu kè.	My customer cheats.

Exercise C

Practice reading the following sentences.

M̀ zȁgbè-mi lɛ̀ɛ́ fùlu kɛ.	My customer does not cheat.
Wà zȁgbè-mi lɛ́ɛ̀ fùlu kɛ̀ kpȁnazè.	Their customer cheats a lot.
Là zȁgbè-mi lɛ́ɛ̀ fùlu kɛ.	His/Her customer cheats.

Exercise D

Practice reading the following sentences.

À tɔ̀lɔ̀màyà m mɔ̀.	Pawn it to me.
Ò tɔ̀lɔ̀màyà ko mɔ̀.	Pawn it to us.
Lúúa tɔ̀lɔ̀màyà à mɔ̀.	Pawn the farmland to him.
Káa tɔ̀lɔ̀màyà o mɔ̀.	Pawn the car to them.
Pɛ́ɛ tɔ̀lɔ̀màyà o mɔ̀.	Pawn the thing to them.
Tòlòpèɛ tɔ̀lɔ̀màyà ko mɔ̀.	Pawn the cattle to us.
Ɓà ɓáá-gɔ́ɔ̃ tɔ̀lɔ̀màyà ko mɔ̀.	Pawn your ram to us.
Ɓà wéégbɔ̀lɔ̀ tɔ̀lɔ̀màyà ko mɔ̀.	Pawn your radio to us.
Ɓà nyɛ́nɛ́-kɛ̀ĩa tɔ̀lɔ̀màyà m mɔ̀.	Pawn your watch to me.
Mɛ́ ɓà mɔ̀ɔ à tɔ̀lɔ̀màyà?	Why are you pawning it?
Mɛ́ kà mɔ́ɔ dɔ́nɔ́kálá-sòoa tɔ̀lɔ̀màyà?	Why are you pawning the bicycle?
Mɛ́ kà mɔ́ɔ̀ kpòǘ-kpòǘa tɔ̀lɔ̀màyà?	Why are you pawning the motor-bike?
Mɛ́ ɓà mɔ́ɔ i píé kɛ́i pɔ̀ɔ tɔ̀lɔ̀màyà?	Why are you pawning your house items?
Mɛ́ à mɔ́ɔ e píé kɛ́í pɔ̀ɔ tɔ̀lɔ̀màyà?	Why is he pawning his household items?
Pɛ́ɛ tɔ̀lɔ̀màyà dɔmì mɔ̀.	Pawn the things to chief.

Exercise D

Practice reading the following sentences.

Póɔ tɔ̀lɔ̀màyà dɔmìa mɔ̀.	Pawn the things to the chief.
Tòlòpɛɛ tɔ̀lɔ̀màyà i zíé mɔ̀.	Pawn the cattle to your uncle.
Tòlòpɛɛ tɔ̀lɔ̀màyà i báèe mɔ̀.	Pawn the cattle to your nephew/niece.
Tòlòpɛɛ tɔ̀lɔ̀màyà ɓà zɑ̀gbè-mi mɔ̀.	Pawn the cattle to your customer.

Exercise E

Practice reading the following sentences.

À sĩ́ã́ŋ kṹ.	Borrow it.
À kèlè kṹ.	Credit it.
Sóɔ à sĩ́ã́ŋ kṹ.	Borrow the clothes.
Pɛɛ à sĩ́ã́ŋ kṹ.	Borrow the thing.
Pɔɔ̀ɔ sĩ́ã́ŋ kṹ.	Borrow those things.
Ɓúa sĩ́ã́ŋ kṹ ɓá taa.	Borrow the seed rice to plant.
Gbóɔ sĩ́ã́ŋ kṹ í léɓèlè kɛ à yí.	Borrow the pot so that you can cook in it.
Nyéné-kéĩ́a sĩ́ã́ŋ kṹ ɓá yà.	Borrow the watch to wear it.
Pɛlèa kèlè kṹ.	Credit the money.
Pɛlèa sĩ́ã́ŋ kṹ.	Borrow the money.
Pɛlèa lɔ́ŋdɔ.	Loan the money.
Pɛlèa lɔ́ŋdɔ ko mɔ̀.	Loan the money to us.
Pɛlèe lɔ́ŋdɔ m mɔ̀.	Loan the money to me.

Lesson Forty-One: Taxes

Collecting taxes (nìíi sɔ̀ɔ́) in rural Liberia was a problem because the vast majority of the people are poor. Besides collecting taxes, there was forced labor, porter, (púlúsɔ́) meted against the rural poor by government officials. As a result, tax collectors were not welcomed because they were not friendly.

EXERCISE A

Study new words; read the following words and phrases.

nìíi sɔ̀ɔ́	a tax
nìíi sɔ̀ɔ́ ɓo	to pay tax
nìíi sɔ̀ɔ́ ɓo-mì	a tax collector
nìíi sɔ̀ɔ́ ɓo-mìà	tax collectors
gɔ̀máná̀	government
pɛlèe	money
pɛlèe wɛ́lɛ́	cash money
yeíŋ	pressure
yeíŋ yà mi yí	to put pressure on someone
lé gba	to feed
gbòó	to joke

Exercise A

Study new words; read the following words and phrases.

Sɔ̀ũ   attitude/behavior or habit

Exercise B

Read the following sentences.

Kà nìíi sɔ̃́ɔ́ ɓo gɔ̀máná lèɛ.	Pay taxes to the government.
Nìíi sɔ̃́ɔ́ ɓo kèɛ̀ séí ka.	Pay taxes every year.
Ì nìíi sɔ̃́ɔ́ ɓo gɔ̀máná lèɛ.	You (singular) should pay tax to the government.
Kà nìíi sɔ̃́ɔ́ ɓo gɔ̀mánà lèɛ.	You (plural) should pay tax to the government.
Kɔ̀à nìíi sɔ̃́ɔ́ ɓo gɔ̀mánà lèɛ.	Let us pay taxes to the government.
È nìíi sɔ̃́ɔ́ ɓo gɔ̀mánà lèɛ.	Let him pay taxes to the government.
Ò nìíi sɔ̃́ɔ́ ɓo gɔ̀mánà lèɛ.	Let them pay taxes to the government.

Exercise C

Read the following sentences.

Nìíi sɔ̃́ɔ́ ɓo-mì áà nu.	A tax collector has come.
Nìíi sɔ̃́ɔ́ ɓo-mìà wáà nu.	Tax collectors have come.
Nìíi sɔ̃́ɔ́ ɓo-mìà sɔ̀ũ wá sè.	Tax collectors don't have good ways.
Nìíi sɔ̃́ɔ́ ɓo-mìà ɔ́ɔ́ gbòó kɛ.	Tax collectors don't joke.
Nìíi sɔ̃́ɔ́ ɓo-mìà óò o wɛlɛ yèlè.	Tax collectors can frown their faces.
Nìíi sɔ̃́ɔ́ ɓo mìà ɔ́ɔ́ ɓɛ́ɛ lè kɛ.	Tax collectors are not friendly.

Exercise C

Read the following sentences.

Nìíi sɔ̃ɔ́ ɓo-mìà óò mìà yà nyénɛ́ wì.	Tax collectors put people under the sun.
Nìíi sɔ̃ɔ́ ɓo-mìà óò mìà yèlè.	Tax collectors can tie people.
Nìíi sɔ̃ɔ́ ɓo-mìà òó mia yéìkṹ.	Tax collectors do not empathize with people.
Nìíi sɔ̃ɔ́ ɓo-mìà óò mia dùò kɛ́i.	Tax collectors can jail people.
Nìíi sɔ̃ɔ́ ɓo-mia óò mìà kɛ̀ yɔ̀-yɔ̀.	Tax collectors treat people bad.
Nìíi sɔ̃ɔ́ ɓo-mìà òó mia yéĩzè dɔ.	Tax collectors don't know poor people.
Nìíi ɓo-mìà o fʋ̀àfʋ́ázè.	Tax collectors are troublesome.
Óò túó dà mia yi.	They put fear in people.
Óò yéĩyà mia yi.	They put pressure on people.
Óò mia kɛ̀ yéĩzè.	They make people sorrowful.
Gòmánà lɛ́ɛ o vɔɔ.	It is the government that sends them.
Gbào, nìíi sɔ̃ɔ́ ɓo mìà òó kɛ gbaa kílí.	No, tax collectors no longer do that.

Exercise D

Read the following sentences.

Nìíi sɔ̃ɔ́ ɓoò lɛ sè.	It is good to pay taxes.
Nìíi sɔ̃ɔ́ lɛ́ɛ sélɛ́ dɔ.	Taxes build the country.
Gòmánà lɛ́ɛ yɛɓo kɛ̀ nìíi pèlèe ka.	Government works with tax money.
Gòmánà lɛ́ɛ kpĩ̀ĩ kpɔ.	Government builds roads.
Gòmánà lɛ́ɛ nyìè kà dɔ.	Government builds hospitals.

Exercise D

Read the following sentences.

Gɔ̀máñà lɛ́ɛ kii kà dɔ.	Government builds schools.
Gɔ̀máñà lɛ́ɛ mia fɔ́nɔ́nɔ.	Government pays salaries.
Gɔ̀máñà lɛ́ɛ yɛɓo kè nìíi pèlèe ka.	Government works with tax money.
Gɔ̀máñà láa nàà pɛlèe ka.	Government needs money.
Kà nìíi ɓo ká mɔ̀.	Pay tax on houses.
Kà ká nìíi ɓo.	Pay house tax.
Kà nìíi ɓo lɔ́ɔ́ mɔ̀.	Pay taxes on markets/ goods.
Kà nìíi ɓo yɔ mɔ̀.	Pay tax on liquor.
Kà nìíi ɓo tã́ã̀ mɔ̀.	Pay tax on land.
Kɔa sɛ́í kɔ̀à nìíi sɔ̃́ɔ́ ɓo.	Let all of us pay our taxes.

Exercise E

Read the following sentences.

Kɔ̀à nìíi ɓo-mìà wɔ̀lɔ̀kpɔ́.	Let us lodge tax collectors.
Ì nìíi sɔ̃́ɔ́ ɓo-mìàa wɔ̀lɔ̀kpɔ́.	You (singular) should lodge the tax collectors.
Kà nìíi sɔ̃́ɔ́ ɓo-mìàa wɔ̀lɔ̀kpɔ́.	You (plural) should lodge the tax collectors.
Íi nìíi sɔ̃́ɔ́ ɓo teele?	Do you (sing.) pay tax always?
Lɛ́ɛ̀ nìíi sɔ̃́ɔ́ ɓo yo?	Does he pay taxes?
Ḿm̀ lo nìíi ɓoò mɛ́ɛ zàá?	Where do I pay tax?
Lɛ́ɛ lo à nìíi sɔ̃́ɔ́ ɓoò mɛ́ɛ zàá?	Where does he pay his tax?
Lɛ́ɛ nìíi ɓo Níɓá Kã́ŋtè.	He pays taxes in Nimba County.
Gbào, lɛ́ɛ nìíi ɓo Bɔ́ŋ Kã́ŋtè.	No, he pays taxes in Bong County.

TEACH YOURSELF THE MANN LANGUAGE

Exercise E

Read the following sentences.

Lɛ́ɛ nìíi ɓo Níɓà áà ɓò Bɔ́ŋ.	He pays taxes in Nimba and Bong.
Lɛ́ɛ nìíi ɓo Sɛ́ɛ́gbèɛ́.	He pays taxes in Sanniquellie.
Lɛ́ɛ nìíi ɓo Yìképà.	He pays taxes in Yekepa.
Lɛ́ɛ nííi ɓo Gààpà.	He pays taxes in Ganta.
Lɛ́ɛ nìíi ɓo Tàpèpà.	He pays taxes in Tapita.
Lɛ́ɛ nìíi ɓo Sèkélèpíé.	He pays taxes in Seclapea.
Lɛ́ɛ nìíi ɓo Gèlèyi.	Pays taxes in Geleye.
Lɛ́ɛ nìíi ɓo Fólóŋpà.	He pays taxes in Flompa.
Lèɛ nìíi ɓo Kpɛ̀ɛ́.	He pays taxes in Kpain.
Lɛ́ɛ nìíi ɓo Gbèéèdĩ.	He pays taxes in Gbedin.
Lɛ́ɛ nìíi ɓo Gbã̀ã̀.	He pays taxes in Gban.
Lɛ́ɛ nìíi ɓo Gbã̀ká̀.	He pays taxes in Gbarnga.
Lɛ́ɛ nìíi ɓo Pálàlá.	He pays taxes in Palala.
Lɛ́ɛ nìíi ɓo Tótópà.	He pays taxes in Totota.
Lɛ́ɛ nìíi ɓo Zówèípà.	He pays taxes in Zowienta.
Lɛ́ɛ nìíi ɓo Yóópie.	He pays taxes in Yopea.
Lɛ́ɛ nìíi ɓo Yíà.	He pays taxes in Yila.
Lɛ́ɛ nìíi ɓo Dùkɔ́.	He pays taxes in Monrovia.

Exercise F

Translate the following sentences into English.

Ì nìíi sɔ̀ɔ́ ɓo.

Kà nìíi sɔ̀ɔ́ ɓo.

È nìíi sɔ̀ɔ́ ɓo.

Exercise F

Translate the following sentences into English.

Ò nìíi sɔ̀ɔ́ ɓo.

Kà nìíi sɔ̀ɔ́ ɓo Dùkɔ́.

Kà nìíi sɔ̀ɔ́ ɓo kèè séí ka.

Kà nìíi sɔ̀ɔ́ ɓo gɔ̀mánà lèɛ.

Gɔ̀mánà lέɛ kpĩ́ĩ kpɔ.

Gɔ̀mánà lέɛ yɛɓo kɛ mìà fɔ́nɔ́nɔ.

Word Study

The allophone "dɔ" has several meanings. It means to wait, to stand, to stand for as collateral, to be rich, to be a chief, a proxy.

Exercise G

Read the following and see the difference in meanings.

Dɔ m gènè.	Wait for me.
Dɔ ko gènè.	Wait for us.
Dɔ à gènè.	Wait for him.
Dɔké	wait
Dɔ o gènè.	Wait for them.
Dɔ m dɔ̀lɔ̀yí.	Stand for me as a collateral proxy.
Dɔ o dɔ̀lɔ̀yí.	Stand for them as a collateral or a proxy.
Dɔ-mi lέ m ka.	I am a chief.
Dɔ-mi lέ à ka.	He is a chief.
Dɔ-mi lέ à ka.	He is a chief.
Dɔ-mìà lέ o ka.	They are chiefs.
Dɔké	wait

WORD STUDY

The allophone "dɔ" has several meanings. It means to wait, to stand, to stand for as collateral, to be rich, to be a chief, a proxy.

EXERCISE G

Read the following and see the difference in meanings.

Dɔké ḿ wɔ́ gèe.	Wait let me say something.
Dɔké é wɔ́ gèe ka lèɛ.	Wait let him say something.
Dɔké kó wɔ́ gèe ka lèɛ.	Wait let us tell you something.
Dɔké ḿ i páá́ɓo.	Wait let me give you a message.
Dɔké é i páá́ɓo.	Wait let him give you a message.
Dɔké kó i páá̃ɓo.	Wait let us give you (singular) a message.
Dɔké ó i páá̃ɓo.	Wait let them give you (plural) a message.

EXERCISE H

Read the following.

Dɔké ḿ i lìèwè dɔ.	Wait let me advise you (singular).
Dɔké kó i lìèwè dɔ.	Wait let us advise you (singular).
Dɔké kó ka lìèwè dɔ.	Wait let us advise you (plural).
Dɔké ḿ à lìèwè dɔ.	Wait let me advise him.
Dɔké ḿ o lìèwè dɔ.	Wait let me advise them.
Dɔké é m lìèwè dɔ.	Wait let him advise me.
Dɔ ḿm fíídɔ.	Wait let me rest.
Dɔ ḿm yélé táá.	Wait let me think about it.

Lesson Forty-Two: Courtesy

Some words have two meanings depending on the usage. For example, "tèá" means to stop or to say sorry. "Kpélesè" means to beg or to say please.

EXERCISE A

Practice reading the following.

M tèáɓo.	Tell me sorry.
Ko tèáɓo.	Tell us sorry.
À tèáɓo.	Tell him/her sorry.
O tèáɓo.	Tell them sorry.
Ba léàɓo. À tèéɓo.	You disgraced him/her. Tell him/her sorry.
Bà kpélesè.	I beg you; please.
Bà kpélesè, m tèáɓo.	Please, tell me sorry.
Bà kpélesè, ko tèáɓo.	Please, tell us sorry.
Bà kpélesè, o tèáɓo.	Please tell them sorry.
Bà kpélesè, kɔ́ía yà m wíí.	I beg you, put the wood on my head.
Bà ɓòo e gélé? Tèá.	Your soup burnt? Sorry.
Bà sɔ́ɔ e gélé? Tèá.	Your clothes burnt? Sorry.

Exercise A

Practice reading the following.

I kɔ̀ e gélé? Tèá.	Your hand got burnt? Sorry.
I na e i tó? Tèá.	Your wife divorced you? Sorry.
I dɛ e i tó? Tèá.	Your husband divorced you? Sorry.
I dɛ e i lɛ́àɓo? Tèá.	Did your husband disgrace you? Sorry.
E ɓà gálási wí? Tèá.	Did he/she break your glass? Sorry.
E ɓà sɛ́ɛ̀ wí? Tèá.	Did he break your mirror? I beg you.
E i mɛ́? Tèá.	Did he beat you? Sorry.
I nyìɛ lɛ nyɔ́ɔ̀ɔ? Tèá.	Are your eyes hurting? Sorry.
I nyìɛ lɛ́ɛ wàa? Tèá.	Your eyes are hurting? Sorry.
Ɓa mè. À kpé ká̃.	You beat him. Tell him sorry.
Ma mè. Là kpé ká̃.	I beat him/her. Beg him/her.
M̀m̀, ma mè. Là kpé ká̃.	Yes, I beat him/her. Beg him/her
Mà tèáɓo; là kpé lɛ sè.	I begged him/her. I am sorry.
O nìɛa mɔ̀ wa mè. Là kpé lè sè.	They joined and beat him/her. Sorry for that.

Exercise B

Practice the following.

Ɓa mè mɛɛ ká?	What did you beat him with?
Ma mè m kɔ̀ ka.	I beat him/her with my hand.
Ma mè yílí ká.	I beat him/her with a stick.
Ma mè féèfé ká.	I beat him/her with a switch.

Exercise B

Practice the following.

Ma mè bátì ká.	I beat him/her with a belt.
Ma mè ɓɔ̀táà ká.	I beat him/her with fighting medicine.
Ma mè m kɔ̀ kpo ká.	I beat him/her with my fist.
Ɓa mè mɛɛ wɛ́í?	Why did you beat him/her?
Wɔ́ gbɛɛ lèé gbaa kɛ.	Nothing happened.
I o mè mɛɛ wɛ́í?	Why did you beat them?
M o mè fèlefèle.	I beat them for nothing.
I m mè mɛɛ wɛ́í?	Why did you beat me?
I ko mè mɛɛ wɛ́í?	Why did you beat us?
E m mè mɛɛ wɛ́í?	Why did he beat me?
E ko mè mɛɛ wɛ́í?	Why did he beat us?
E ka mè mɛɛ wɛ́í?	Why did he beat you? (plural)
E à mè mɛɛ wɛ́í?	Why did he beat him?
E o mè mɛɛ wɛ́í?	Why did he beat them?

Exercise C

Translate the following into English.

Ɓa mè ɓa léàɓo. À tèáɓo.

Kɔa mè kɔa léàɓo; kɔà tèáɓo.

A mè a léàɓo; kɔ̀à tèáɓo.

Wa mè wa léàɓo; kà tèáɓo.

Wa mè wa léàɓo; à tèáɓo.

Ka nìèa mɔ̀ ka mè.

EXERCISE C

Translate the following into English.

O nìèa mɔ̀ wa mè.

Wà e gbe o nìèa mɔ̀ wa mè.

Wà e lú o nìèa mɔ̀ wa mè.

EXERCISE D

Translate the following into English.

Ka nìèa mɔ̀ mɛɛ wéĩ?

O nìèa mɔ̀ mɛɛ wéĩ?

Wa mè mɛɛ wéĩ?

Kɔa mè mɛɛ wéĩ?

A mè mɛɛ wéĩ?

A mè mɛɛ ká?

Wa mè mɛɛ ká?

Kàá gbaa à kpé kä?

Lèé gbaa là kpé kä?

Òó gbaa kà kpé kä?

EXERCISE E

Translate the following into English.

Ɓà tèáèé.

Kà tèáèé.

Wà tèáèé.

Mé e kɛ yó?

Wɔ́ gbɛɛ lèé gbaa kɛ.

Exercise E

Translate the following into English.

Gèlèa e sí mɛɛ là?

Ka gèlèa gɔ̃ mɛɛ wɛ́ɛ́?

Gbào, kòó gbaa gèlè gɔ̃.

Gbào, lɛ̀ɛ́ gbaa gèlè gɔ̃.

Kà tèá gèlèa ká.

As mentioned earlier, "tèá" also means to stop.

Exercise F

Pronounce the following.

Tèá yɔ miì ká.	Stop drinking.
Tèá bàlà síi ká.	Stop running.
Tèá m̀ sɔ́ɔ wàaà ká.	Stop wearing my clothes.
Tèá sìkàlée miì ká.	Stop smoking cigarttes.
Tèá yɔ miì mɔ̀.	Stop drinking liquor.
Tèá néfúa mèɛɛ̀ mɔ̀.	Stop beating the child.
Tèá léa mèɛɛ̀ mɔ̀.	Stop beating the woman.
Tèá gèlè gɔ̃ɔ̀ mɔ̀.	Stop fighting.
Tèá kã̀ã̀ ɓoò mɔ̀.	Stop stealing.
Tèá nè kéɛ mɔ̀.	Stop lying.

Exercise G

Read the following.

Tèá mànaàzeè mɔ̀.	Stop the romantic behaviors toward girls.

EXERCISE G

Read the following.

Tèá néizeè mɔ̀.	Stop the romantic behaviors towards boys.
Tèá tèé ɓoò mɔ̀.	Stop denying.
Tèá wààlà keè mɔ̀.	Stop raping.
Tèá wéédɔɔ̀ mɔ̀.	Stop fighting/ making palaver.
Tèá m mɛ́ gbèlèɛ mɔ̀.	Stop spying on me.
Tèá à mɛ́ gbèlèɛ mɔ̀.	Stop spying on him/her.
Tèá o mɛ́ gbèlèɛ mɔ̀.	Stop spying on them.
Tèá fíá keè mɔ̀.	Stop acting lazy.
Tèá fínyèɛ mɔ̀.	Stop acting weak or tired.
Tèá i sɔ̀ɔ̀-káã̀ mɔ̀.	Stop hissing your teeth.
Tèá tɔ́íɓoò mɔ̀.	Stop insulting.
Tèá sòŋ yɔɔ kèɛ mɔ̀.	Stop sinning; being bad, wicked.
Tèá i yɔ̀lɔ keè mɔ̀.	Stop doing the nasty thing.
Tèá lùéɓoò mɔ̀.	Stop gossiping.
Tèá mia fiè-sìè mɔ̀.	Stop spoiling between people.
Tèá yòũ̀-kà káã̀ mɔ̀.	Stop boasting.

Lesson Forty-Three: Opening and Closing

WORD STUDY

There are three ways to express closure. One is serious (lé gbè) and the other two (lé taa) and (lé kpaa kée mɔ̀). Lé gbè and lé taa can be used interchangingly.

EXERCISE A

Read the following examples.

Káa lé taa.	Close the door. (temporarily)
Káa lé gbè.	Close the door. (permanently)
Káa lé dùò.	Lock the door.
I lé kpaa e kée mɔ̀.	Close your mouth.
I nyìɛ lé taa.	Close your eyes.
I nyìɛ tútaa.	Close your eyes.
I nyìɛ tútaa gbéí le.	Close your eyes tightly.
Báa i nyìɛ tútaa?	Have you closed your eyes?
Áà e nyìɛ tútaa?	Has he closed his eyes?
Kà ka nyìɛ tútaa.	Close your (plural) eyes.
Kà ka nyìɛ lé fóló.	Open your (plural) eyes.

EXERCISE A

Read the following examples.

Wáa o nyìɛ tútaa?	Have they closed their eyes?

EXERCISE B

Read the following sentences.

I nyìɛ lé ɓo.	Open your eyes.
I tóó lé taa.	Close your ears.
I tóó lé taa gbéí le.	Close your ears tightly.
I nyũ kṹ.	Hold your nose.
I nyũ taa.	Close your nose.
I nyũ pìɛ.	Blow your nose.
I nyũ sí.	Sniff your nose.
Káa lé ɓo.	Open the house.
Kpóũa lé gbɛ̀.	Close the door.
Kpóũa lé dùò.	Lock the door.
À lé dùò gɔ̀ɔ́ɓo ká.	Lock it with a lock.
Kpóũa lé taa.	Close the door.

EXERCISE C

Read the following.

Kpóũa lé nyɔɔ.	Push the door.
Ɓáa e kpóũa nyɔɔ.	The sheep pushed the door.
E kpóũa fɔ́.	He/she/it bust/butt the door.
Ɓò e káa lé ɓo.	A goat opened the door.
Ɓòa e káa lé ɓo.	The goat opened the door.

Exercise C

Read the following.

Fããa e káa lé gbè.	Breeze slammed the door.
Fããa mɛ́ lɛ gágà; e káa lé ɓo.	The breeze is strong; it opened the door.
Ɓà kpélɛsè, káa lé taa.	Please close the door.
Ɓà kpélɛsè, káa lé ɓo m lèɛ.	Please open the door for me.
Ɓà kpélɛsè, káa lé ɓo m wàà kéi.	Please open the door let me come in.

Exercise D

Read the following.

Ɓà kpélɛsè káa lé ɓo.	I beg you, open the door.
Ká kpeebúa lé ɓo.	Open the window.
Ká kpeebúa lé taa.	Close the window.
I kɔ̀ lé taa.	Close your hands.
I kɔ̀ lé ɓo.	Open your hands.
Yúfàa lé ɓo.	Open the pocket.
Yúfàa lé taa.	Close the pocket.
Gbɔ́ɔ lé taa.	Close the pot.
Gbɔ́ɔ lé ɓo.	Open the pot.
Kpòòa lé ɓo.	Open the bottle.
Kpòòa lé taa.	Close the bottle.
Kpòòa lé taa gìlígìlí.	Close the bottle tightly.
Kɔ̀èɛ lé taa.	Close the cup.
Kɔ̀èɛ lé ɓo.	Open the cup.

EXERCISE D

Read the following.

Kíía lé taa.	Close the book.
Kíía lé ɓo.	Open the book.
Gàlà lé ɓo.	Open a fence.
Gàlàa lé ɓo.	Open the fence.
Gàlà lé gbè.	Close a fence.
Gàlàa lé gbè.	Close the fence.

EXERCISE E

Translate the following into English.

Fããa aà kpéɓua lé gbè. À lé ɓo.

Fããa aà káa lé ɓo. À lé gbè.

Dìì aà kpóũa nyɔɔ, à lé gbè.

Káa lé dùò m lɛɛ.

Káa lé dùò gɔɔ́ɓɔ̀ ká.

Kà kpélɛsè, káa lé gbè.

Kà kpélɛsè, káa lé ɓo.

Ɓò lɛ káa lé, káa lé gbè.

Ɓáá lɛ káa lé, à lé gbè.

Lesson Forty-Four: To Help

Help can be expressed in two or three ways depending on the situation. "Gbũmɔ̀" means help. It is shortened as gbũɔ̀; but speakers of the language can also say, "dà m píé" (add to me) or "I kɔ̀ dà m píé" (add your hand to mine).

Besides these, when a crowd gathers in some place, it is called "gbũ." Also, when you are making a feast and preparing food for the crowd, it is called "gbũdɔ." When the crowd garthered together, it is said, "gbū́a áà pá e kéemɔ̀," which means the group has gathered.

Exercise A

Learn new words. Let us practice the following.

Gbũ m mɔ̀.	Help me.
Gbũ ko mɔ̀.	Help us.
Gbũ à mɔ̀.	Help him/her.
Gbũ o mɔ̀.	Help them.
Ɓà kpélɛsè, gbũ m mɔ̀.	Please help me.
Ɓà kpélɛsè, gbũ ko mɔ̀.	Please help us.
Ɓà kpélɛsè, gbũ à mɔ̀.	Please help him.
Ɓà kpélɛsè, gbũ o mɔ̀.	Please help them.
Kà kpélɛsè, gbũ ko mɔ̀.	Please help us (you plural).

Exercise A

Learn new words. Let us practice the following.

Kà kpélɛsè, gbũ o mɔ̀.	Please help them.
'Bà kpélɛsè, dà m píé.	Please add to me (you singular).
'Bà kpélɛsè, kà dà ko píé.	Please add to us.
'Bà kpélɛsè, kà dà o píé.	Please add to them.
Kà kpélésè, kà ka kɔ̀ dà ko píé.	Please add your (plural) hand to us.
'Bà kpélɛsè, i kɔ̀ dà m píé.	Please add your (singular) hand to me.
Kà kpélɛsè, kà ka kɔ̀ dà o píé.	Please add your (plural) hand to theirs.

Exercise B

Read the following.

Ḿm̀ nàà i gbũ m mɔ̀.	I want you (singular) to help me.
Ḿm̀ nàà ká gbũ ko mɔ̀.	I want you (plural) to help us.
Ḿm̀ nàà ḿ gbũ i mɔ̀.	I want to help you (singular).
Ḿm̀ nàà ḿ gbũ ka mɔ̀.	I want to help you (plural).
Ḿm̀ nàà ḿ gbũ à mɔ̀.	I want to help him/her.
Ḿ m̀ nàà ḿ gbũ o mɔ̀.	I want to help them.
Ḿ m̀ nàà ká gbũ ko mɔ̀ tòò.	I want you (plural) to help us tomorrow.
Ḿ m̀ nàà ó gbũ ko mɔ̀ tòò.	I want them to help us tomorrow.
Ḿm̀ nàà é gbũ ko mɔ̀ tòò.	I want him to help us tomorrow.
Kóò nàà kó gbũ ka mɔ̀ díi.	We want to help you (plural) day after tomorrow.

Exercise C

Read the following.

Kóò nàà kó gbũ à mɔ̀ díi mèí.	We want to help him three days from now.
Kóò nàà kó gbũ o mɔ̀ lòò-nɔ̀ɔ̀.	We want to help them today.
Kóò nàà kó gbũ o mɔ̀ pέ-nɛέὲ.	We want to help them today.
Óò nàà ó gbũ o mɔ̀ lɔ́ɔ́lúó ká.	They want to help them on Saturday.
Ḿm̀ nàà í gbũ m mɔ̀ Fíídɔ lùò ka.	I want you to help me on Sunday.
Ḿm̀ nàà í gbũ m mɔ̀ Lɔ́ɔ́pèyí lùò ka.	I want you to help me on Wednesday.
Ḿm̀ nàà í gbũ ko mɔ̀ lɔ́ɔ́ è nua yí.	I want you to help us next week.
Ḿm̀ nàà í gbũ ko mɔ̀ mɛnɛ è nu dɔɔ̀ɔ yí.	I want you to help us next month.
Ḿm̀ nàà í gbũ ko mɔ̀ kɛɛ è nua yi.	I want you to help us next year.
Kɔ̀a gbũ à mɔ̀ tòò.	Let us help him/her tomorrow.
Kɔ̀à gbũ o mɔ̀ kèá.	Let us help them some years to come.

Lesson Forty-Five: Teamwork

Another meaning of gbũ mɔ is teamwork. When a group of people joins to work for one another, it is called "gbũɔ̀," for short. Members of such a team rotate from one farm to another until the circle is complete. When it is a large group like 25 persons and above, it is called "gbũɔ̀-gbùɔ̀." When it is a small group, it is called "gbũɔ̀-wélé". Such a team or group is popularly called "koo" in Liberia. We often hear people say, I will join a koo or I am a member of this kúù or that koo. The word koo derived from the Kpelle word which has to do with communion work. The Mann people call it "gbũ̀ɔ̀." Since the word koo is popular in Liberia, we will use it in this book for understanding. When the same koo is organized to collect money and pass it to someone else, it is called pɛlèe-gbũ̀ɔ̀, and others call it sùsú.

EXERCISE A

Practice reading the following exercises.

Dà gbũɔ̀ bà.	Join a koo (group).
Kò dà gbũ̀ɔ̀ bà.	Let us join a koo.
Gbũ̀ɔ̀ kɔ̀ lɛ gágà.	Koo's hands can be stronger.
Gbũ̀ɔ̀ e kéa yí lɛ gágà.	This koo is strong.
Gbũ̀ɔɔ mé lɛ gágà.	This koo is strong.
Gbũ̀ɔɔ fĩà lɛ.	This koo is lazy.

Exercise A

Practice reading the following exercises.

Kà dà gbũɔ̀ bà.	You (plural) join a koo.
Ò dà gbũɔ̀ bà.	Let them join a koo.
È dà gbũɔ̀ bà.	Let him join a koo.
M̀ gbũɔ̀ léɛ lo tòò.	My koo will go tomorrow.
Kò gbũɔ̀ léɛ lo díi.	Our koò will go day after tomorrow.
Bà gbũɔ̀ léɛ lo tòò làapíé.	Your (singular) koo will go tomorrow morning.
À gbũɔ̀ léɛ lo wèlè tòò nyénéí.	His koo will leave the farm midday tomorrow.
Wà gbũɔɔ léɛ lo wèlè pélè tòò.	Their koo will leave soon tomorrow.
M̀ gbũɔ̀ léɛ lo tòò nyénèì.	My koo will go on the farm tomorrow.
M̀ gbũɔ̀ e ló nyénéí nyénèì.	My koo went in the sun at the farm.
M̀ gbũɔ̀ e ló nyéné-tế-nyènèká nyénèì.	My koo went in the afternoon (sunset) at the farm.

Exercise B

Read the following.

Gbũɔ̀ kɛ m lèɛ.	Join a koo for me.
Maà dà gbũɔ̀ bà.	I have joined a koo.
Maà dà gbũɔ̀ bà.	I have joined a koo.
Gbũɔ̀ káá	a visitor who goes to the koo and eats
Gbũɔ̀ là yɔdɔ	to offer the koo with liquor

Exercise B

Read the following.

Gbṹɔ̀ là yíí dɔ́lɔ́ dɔ.	Offer the koo with cold water (liquor).
Gbṹɔ̀ɔ là gɔ́ bàa.	Offer kola nuts to the koo.
Gbṹɔ̀ gbɛ̀.	Start the koo.
Kɔ̀à gbṹɔ̀ gbɛ̀.	Let us start a koo.
Kɔ̀à pɛlèe-gbṹɔ̀ gbɛ̀.	Let us start a susu.
Kà m̀ pɛlèe-gbṹɔ̀ɔ 6o tòò.	Pay my susu tomorrow.
Ḿm̀ lo dàà kà pɛlèe-gbṹɔ̀ɔ ba.	I will join your susu.
gòò	the leftover food
gbṹɔ̀ là gòò	the leftover food for the koo
Gbṹɔ̀ áà ló tíé sɔ̃́nɔ́.	The koo has gone to eat.
Gbṹɔ̀ áà wèlè.	The koo has knocked off.

Exercise C

Translate the following into the Mann language.

Where are you going?

I am going in a koo.

Where are you going on Sunday?

I want you to help me on Sunday.

We want you to help us on Saturday.

He wants you to help him on Sunday.

They want you to help us today.

Please join our koo tomorrow.

Please join their koo today.

EXERCISE C

Translate the following into the Mann language.

She wants you to help her.

EXERCISE D

Translate the following into English.

Yékè í dà kò gbũ̀ɔ̀ bà.

Yékè ká dà kò gbũ̀ɔ̀ bà.

I dà gbũ̀ɔ̀ bà kpɛ?

Gbũ̀ɔɔ lɛ́ɛ lo mɛ́?

Ɓà gbũ̀ɔ̀ lɛ́ɛ lo dĩ̀?

Kèmá lɛ gbũ̀ɔ̀ ba.

E dà gbũ̀ɔ̀ bà Lɔ́ɔ́lúó ka.

E dà gbũ̀ɔ̀ bà Fíídɔ lùò ka.

Gbũ̀ɔɔ lɛ́ɛ lo mɛ́ɛ pɛ́?

Gbũ̀ɔɔ yí lɛ gágà.

Ɓà gbũ̀ɔɔ fĩà lɛ́?

Lesson Forty-Six: Farming

LEARN NEW WORDS.

Let us talk about farming, kinds of farms as well as farm related work.

EXERCISE A

Read the following sentences.

Ɓu nyɛ́nɛ̀	a rice farm
Ɓu nyɛ́nɛ̀ lɛ́ e kéa.	This is a rice farm.
Ko sùu wòlòpìà ɓúa yí.	We are weeding grass from the rice.
Gúó nyɛ́nɛ̀ lɛ́ e kéa.	This is a peanut farm.
Ko gúó taa pìà.	We are planting peanuts.
kpèí nyɛ́nɛ̀	a corn farm
M̀ kpèí nyɛ́nɛ̀ lɛ́ɛ.	This is my corn farm.
M̀ dííí nyɛ́nɛ̀ lɛ́ɛ.	This is my barley farm.
Gbɔ́ú nyɛ́nɛ̀ lɛ́ɛ.	This is a wheat farm.
Dííí wà gbɔ́ú nyɛ́nɛ̀ lɛ́ɛ.	This is a barley and a wheat farm.
M̀ yùé nyɛ́nɛ̀ lɛ́ɛ.	This is my cotton farm.
Kúíí-yɔɔ nyɛ́nɛ̀ lɛ́ e kéa.	This is a sugar cane farm.

Exercise A

Read the following sentences.

M lóɓàa taa pìà.	I am planting rubber.
M̀ lóɓàa nyénè lɛɛ e kéa.	This is my rubber farm.
Bà kòòkóò nyénè lɛɛ?	Is this your coco farm?
Bà kófè nyénè lɛɛ?	Is this your coffee farm?
Kófè nyénèɛ lɛ gbákò.	The coffee farm is large.
Tóŋ nyénè dɛɛ lɛɛ.	This is a new palm farm.
Súo nyénè lɛɛ.	This is a pepper farm.
Pèí nyénè lɛɛ.	This is a bitter ball farm.
Bɔ́í pèí nyénè lɛɛ.	This is a tomato farm.
Gba nyénè lɛɛ.	This is a tobacco farm.
Bélé nyénè lɛɛ.	This is a yam farm.
Tòlòpè nyénè lɛɛ.	This is a cattle farm.
Tɔ̀ɔ nyénè lɛɛ.	This is a poultry farm.
Bòo nyénè lɛɛ.	This is a garden.
Béi nyénè lɛɛ.	This is a cassava patch.
Bólò kpoí lɛɛ.	This is a banana orcha.

Exercise B

Read the following sentences.

Mɛ́ ɓà kɛ̀ɛ?	What are you doing?
M pɛ taa pìà.	I am planting stuffs.
M ɓòo taa pìà.	I am planting/making a garden.
M̀ yílí taa pìà.	I am planting tree crops.
M gɔ́ taa pìà.	I am planting kola.

Exercise B

Read the following sentences.

M lóɓàá taa pìà.	I am planting rubber.
M gḯíŋ taa pìà.	I am planting oranges.
M gúó taa pìà.	I am planting peanuts.
M gɛ̃ taa pìà.	I am planting pumpkin.
M kpèí taa pìà.	I am planting corn.
I kpèí taa pìà.	You (singular) are planting corn.
Ka kpèí taa pìà.	You (plural) are planting corn.
Lɛ kpèí taa pìà.	He/She is planting corn.
O kpèí taa pìà.	They are planting corn.
M kílíkómò taa pìà.	I am planting cucumber.
Note	There are some plants which do not have names in the Mann Language.

Exercise C

Practice the following.

M kòòkóo taa pìà.	I am planting coco.
M kófè taa pìà.	I am planting coffee.
Kófè lɔ̀ɔ́ lɛ́ɛ li.	Coffee has good price.
Ḿm̀ nàà ḿ kófè mi.	I want to drink coffee.
Dìì nyóyíí káá kófèa ɓà.	Add cow milk to the coffee.
Kófè yíí tíèe kɛ m lèɛ.	Make hot coffee for me.
Lɛ gɛ, m̀ kófèa kɛ tíèe kpàkpà.	Look, make my coffee very hot.
Ḿm̀ nàà ḿ tíì mi.	I want to drink tea.

EXERCISE C

Practice the following.

Súgà dà tîia bà.	Add sugar to the tea.
Dìì nyɔ́yíí káá tîia bà.	Add cow milk to the tea.
Kòòkóò lɔ̀ɔ lɛ́ɛ li.	Cocoa has good price.
Bɔ́tɔ́ pɛ́ɛ̀ taa.	Plant butterpear. (avocado)
Bɔ́tɔ́ pɛ́ɛ̀ɛ taa.	Plant the butterpear.
M kɛ́áɓè taa pìà.	I am planting cabbage.
Kɛ́áɓè ɓòò lɛ nɛ́ínèì.	Cabbage soup is delicious.
M kílíkɔ́mɔ̀ taa pìà.	I am planting cucumber.
M wɔ̀tɔ̀mélà taa pìà.	I am planting watermelon.
Wɔ̀tɔ̀mélà lɛ nɛ́ínèì.	Watermelon is sweet.
Gèlée fúù taa.	Plant grapefruit.
Gèlée fúùa taa.	Plant the grapefruit.
Gélée fúù lɛ kéíkèì.	Grapefruit is sour.

EXERCISE D

Read the following.

Mɛ́ ɓà kèɛ?	What are you (singular) doing?
Mɛ́ kà kèɛ?	What are you (plural) doing?
M kpèí yɛ́ pìà.	I am breaking/harvesting corn.
M kűí-yɔ́ɔ kɑ̃́ pìà.	I am cutting the sugar cane.
Ka kűí-yɔ́ɔ kɑ̃́ pia?	Are you (plural) cutting the sugar cane?
Lɛ kűí-yɔ́ɔ kɑ̃́ pia?	Is he/she cutting the sugar cane?
Lɛ kűí-yɔ́ɔ kòlo pia?	Is he/she pealing the sugar cane?

Exercise D

Read the following.

Lɛ gɛ́íŋ kòlo pia?   Is he/she pealing an orange?

Word Study

The allophone "zɛ" means to kill. This word is used for taping a rubber. Zɛ also means to beat or play a musical instrument. Gbèlè zɛ (beat the drum); gámá zɛ (play a lyre).

Exercise E

Read the following sentences.

Vèívèía zɛ.	Kill the ants.
Tɔ̀ɔ zɛ.	Kill the chicken.
Tɔ̀ɔ̀-zɛ lɛ tɔ̀ɔ zɛ pìà.	Chickens flu is killing the chickens.
Mɛ̀nɛɛ zɛ.	Kill the snake.
Gbèlèɛ zɛ.	Beat the drum.
Sásáa zɛ.	Beat the sasa.
Lóɓàáa zɛ.	Tap the rubber.
Lóɓàá zɛ-mi lé Sèé ka.	Saye is a rubber tapper.
Lɛ lóɓàá zɛpia?	Is he taping rubber?
M pɛlèe zɛ kátì yi.	I won money at playing cards.
M pɛlèe zɛ kpɔ̃ṹ yí.	I won money at playing cowries.

Lesson Forty-Seven: Rice as a Staple Food

LEARN NEW WORDS AND EXPRESSIONS.

Rice is a staple food in Liberia. So, there are some interesting jargons for rice.

When the rice is getting full, it is said that the rice is pregnant (ɓúa gí laa mɔ̀). When the rice is shooting out of the stalk, it is said that the rice is hatching (ɓúa lɛ e wí pìà). When the rice shoots from the stalk with flowers, it is called ɓu bíí (rice flower). When the lower part that comes out of the stalk is still green while the upper part is turning yellowish (ripe), it is said that the rice is putting its lips in an oil (ɓúa lɛ e bè wàà pìà nyɔ́nɔ́ bà). When the rice is ready for harvesting it is said that the rice has died (ɓúa áà ga).

EXERCISE A

Practice the following reading as written in sic.

Ɓúa lɛ e bíísí pìà.	The rice is flowering.
Ɓúa gí laa mɔ̀.	The rice is pregnant /sic/.
Ɓúa áà e gísí.	The rice is pregnant /sic/.
Ɓúa lɛ e wí pìà.	The rice is hatching /sic/.
Ɓúa lɛ e ɓè wààpìà nyɔ́nɔ́ zólóɓà.	The rice is putting its lips in red oil /sic/.
Ɓúa áà ga.	The rice has died.

Exercise A

Practice the following reading as written in sic.

Ɓúa ká̃.	Cut the rice.
Ɓúa zìi.	Thresh the rice.
Ɓúa zìi gálá là.	Thresh the rice on a rough mat.
Ɓúa zìi kɔ̀é yí.	Thresh the rice in a basket.
Ɓúa zìi tá̃ã̀.	Thresh the rice on the floor.
Ɓúa zìi i gã̀ ká.	Thresh the rice under your feet.
Ɓúa mè yílí ká.	Beat (thresh) the rice with a stick.
Ɓúa mɛ́ kpàà.	Parboil the rice.

Exercise B

Read the following.

Ɓúa mɛ́ kpàà ɓá káá nyɛ́nɛ́ wì.	Parboil the rice and put it under the sun.
Ɓu kèlèzèɛ zɔ̃.	Pound the seed rice.
Ɓúa kèlèzèɛ zɔ̃ ɓá kpàà.	Beat the seed rice and cook it.
Ɓu wɛ́lɛ́ kpàà.	Cook clean rice.
Ɓu wɛ́lɛ́ɛ kpàà.	Cook the clean rice.
Ɓúa gbɔ̀ŋ nɔ m lèɛ.	Give me the rice dust.
Ɓu sɛ́́ɛ́ kpàà.	Cook fanned rice.
Ɓu sɛ́́ɛ́ɛ kpàà.	Cook the fanned rice.
Ɓu sɛ́́ɛ́ kɛ́nɛ́ nɔ m lèɛ.	Give me fanned rice crust.
Kà ɓu sɛ́́ɛ́ kɛ́nɛ́ nɔ sìi lèɛ.	Give fanned rice crust to spider.

Exercise C

Read the following.

Ɓu ɓáá.	Soft rice.
Kà ɓu ɓáá nɔ néfúa lɛ̀ɛ.	Give soft rice to the child.
Kà ɓu ɓáá nɔ le kpáàa lɛ̀ɛ.	Give soft rice to the old lady.
Kà ɓu ɓáá nɔ mi kɔ́ŋ-kɔ̀ŋa lɛ̀ɛ.	Give soft rice to the patient.
Kà ɓúa kpàà tíèe-tíèe.	Cook the rice fast.
Kà ɓúa ɓo.	Dish up the food.
Kà ɓúa yígìlì.	Share the rice.
Ɓúa lɛ tíèe.	The rice is hot.
À pie.	Fan it.
Ɓúa lɛ dɔ́ɔ́lɔ́.	The rice is cold.
Ɓúa lɛ tíèe, kà kɛ dɔ́ɔ́lɔ́.	The rice is hot, make it cold.
Ɓúa lɛ dɔ́ɔ́lɔ́, kà kɛ tíèe.	The rice is cold, make it hot.
Ɓúa lɛ tɔ́ú-tɔ̀ù.	The rice is tasteless.
Ɓúa lɛ nɛ́ínɛ̀ì.	The rice is sweet.
Ɓòoa yííɓɔ̀ɔ̀ lɛ.	The soup is delicious.

Lesson Forty-Eight: Cassava, Eddoes, Yams, Potatoes, etc

LEARN NEW WORDS AND EXPRESSIONS.

Cassava is a second staple food in Liberia. The Mann ethnic group eats a lot of cassava. A cassava tuber is called a dead body of cassava (béi bílí). Anything that is referred to as bílí is a dead body. Thus, wìì bílí means dead animal; mi bílí means a corpse. Note that only tubers can be bílí, not any hanging fruit. Fruits are called ɓɛɛ.

EXERCISE A

Now read the following examples.

M ló pìà béi ɓoò.	I am going to dig cassava.
Béia bílí lɛ gbùò.	The cassava tubers are big.
Béia ɓílí lɛ kélé-kélé.	The cavassa tubers are tiny.
Íì béi bílí lɔ̀ɔ̀dɔ́?	Do you (singular) sell cassava tubers?
M gó pìà gbɛ́à ɓoò.	I am coming from digging eddoes.
Gbɛ́àa bílí lɛ gbùò.	The eddo tubers are big.
Gbɛ́àa bílí lɛ kélé-kélé.	The eddoe tubers are tiny.
Ɓéléɛ bílí lɛ kélé-kélé.	The yam tubers are small.
Kṹísóŋ bílí lɛ néínèì.	Potato tubers are sweet.

Exercise A

Now read the following examples.

Kṹísóŋ lɛ́ɛ́ sɛ̀nɛ.	Cut the potato greens.
Kṹísóŋ lɛ́ɛ́ ɓòò lɛ néínèì.	Potato greens soup is delicious.
Ɓélɛ́ɛ lɛ kéíkèì.	This yam is sour.
Ɓélɛ́ɛ kèlè ɓo ɓá mɛ́ pélɛ́.	Peal the yam and wash it.
Ɓélɛ́ɛ kèlè ɓo ɓá kpàà.	Peal the yam and cook it.
Béía kèlè ɓo ɓá mɛ́ pélɛ́.	Peal the cassava and wash.
Béi bílía kèlè ɓo ɓá mɛ́ pélɛ́.	Peal the cassava tubers and wash it.
Béi bílía kèlè ɓo ɓá kpàà.	Peal the cassava tubers and cook it.

Exercise B

Read the following.

Bólo ɓɛɛ kèlè ɓo.	Peal a plantain.
Gḛ́í ɓɛɛ kèlè ɓo.	Peal an orange.
Gḛ́í ɓɛ́ɛ kèlè ɓo.	Peal the orange.
Gḛ́í ɓɛ́ɛ ɓo.	Pick the orange.
Kṹí tòŋ ɓɛɛ yɛ́.	Break the pineapple fruit.
Kṹí tòŋ ɓɛɛ kòlo.	Peal the pineapple fruit.
Kṹí tòŋ ɓɛɛ kèlè ɓo.	Peal the pineapple frut.
Pèí ɓɛɛ ɓo.	Pick the bitter ball.
Pèí ɓɛɛ kpàà.	Cook the bitter ball.
Íì kpèɛ ɓele?	Do you eat kétélé?
Íì kpèɛ ɓòò ɓele?	Do you eat kétélé soup?

Exercise B

Read the following.

Zá ɓɛɛ ɓo.   Pick the okra fruits.

Exercise C

Read the following.

Zá ɓéɛ sènɛ.   Slash the okra.
Zá ɓéɛ lɛ zã́zè.   Okra is slippery.
Zã́a lɛ zã́zè.   The okra is slippery.
Zá ɓɛɛ lɛ zèezè.   Okra is ichy.
Zá ɓéɛ dò lɔ́ɔ́dɔ.   Sell some of the okra.
Zá ɓéɛ dò gó.   Give some of the okra away.
Súo ɓéɛ dò gó.   Give some of the pepper away.
Gbã́à gɛ ɓɛɛ áà tã̃.   The pawpaw fruit is ripe.
Gbã́à gɛ ɓɛɛ ɓo.   Pick the pawpaw.
Gbã́a gɛ ɓɛɛ kòlo.   Peal the pawpaw.
Mia òó gbã́a gɛ kpòlò ɓèlè.   People don't eat raw pawpaw.
Mia òó zá ɓɛɛ ɓéèe ɓèlè.   People don't eat raw okra.

Exercise D

Read the following.

Zá lɛ zèezè.   Okra itches.
Zá ɓéèe lɛ́ɛ mi lé zèe kè.   Raw okra itches the mouth.
Tóŋ bílía lɛ gbùò.   The palm head is big.
Tóŋ wélɛ́ɛ kpàà.   Cook the palm nuts.
Tóŋ wélɛ́ɛ pèá.   Roast the palm nuts.

Exercise D

Read the following.

Gúó wélɛ́ɛ pèá.	Roast the peanuts.
Béi bílía pèá.	Roast the cassava tuber.
Kpèí ɓɛɛ pèá.	Roast the corn.
Íì bèi kpèí pèáa?	Are you able to roast corn?
M̀ bólòa peá.	Roast my plantain.
M̀ kpèía peá.	Roast my corn.
Kò béia pèá.	Roast our cassava.
Ka béia lɔ́?	Did you (plural) buy the cassava?
Ka ɓúa lɔ́?	Did you (plural) buy the rice?
Ka kpèía lɔ́?	Did you (plural) buy the corn?
Íì pɛ ɓɛɛ ɓèlè?	Do you (singular) eat fruits?
M pɛ ɓɛɛ lɔ́ lɔ́ɔ́yí.	I bought some fruits in the market.
I bólóa lɔ́ mɛ́?	Where did you buy the plantain?
I péɛ lɔ́ mɛ́?	Where did you buy this thing?
I péɛ gè mɛ́?	Where did you see/find this thing?
I péɛ gíni mɛ́?	Where did you lose the thing?

Exercise E

Translate the following into the Mann language.

I sell pumpkin.

We sell pumpkin.

You sell pumpkin.

She sells pumpkin.

They sell pumpkin.

EXERCISE E

Translate the following into the Mann language.

Did you buy the cassava tubers in the market?

Did you buy the palm nuts in the market?

Did they buy the oranges in the market?

Did you see corn?

Did you see peanuts?

Did you see eddoes and potatoes?

Are oranges slippry?

EXERCISE F

Translate the following in English.

Íì pɛ ɓɛɛ ɓele?

Káà pɛ ɓɛɛ ɓele?

Léɛ pɛ ɓɛɛ ɓele?

Óò pɛ ɓɛɛ ɓele?

Kṹí tòŋ lɛ néínèì.

Kṹí tòŋ yíí lɛ néínèì.

Gẽ́í yíí lɛ néínèì.

Gẽ́í pépé lɛ kéí-kèì.

Gbã́a gɛ tã́ã̀ã̀ lɛ néínèì.

Kpèí ɓɛɛ lɛ néínèì.

Kpèɛ ɓòò súú.

Íì tĩ́ mí?

Íì kɔ́fè mí?

Ìí kɔ́fè mi súgà ká?

Exercise F

Translate the following in English.

Ìí tîî mi súgà ká?

Ìí kófè wà tîî o mí?

Lesson Forty-Nine: Water

LEARN NEW THINGS ABOUT WATER.

In the Mann Language, yíí stands for water. Many kinds of liquid do not have special names in the Mann Language as it is in English. For example, liquid soup (ɓòo yíí), pepper soup (súò yíí), sap, latex, ink, juice, tears, milk, mucus are called water (yíí). Exceptions are blood (lέà), spit (leí), pus (gbɔ̀lɔ), liquor (yɔ).

EXERCISE A

Let us use them in sentences.

yíí mɔ̀ làaà	up stream
yíí toí.	the source of a river
yíí mɔ̀ bòi.	downstream
yíí gbèmɔ̀	the mouth of a river
Yíí sɔ́ɔ̀.	Waterside.
yíí kɔ̀nέ.	a creek; a tributary
yíí gùlù.	a well
yíí gùlù là.	at the well
yíí gù̀ù̀là.	the deep water
yíí mìa là.	water current

Exercise A

Let us use them in sentences.

bálá là.	At the mud.
bálá vúèe	rotten mud
yíí vúèe	dirty water/ rotten water
Bà kpélɛsè, yíí nɔ ḿ mi.	Please give me water to drink.
Bà kpélɛsè, yíí nɔ ko lèɛ.	Please give us water to drink.
Bà kpé yíí nɔ á mi.	Please give him water to drink.
Ḿm̀ nàà ḿ súò yíí ɓòò mi.	I want to drink pepper soup.
Súò yíí ɓòò súú m lèɛ.	Cook pepper soup for me.
Súò yíí ɓòò súú à lèɛ.	Cook pepper soup for him.
Súò yíí ɓòò súú o lèɛ.	Cook pepper soup for them.
Súò yíí ɓòòa e káá tíe.	The pepper soup wasted in the fire.
Bà kpé yíí nɔ ó mi.	Please give them water to drink.

Exercise B

Read the following.

Félényã́ dà.	Say excuse me.
Félényã́ dà mia lèɛ.	Tell people execuse me.
Félényã́ dà míáa lèɛ.	Tell people to excuse me.
Bà félényã́, yíí nɔ m lɛɛ.	Excuse me, give me water.
Bà félényã́, yíí vúèea káá tã̀ã̀.	Excuse me, waste the dirty water.
Ɓáa yíí dɔ́ɔ́lɔ́ mí?	Have you (singular) drunk cold water?
Káa yíí dɔ́ɔ́lɔ́ mí?	Have you (plural) drunk cold water?

Exercise B

Read the following.

'Bà kpé yíía sí yíí mɔ làaà.	Please take the water from upstream.
'Bà kpé yékè í yíía sí yíí mɔ̀ bòí.	Please don't take the water from downstream.
Yékè í yíí ká̃ à mìa là.	Don't cross the river in the current.
Yékè íi zúlú yíí mìà là.	Don't swim in the river current.
Yékè í wàà yíí wì.	Don't dive in the river.

Exercise C

Read the following.

Félényá̃ dà.	Say excuse me.
Félényá̃ dà mia lèɛ.	Tell people to excuse you.
Félényá̃ dà míáa lèɛ.	Tell the people to excuse you.
'Bà félényá̃, yíí nɔ m lɛɛ.	Excuse me, give me water.
'Bà félényá̃, yíí vúèea káá tá̃ã̀.	Excuse me, waste the dirty water.
'Báa yíí dɔ́ɔ́lɔ́ mí?	Have you (singular) drunk cold water?
Káa yíí dɔ́ɔ́lɔ́ mí?	Have you (plural) drunk cold water?
'Bà kpé yíía sí yíí mɔ̀ làaà.	Please take the water from upstream.
'Bà kpé yékè í yíía sí yíí mɔ̀ bòí.	Please don't take the water from downstream.
Yékè í yíí ká̃ à mìa là.	Don't cross the river in the current.
Yékè íi zúlú yíí mìà là.	Don't swim in the river current.

EXERCISE C

Read the following.

Yékɛ̀ í wàà yíí wì.	Don't dive in the river.

EXERCISE D

Read the following.

M gba gẽí yíí dɔ́ɔ́lɔ́ ká.	Give me cold orange juice.
M gba ɓɔ̀í pèí yíí ká.	Give me tomato juice.
M gba kű́í tòŋ yíí dɔ́ɔ́lɔ́ ká.	Give me cold pineapple juice.
I nyìɛ yíí sòló.	Wipe your tears.
Mɛ́ à mɔ́ɔ i nyìɛ-yíí lɛ i nyìɛ?	Why do you (singular) have tears in your eyes?
Mɛ́ à mɔ́ɔ ka nyìɛ-yíí lɛ ka nyìɛ?	Why do you (plural) have tears in your eyes?
I nyu yíí sòló.	Wipe your nose.
Lóɓààa yíí lɛ́ɛ ɓɔ.	The rubber latex runs down.

EXERCISE E

Translate the following into the Mann Language.

Yes, I have drunk cold water.

Yes, we have drunk cold water.

Yes, you (singular) have drunk cold water.

Yes, he has drunk cold water.

Yes, they have drunk cold water.

No, waste the dirty water.

No, waste the sour milk.

Do not waste the rubber latex.

Exercise E

Translate the following into the Mann Language.

Please give water to the child.

Please draw the water from the well.

Exercise F

Translate the following into the Mann Language.

Excuse me, wipe the boy's tears.

Excuse me, tap the rubber better.

Excuse me, what is your name?

Excuse me, do you sell water?

Excuse me, do you (plural) sell cold water?

Excuse me, don't dive in that water.

Please give her water to drink.

The water is hot today.

The water is dirty.

The grapefruit is sour.

Lesson Fifty: Expressions

Word Study

Learning new words. The expression, félényá has its literal meaning. Félé means silver, and nyá means to smelt. Thus, félényá means silver smelting. The Mann ethnic group was exposed to using silver jewelries earlier than gold. The head wives were identified by silver bracelets, a sign of respect. So, to tell someone Ɓà félényá means smelt your silver or excuse me. Depending on how it is used, it has a positive connotation and a negative connotation. When people are fussing and someone says ɓà félényá in a rather rough tone, it does not mean well.

Exercise A

Read the following.

Ɓà félényá ḿ die.	Excuse, let me pass.
Ɓà félényá m lèɛ.	Excuse, me (smelt your silver for me).
Ɓà félé púlú nyá m lèɛ.	Excuse, me (smelt your white silver for me).
Ɓà félé púlú-sélé-tété nyá m lèɛ.	Smelt your very white silver for me.
Kò félényá.	Excuse us.

EXERCISE A

Read the following.

Là félényá̋.	Excuse him/her.
Wà félényá̋.	Excuse them.

WORD STUDY

Another word that has composite ways of expressing it is "give." One can say, M gba à ká (give it to me) or à nɔ m lɛ̀ɛ (give it to me), or à dɔ̀ɛ m kɛ̀lɛ̀ (put it in my hand), or à dɔ m kɛ̀lɛ̀ (give it to me or in my hand). The first two statements mean to give something for one to possess it (m gba à ká; à nɔ m lɛ̀ɛ). The last two means to give with the intention of turning over to another person or keeping it for some time.

EXERCISE B

Read the following.

Kííа nɔ m lɛ̀ɛ.	Give me the book.
M gba kííа ká.	Give me the book.
M gba pɛlèea ká.	Give me the money.
Pɛlèea nɔ m lɛ̀ɛ.	Give me the money.
Pɛlèea dɔ̀ɛ m kɛ̀lɛ̀.	Give me the money.
Pɛlèea dɔ m kɛ̀lɛ̀.	Give me the money.

Another interesting word is lúó, meaning to mean, to drive away, day or time depending on the context.

EXERCISE C

Read the examples.

Sèé e m lúó pɛlèe ká.	Saye meaned me with money.

Another interesting word is lúó, meaning to mean, to drive away, day or time depending on the context.

Exercise C

Read the examples.

Sèé e ló lúó wèɛ̀ɛ̀ mɔ̀?	Saye went for how many days?
Bòa lúó ɓúa mɔ̀.	Drive the goat away from the rice.
Tɔ̀ɔ lúó.	Drive the chicken.
I m lúó ɓúa ká?	Did you mean me with the rice?
I m lúó nyɔ́nɔ́ɔ ká?	Did you mean me with the oil?
Íì lo m lúo lúó wèɛ̀ɛ̀ píé?	How long will you mean me?
Ḿm̀ lo i lúo lúó búnùzè pie.	I will mean you for several days.

Another important word which has several ways to express is tíé (fire). In the Mann Language, "tíé" can be used to mean fire, heat, hotness, light, severe pain and so on.

Exercise D

Now let us read the following sentences.

Tíé lɛ́ɛ dɔ káa wì.	The house/room is hot.
Tíé lɛ́ɛ dɔ m là.	I feel hot.
M tíé gè zía pie.	I saw light on the road.
Wɔ́ɔ à tíé lɛ́ɛ m kũ.	I feel hurt in this case.
M sɔ́ɔ̃́ɔ̃́ tíé lɛ́ɛ m kũ.	I feel the pains in my teeth.
Tíé dà í gbɔ kpàà.	Start fire to cook.
Táá tíèe.	Walk fast.
Ḿm̀ nàà í tíé dà wɔ́ɔ yí.	I want you to put fire in the case.
Bà kpé, tómò-tíéa zɔ̀ m lèɛ.	Please show me the flashlight.

Another important word which has several ways to express is tíé (fire). In the Mann Language, "tíé" can be used to mean fire, heat, hotness, light, severe pain and so on.

EXERCISE D

Now let us read the following sentences.

Yíía áà kɛ tíèe.	The water is hot.
Pɛ kúlúa lɛ tíèe.	The iron is hot.
Lè m pèlèa, tíé e die m nyìɛ là.	When I fell, light passed in my eyes.

Another word which has several meanings is nyɔ́ɔ̀ɔ. It means bitterness, painfulness, very much.

EXERCISE E

Read the following sentences.

Bòoa lɛ nyɔ́ɔ̀ɔ lè gílígǎná.	The soup is bitter like bitter root.
Nyìè wéléɛ lɛ nyɔ́ɔ̀ɔ.	The pills are bitter.
Nyìè wéléɛ lɛ nyɔ́ɔ̀ɔ kìlìkpà-kìlìkpà.	The pills are very bitter.
M nyìɛ lɛ nyɔ́ɔ̀ɔ.	My eyes are painful.
Lɔ̀èɛ lɛ nyɔ́ɔ̀ɔ.	The abscess is painful.
M kpóló lɛ nyɔ́ɔ̀ɔ.	My body is painful.
I zúo nyɔ́ɔ̀ɔ.	Thank you very much.

Another word which has several meanings is gó. Gó means to wait, to sell, to give away, to leave, etc.

EXAMPLES

Gó m die.	Wait let me pass.
Gó à lɛ̀ɛ.	Leave him.
I bààa gó mi dò lɛɛ?	Did you give the shoes away to someone?
Íì bààa go?	Do you sell the shoes?
Gó yi.	Leave there.
Gó néfúa mɔ̀.	Leave the child alone.

Lesson Fifty-One: Sports

The Mann people used to play sports. There were several kinds of sports ranging from simple to complex ones. They include running race (kéí-ké- lìè-líé), wresting (géné-gɔ̃), swimming (bãi- kɛ), arrows shooting (poŋ-dùò), touching the leader's child (kpèá-kɛ), hide and seek (yèí-yòò), and tug of war (dùée).

The sport that actually involves men of agility, physique, and strength was the wrestling match. This sport is dormant because it somethings led to fighting when the rules were not observed.

The basic rule was that when two persons locked horns and the weaker one is thrown on the ground, the stronger one wins. But when the stronger one climbs over the weaker one to make sure that his head touches the earth, then it becomes annoying, and that escalates into fighting. Sometimes when such fighting starts and it is not managed and stopped, it involves outsiders. Such mismanagement bought commotion between quarters, towns, and villages. This is why the wrestling match is no longer active among the Mann people.

Another rule was that the wrestling ground should be a level plain ground called lè téné-tènè. The organizers made sure that the ground was not stumpy, rocky, hilly, and craggy.

The wrestlers used lots of tactics such as wrestling herbal chalks which would make the opponent weak or inject crams into the opponent's legs and thighs. The cram is called tímá. E tímá dà à gã̀ yí (He injected his legs with cram). Besides the tímá, others used a salt-totem called wèiŋ sèè. The user rubs the chalk so that when the opponent touches him, the opponent becomes weak and tired. This was something that the people believed very strongly.

Another type of sport among the boys was the arrow shooting (poŋ-dùò). Sometimes the target was a banana tree or a papaya tree or a soft object. Participants stood at a distance and shot or hit the target. When one person hits the target and the others missed the target, he collects all the arrows that missed the target. The arrow used for hunting were prepared, dressed in a special way with some kind of leaves stocked toward the tail end to make it travel straight to the target. This was called kiè-dɔ́ɔ̀-zè. The arrows that were not prepared in such a manner were called kìè-páá. Kìè-dɔ́ɔ̀-zɛ also means a poisonous arrow. Sometimes the arrow sharp point was dipped into poison and cut halfway at least two inches so when it hits the target, it breaks into the object, and the poisonous point remains in the object. This was used at war against opponents.

The touching child game (kpèá) was a type of sport which involved several participants, up to ten persons. A boy or a girl of about ten years old was used as the leader's child (kpèánɛ́), but he or she must have agility skill. He or she should be able to twirl or turn when the opponents want to touch him or her from the leader (kpèágɔ̃)'s hand.

The kpèánɛ́ and the kpèágɔ̃ stood inside a circle (kámá) while those who want to touch the child with their hands stood outside the circle. Whoever touches the kpèánɛ́ becomes the new leader. As people make attempts to touch the kpèánɛ́ (the child), the leader (kpèágɔ̃), protects the child. Whoever the kpèágɔ̃ touches when making efforts and attempts to touch the kpèánɛ́ is eliminated from the game.

Another type of sport was the swimming game. This was only practiced by people who live near the big rivers like the St. John River (Mèi) or the Yar River (Yáa). The swimming game has two types. One type is like a running race (kéi-ké-lìè-líé). Participants swam in open water from one point to a targeted area. The faster person won.

The second type is called bãĩŋ, the otter. Participants dived to seek the opponents under the water. It is a form of hide and seek under the river like the otter. It helped to identify those who are able to dive for a long time.

Another sport which tested endurance and strength was the tug of war (dùée). The youth still play this game under the moonlight (mɛnɛ ɓíĩ́ĩ-bà). During the game, a bandary (nàà) is drawn to separate the two groups. Also, during the game, each member of the team holds one another (kéenì) in the waist (yèí-wì) like a chain (yɔ́ɔ́) and pull (gáá). When they are ready, they pull, and which ever team that pulls the opponent over becomes the winner.

Exercise A

Read the following sentences.

Sèé wà Wùá o bã́ĩŋ kɛ pìà.	Saye and Wuah are playing otter game.
Ko bã́ĩŋ kɛ pìà.	We are playing otter game.
Kóò wàà yíí wì.	We dive.
Lɛ́ɛ̀ wàà yíí wì.	He/She dives.
Ḿm̀ wàà yíí wì.	I dive.
Yíía bà lɛ gbèkèni.	The water is deep.
Yíía bà lɛ kɔ́ɛ́.	The water is shallow.
Bálá lɛ yíía bà.	There is mud in the water.
Nyìɛ́ lɛ yíía wì.	There is sand under the water.
Gèlè lɛ yíía wì.	There are rocks under the water.
Yílí kpàna lɛ yíía wì.	There are sticks under the water.

Exercise B

Read the following.

Kɔ̀à wàà yíí wì.	Let us dive.

Exercise B

Read the following.

Óò wàà yíí wì.	They dive.
Íì bèi túò yíí wì fèè le?	Are you able to stay under water for long?
Íì bèi wàà yíí wì fèè le?	Are you able to dive for long?
Ḿm̀ bèi yíí kéɛ.	I am abe to swim.
Kóò bèi yíí kéɛ.	We are able to swim.
Íì bèi yíí kéɛ.	You (singular) are able to swim.
Káà bèí yíí kéɛ.	You (plural) are able to swim.
Léè bèi yíí kéɛ.	He/She is able to swim.
Óò bèi yíí kéɛ.	They are able to swim.
Sèé lèɛ́ bèi yíí kéɛ.	Saye is not able to swim.
Kɔ́ú lèɛ́ bèi yíí kéɛ.	Kou is not able to swim.
Yàá lɛ́ɛ wàà yíí wì lè kpàasèlè lɛ́ ɓe.	Yah dives like a crabfish.
Íì yíí kɛ́?	Can you swim?
Yékèá ìí bèi yíí kɛèɛ, ɓáá yíí kɛ.	If you (singular) can't swim, don't swim.
Yékèá kàá bèi yíí kɛèɛ, káá dà yíí bà.	If you can't swim, don't fall in the water.
Kóná lèɛ́ bèi yíí keè.	Kona is not able to swim.
Kóná kpòò lɛ wàà pìà.	Kona is drowning.
Kóná lè ló pìà yíí wì.	Kona is going under the water.
Kóná nyìɛ áà kpɛɛ.	Kona's eyes have turned.
Kà Kóná kṹ.	(You plural) hold/help Kona.
Kóná lɛ gbíni lè gèlè.	Kona is heavy like a rock.

EXERCISE B

Read the following.

Kóná e dà yíí gùù bà.	Kona dropped in the deep water.
Kóná e dà yíí mìa là.	Kona dropped in the water current.

EXERCISE C

Read the following sentences.

Kɔ̀à lo kéî-ké-lìè-líé kɛɛ̀ wè?	Let's do running race.
Kɔ̀à kéî-ké- lìè-líé kɛ.	Let us run a race.
Kà kéî-ké-lìè-líé kɛ.	You (plural) run a race.
È kéî-ké-lìè-líé kɛ.	Let him run a race.
Ò kéî-ké-lìè-líé kɛ.	Let them run a race.
Kɔ̀à lo yěî-yòò kɛɛ̀.	Let us do hide and seek.
Íì bèi i bii?	Are you able to hide?
Lɛ́ɛ bèi e bii?	Is he/she able to hide?
Óò bèi o bii?	Are they able to hide?
Íì bèi m naà?	Are you able to find me?
Íì bèi ko naà?	Are you able to find us?
Kà lo yěî-yòò kɛɛ̀.	You (plural) should do hide and seek.
Wáa ló yěî-yòò kɛɛ̀.	They have gone to do hide and seek.
Ìĺ gbaa yěî-yòò si.	You (singular) did not call for readiness.
Kààá gbaa yěî-yòò si.	You (plural) did not call for readiness.
Òó gbaa yěî-yòò si.	They did not call for readiness.

EXERCISE D

Read the following sentences.

Sèé wà Nyàá o génégɔ̃ pìà.	Saye and Nya are wrestling.
Sèé e Nyàá zɛ tã́ã̀.	Saye knocked Nya down.
Sèé e Nyàá kpòkòlò gìnigíní tã́ã̀.	Saye rolled Nya's skull on the ground.
Sèé e Nyàá gã̀ gòlò à wì.	Saye uprooted Nya's feet.
Sèé lɛ kpàlà-kpálázè.	Saye is tricky.
Sèé e kpánáɓo Nyàá ka.	Saye twisted Nya to the ground.
E kã́ Nyàá wì.	He swirled Nya.
E Nyàá fɔ́ tã́ã̀.	He threw Nya to the ground.
Sèé lɛ́ɛ ɓɔ̀búnùɓo génégɔ̃̀ɔ̃̀ yi.	Saye is full of agility in wrestling.
Nyàá kɔ̀ lɛ́ɛ́ bèi Sèé mɔ̀.	Nya cannot defeat Saye.
Ĩ̀ı bèi génégɔ̃̀ɔ̃?	Are you able to wrestle?
Ɓaà génégɔ̃ do?	Have you wrestled before?
Génégɔ̃ mìà yí lɛ gágà.	Wrestlers are strong.
Géné lɛ́ɛ́ zɔ̃̀ gèlè kã́ pìà.	Wrestling is quick to turn into fight.
Géné lɛ gbɛɛ lɛ́ gèlè lɛ gbɛɛ.	Wrestling is different from fighting.
Géné lɛ sɔ̀ ká lɛ́ gèlè lɛ gèlè káa.	Wrestling is a play while fighting is a fight.
Ĩ̀ı bèi mi fɔ́ɔ tã́ã̀?	Are you able to knock somebody down?
Sèé e Nyàá fɔ́ tã́ã̀ tíee-tíee.	Saye knocked Nya down fast.
Sèé kɔ̀ e die Nyàá là.	Saye defeated Nya.

TEACH YOURSELF THE MANN LANGUAGE

Exercise E

Read the following sentences.

Génɛɛ áà nìè gèlè yi.	The wrestling has turned into fight.
Deĩ lɛ́ e gèlèa kã́?	Who caused the fight?
Deĩ mìà lɛ́ o gèlè gɔ̃?	Who are those fighting?
Sèé wà Nyàá lɛ́ o gèlè gɔ̃ɔ.	Saye and Nya are fighting.
Gèlèa e sí mɛɛ là?	What caused the fight?
Nyàá e Sèé wèí naa.	Nya picked at Saye.
Nyàá e e lèí suo Sèé nyìɛ.	Nya spat in Saye's eyes.
Nyàá e e kɔ̀yɛ́ Sèé nyìɛ.	Nya hit Saye's eyes with his finger.
Nyàá ee kɔ̀yɛ́ Sèé pɛa.	Nya hit Saye's face with his finger.
Nyàá e Sèé sɔ́ɔ́ dɔ.	Nya bit Saye.
Nyàá e ɓálá Sèé mɔ̀.	Nya stepped on Saye.
E Sèé mè e gã̀ ka.	He kicked Saye.
Nyàá e Sèé mè e wũkèlè ka.	Nya butt Saye.
E Sèé wèí naa.	He picked at Saye.
E ɓálá Sèé zikpo mɔ̀ e gã̀ ka.	He kicked Saye's butt with his foot.
E Sèé mè e kɔ̀ɔ̀là.	He beat Saye in his chest.
Nyàá e Sèé tɔ́sí.	Nya insulted Saye.
Nyàá e Sèé náákɔ.	Nya swore Saye.
Nyàá e Sèé pɛ́lɛ́ e tóóyí.	Nya slapped Saye in his ear.
Ó, a pɛ́lɛ́ e tóóyí?	Oh, did he slap him in his ear?
M̀M̀, a pɛ́lɛ́ e tóóyi.	Yes, he slapped his ear.

EXERCISE E

Read the following sentences.

E Sèé gã̀ gòlò à wì a yé tã́ã̀.	He lifted Saye and knocked him down.
Ó, mé à mɔ́ɔ yìì ɓo kílí?	Oh, why does he behave like that?
Mé a sɔ̀ũ kɛ yɔɔ kílí?	What makes him bad like that?

EXERCISE F

Read the following sentences.

Kà nu kɔ́á dùeegɔ̃.	Come let us play a tug of war.
Kɔ̀à dùeegɔ̃.	Let us play a tug of war.
Kɔ̀à nàà dɔ.	Let us make a boundary.
Kɔ̀à nàà dɔ líé.	Let us make a boundary first.
Kɔ̀à nàà dɔ kɛɛ kɔ́á dùeegɔ̃.	Let's make a boundary in order to play a tug of war.
Kà nààa sòló.	Discard /wipe the boundary.
Kà nàà dɛɛ dɔ.	Draw a new boundary.
Kà kã́má dɔ.	Make a circle.
Kà ka kéenì gã́ã́.	Pull one another.
Yékè ká ka kéenì nyɔ̀ɔ.	Don't push one another.
Yékè ká ka kéenì gìi.	Don't hurt one another.
Yékè ká pèlè.	Don't fall.
Yékè ká pèlè tã́ã̀.	Don't fall on the ground.
Yékè ká ɓálá ka kéenì gã̀ là.	Don't step on one another's feet.
Yékè ká ɓálá ka kéenì mɔ̀.	Don't step on one another.
Kà ka kéenì kṹ ka yèí wì.	Hold one another on the waist.

EXERCISE F

Read the following sentences.

Kà ka kéenì kű bibi.	Hold one another tightly.
Kà ka kéenì kű gágà.	Hold one another strongly.

EXERCISE G

Read the following.

Yékè í dɔ téétèè.	Don't stand in a weak way.
Yékè ká kɛ téétèè.	Don't be weak/tired.
Ì dɔ gẽi le.	Stand firmly (you singular).
Kà dɔ gẽi le.	You (plural) stand firmly.
Ko ka gā́ā́ gágà.	We pulled you strongly.
Ko o gā́ā́ gágà.	We pulled them strongly.
Ko kɔ̀ e die.	We won them.
Ko kɔ̀ e die o là.	We won them.
O sếí o káá tā̃̀.	All of them fell down.
Ka sếí ka káá tā̃̀.	All of you fell down.
Ka sếí ka pèlè tā̃̀.	All of you fell down.
Ko o gā́ā́ o dà ko mèí.	We pulled and they fell behind us.
O yà o zikpo là.	They sat on their butts.
O yà o zikpo là gágà.	They sat on their butts hard.

EXERCISE H

Read the following.

Ko mɛ́ lɛ gágà é dieá o là.	We are stronger than they.
Ko kɔ̀ e die o là.	We won them.

Exercise H

Read the following.

Kóo dùée gɔ̃ sɛ̀ é dieá o là.	We play the tug of war better than they.
Òó bèi dùée gɔ̃ɔ̃̀.	They are not able to play the tug of war.
O mɛ́ lɛ mɛ́kɛ́nɛ́-mɛ̀kɛ̀nɛ̀.	They are weak.
O mɛ́ lɛ tɛ́ɛ́tɛ̀ɛ̀.	They are weak.
O pɔ́nɔ́-pɔ̀nɔ̀ lɛ̀ bólò tã̀ã̀ã̀ lɛ́ ɓe.	They are soft like ripe bananas.
O lɔ́ɔ́-lɔ̀ɔ̀ lɛ̀ yùé lɛ́ ɓe.	They are soft like cotton.
O tɔ́lɔ́-tɔ̀lɔ̀ lɛ̀ wìì nyɔ̀nɔ́ lɛ́ ɓe.	They are soft like a calf.
Òó bèi dùée gɔ̃ɔ̃̀ gbɛɛ ɓo.	They are not able to play the tug of war at all.

Exercise I

Translate the following sentences into the Mann language.

Can you wrestle?

Are you able to knock Saye down?

Are you able to hide and seek?

Are you able to find me?

Did you call for hide and seek readiness?

Did he call for hide and seek readiness?

Did they call for hide and seek readiness?

Are you able to wrestle?

Wrestling is different from fighting.

Wrestlers are strong.

Exercise J

Translate the following sentences into English.

Dèɓé lɛ yíí kɛ pìà.

Dèɓé lɛ génégɔ̃ pìà.

Dèɓé lè gèlègɔ̃ pìà.

Dèɓé lɛ kpèáné ká?

Dèɓé lɛ dùéegɔ̃ pìà.

Dèɓé áà yà e zikpo là.

Dèɓé áà kɛ téétèè.

Dèɓé lɛ kpɔŋgɔ̃ pìà.

Dèɓé lɛ́ɛ wàà yíí wì.

Dèɓé lɛ́ɛ tùò yíí wì fèè le.

Dèɓé áà dà yíí mìà là.

Lesson Fifty-Two: Gambling

Gambling is part of life. Before western cards were introduced, the major type of gambling was the cowry shells gambling (kpɔ̃ŋ gɔ̃). A gambler is called gɔ̃pègɔ̃-mì. A cowry gambler is called kpɔ̃ŋ gɔ̃-mì, and a card gambler is called kátì gɔ̃-mì.

The cowry shell has two sides: the face and the backside. When gambling, four pieces are used like a dice. In fact, it is played like a dice. When you dice the four cowries on the mat or on the ground, sometimes the four pieces face up or face down, or two faces up and two faces down. When you throw them like a dice and such a situation occurs, you win. But when you dice on the mat and one face is up, three faces are down, or one face is down while three faces are up, you lose. These games are usually played on the smooth mat (sàa). The rough mat is called gálá.

Another type of gambling was the sĩ́ (spin). Spin was made out of palm kernels. The players bowed palm kernels with a hot iron and insert a handle to be used for spinning. Spinning was also played on a smooth mat (sàa). Men used to play the sĩ́ at the outskirt of the town where women were not around because the players were rude. Two or three persons spun the kernels on the mat. As the kernels are spinning, the men will be ringing all sorts of rude talks at the spinning. When the spin hits one another and one gets out of the ring, the one that remains in the ring wins. Besides collecting the spin, the players used to also bet with cash. The spinning game has died down. Another reason for which these games have died is that as young people attended schools, they get involved in playing soccer and other types of western sports.

EXERCISE A

Learn New Words.

gòpègɔ	gambling
gɔ̃pègɔ̃-mì	a gambler
kpɔ̃ŋ	a cowry
kpɔ̃ŋ wélé	cowry shells
kpɔ̃ŋgɔ̃-mi	a cowry shell gambler
sàa	a smooth mat
gálá	a rough mat
kátì	cards
kátì gɔ̃-mì	a card player
kátì gɔ̃ mìà	cards players

EXERCISE B

Read the following sentences.

Sèé lɛ́ɛ gɔ̃pègɔ̃.	Saye gambles.
Sèé lɛ́ɛ gɔ̃pègɔ̃ kpɔ̃ŋ wélé ka.	Saye gambles with cowry shells.
Nu kó gɔ̃pègɔ̃.	Come let us gamble.
Nu kó kpɔ̃ŋ gɔ̃.	Come let us play cowry shells.
Nu kó kátì gɔ̃.	Come let us play cards.
Kà nu kɔ́á sî̃ gɔ̃.	Come let us play spin.
Ko sî̃ gɔ̃ pìà.	We are playing spin.
Sèé lɛ́ɛ kpɔ̃ŋ gɔ̃ yɔ́ɔ̀ɔ.	Saye plays cowry shells too much.

Exercise B

Read the following sentences.

Sèé áà pɛlèe zɛ kpɔ̃ŋ gɔ̃ pìà.   Saye has won money from playing cowry shells.

Word Study

The literal meaning for "zɛ" in this case is to "kill."

Exercise C

See the following examples:

M pɛlèe zɛ.	I killed money (to win).
M sɔ zɛ.	I killed clothes. (to win a shirt)
M wéégbɔ̀lɔ̀ zɛ.	I killed a radio.
M bu zɛ.	I killed a gun (to win a gun).
M bèlè zɛ.	I killed a trouser. (to win a trouser)
M ɓò zɛ.	I killed a goat. (to win a goat).
M kààlà zɛ.	I killed a blanket. (to win a blanket)
M̀ kpɔ̃ŋ áà i zɛ.	My cowry has killed you. (won you)
Íì kpɔ̃ŋ gɔ́?	Do you play cowry shells?
Íì káti gɔ́?	Do you play cards?
Íì lùlú gɔ́?	Do you play ludu?
Íì sĩ̀ŋ gɔ́?	Do you play top?
Íì géné gɔ́?	Do you wrestle?

Lesson Fifty-Three: More about the Cowry Shells

The cowry shells (kpɔ̃ŋ wélé) are used for several purposes. One of such purpose is fortune-telling. The fortune-tellers (dèvɔ-mìà), use them to predict or explain the case of future circumstances in one's life. A fortune teller is called dèvɔ-mì. One who uses occult or any form of divination is called dèmi.

It is believed that the dèmi practices occult to send the message to unknown spirits to explain the cause of events. The act of sending is called dèvɔ, meaning send the fortune message.

For example, when a mysterious thing happens, people go to dèvɔ-mi to find out the reasons. The occultlist or the fortune teller usually uses the cowry shell (kpɔ̃ŋ wélé) to explain why a certain thing happens. For example, if a barren woman (kpómá lè) goes to dèmi to find out why she is barren (kpómá kṹṹ lè), sometimes the fortuneteller or the occultist says, "The barrenness (kpómá lèɛ) is due to natural cause or it is caused by some witchcraft activity." In either case, the dèvɔ-mì tells her what to do.

For example, if a woman loses babies many times, she goes to the dèvɔ-mi to explain why she loses babies. Sometimes after the dèvɔ-mi has consulted the spirits, he says, "The child is only one child who comes and goes back all the time. Next time when you give birth (ɓaà laa), bring the baby and I will arrest (kɔ́ɔ̀) him/her as a slave (lùò). If it is a boy, he will be lùògɔ̃̀ (a slave man.) If it is a girl, she will be lùòlè (a slave woman)." But this ceremony must be performed before the child is weaned.

So, when the child is born, the mother (kɔ̃ɔ̃-lèe) and the father (kɔ̃ɔ̃-dàa) take the child to the occultist who performs some rituals. First, the occultist bows one ear and hings an earring in it. He says, "As of today, you have become our slave. You will not go back."

Second, he ties a totem (ɓèlè gbòṹ), prepared with cowry shells (kpɔ̃ŋ wélɛ́) and short antelope horns (sɛ̃ ɓé) and ties it around the child's waist, or prepares a little wooden bangle bracelet and place it on the child's foot to symbolize a shackle (gbònó).

Normally, men do not pierce their ears or wear earrings because it is an abormination. Slaves were identified by earrings.

The cowry shells are also used for other ritual purposes as well as jeweleries, either as bracelets or necklace.

Exercise A

Now practice or read the following sentences.

kpɔ̃ŋ wélɛ́	cowry shells
ɓèlè gbòṹ	a totem
gbònó	a shackle
sɛ̃ɓé	antelope horns
dèvɔ-mì	a fortune teller
lùògɔ̃̀	a slave man
lùòle	a slave woman
kɔ̃ɔ̃-lèe	a young mother
kɔ̃ɔ̃-dàa	a young baby's father
bo nyú mɔ̀	to stop breastfeeding or to wean the child
dɔ́ɔ́lɔ́	cool/ cold
gbàa	to crawl
táá	to walk

Exercise B

Read the following sentences.

Mááyùɛ̀ na áa kɔ̀ɔ́-lèe ɓo.	Emmanuel's wife has delivered.
Mááyùɛ̀ na e kɔ̀ɔ́-lèe ɓo dɔ́ɔ́lɔ́.	Emmanuel's wife gave birth coolly.
Néfúa tɔ́ lɛ́ Pèée Lùògɔ̀̃.	The child's name is Paye Luogon.
Lùògɔ̀̃ lɛ yà pìà.	Luogon is sitting.
Lùògɔ̀̃ lɛ gbàa pìà.	Luogon is crawling.
Lùògɔ̀̃ áa gbàa.	Luogon has crawled.
Wáà néfúa ɓo nyú mɔ̀.	The child has been weaned.
Lùògɔ̀̃ áa táá.	Luogon has walked.
Lùògɔ̀̃ áa ló mɛ́?	Where has Luogon (slave man) gone?
Lùògɔ̀̃ áa ló génégɔ́ɔ́.	Luogon has gone to wrestle.
Lùògɔ̀̃ lɛ́ɛ génégɔ̃?	Does Luogon wrestle?
M̀m̀, Lùògɔ̀̃ lɛ génégɔ̃ mì gágà ka.	Yes, Luogon is a strong wrestler.
Lùògɔ̃ lɛ́ɛ génégɔ̃ mìnìmìnìzè.	Luogon wrestles mysteriously.
Lùògɔ̀̃ lɛ géné kúlá ká.	Luogon is a wrestling hero.
Lùògɔ̀̃ lɛ mɛ́?	Where is Luogon?
Lùògɔ̀̃ lɛ kpɔ̃ŋgɔ̃ pìà.	Luogon is playing cowry shells.
Lùògɔ̀̃ lɛ mɛ́?	Where is Luogon?
Lùògɔ̀̃ lɛ gɔ̃pè-gɔ̃ pìà.	Luogon is gambling.
Lùòlè lɛ mɛ́?	Where is Luolay (slave woman)?
Lùòle lɛ gbɔ kpàà pìà.	Luolay is cooking.
Lùòle lɛ mɛ́?	Where is Luole (slave woman)?

Exercise B

Read the following sentences.

Lùòle lɛ wũkɛ pìà.	Luolay is braiding hair.
Lùòle lɛ Lùògɔ̃ lúlɔ̀ ka.	Luolay is Luogon's sister.
Lùògɔ̃ lɛ Lùòlè mɔ́nɔ̀gɔ̃ ka.	Luogon is Luole's brother.

Exercise C

Read the following descriptions.

Lùòle lìì lɛ.	Luolay is beautiful.
Lùòle lɛ sè.	Luolay is beautiful.
Lùòle lìì lɛ kpǎna-kpǎnazè.	Luolay is very beautiful.
Lùòle lɛ sè kpǎna-kpǎnazè.	Luolay is very beautiful.
Lùòle lɛ zóló?	Is Luolay light skinned?
Gbào, Lùòle lɛ tii.	No, Luolay is black.
Lùòle lɛ gbèĩ?	Is Luolay tall?
M̀m̀, lɛ gbèĩ.	Yes, she is tall.
Gbào, ye wá gbèĩ.	No, she is not tall.
Lùòle lɛ ɓúlu.	Luolay is short.
Lùòle lɛ kpũǘ.	Luolay is short.
Tàkã sɔ̀ɔ̀ lɛ Lùòle lé.	Luolay has an open teeth.
Lùòle lɛ le gbèĩ zóló ka.	Luolay is a tall light skinned woman.
Lùòle kpɛɛ lɛ gbèĩ.	Luolay has long neck.
Lùòle lɛ le kpɛɛ gbèĩzè ka.	Luolay is a long neck woman.

TEACH YOURSELF THE MANN LANGUAGE

EXERCISE D

Read the following sentences.

Gbòű lɛ tiá̋ Lùòle dĩ.	Luolay still has a totem around her waist.
Dà-tóóyí pè lɛ tiá̋ Lùògɔ̃ tóóyi.	Luogon still wears an earring.
Gbòű lɛ tiá̋ Lùògɔ̃ dĩ.	Luogon still wears a totem.
Lùògɔ̃ dàa áà ló mɛ́?	Where has Luogon's father gone?
Lùògɔ̃ dàa áà ló Lùògɔ̃ mɔ́ɔ̀ dèvɔɔ̀.	Luogon's father has gone to a fortune teller.
Mɛ́ e kɛ?	What happened?
Ɓɔwáká Lùògɔ̃ wá kéléí̋-kèlèî̋.	Because Luogon is not well.
Lùògɔ̃ lèɛ́ wèlè tá̋ã̋.	Luogon is not healthy.
Lùògɔ̃ lɛ mékéné-mèkènè.	Luogon is weak.
Lùògɔ̃ lɛ pɔ́nɔ́-pɔ̀nɔ̀.	Luogon is soft.
M mɛsé kű Lùògɔ̃ mɔ̀.	I am suspicious about Luogon.
M mɛsé kű à mɔ̀.	I am suspicious about him.
Lùògɔ̃ kɛ̀lèɛ wá fèle.	Luogon is subtle.

EXERCISE E

Read the following.

Lùògɔ̃ lɛ wìì yi.	Luogon practices animism.
Lùògɔ̃ léɛ nìè kɔ̀a yi.	Luogon can change to an eagle.
Lùògɔ̃ léɛ nìè gɔ́ yi.	Luogon can change to a leopard.
Lùògɔ̃ léɛ nìè wɔ́ɔ́ŋ yi.	Luogon can change to a Lion.
Lùògɔ̃ léɛ nìè nékè yi.	Luogon can change to a hippopotamus.
Ɓáà yidɔ kpɛ?	How do you know?

Exercise E

Read the following.

Deĩ lɛ́ a gèe i lɛ̀ɛ?	Who told you?
Dé a gèe i lɛ̀ɛ?	Who told you?
Ɓa yídɔ kpɛ?	How did you (singular) know?
Ka yídɔ kpɛ?	How did you (plural) know?
Wa yídɔ kpɛ?	How did they know?
Óò yídɔ kpɛ?	How do they know?
Dèvɔmì lɛ́ a gèea.	A fortune teller said it.

Exercise F

Read the following sentences.

Nè lɛ.	It is a lie.
Nè lɛ́ dèvɔmì a kɛɛ.	The fortune teller lied.
Nè lɛ́ a kpɔ́ Lùògɔ̃ mɔɔ.	He lied on Luogon.
Dèvɔmìa lɛ́ɛ nè kè.	The fortune teller can lie.
Dèvɔmì e ya, lɛ́ɛ nè kè.	That fortune teller can lie.
Gbào, lɛ̀ɛ́ nè kɛ.	No, he does not lie.
M̀m̀, lɛ́ɛ nè kè.	Yes, he can lie.
Dèvɔ-mìà búnùzè óò nè kè.	Many fortune tellers can lie.
Òó wánà wɔ̃̀ gèe.	They don't tell the truth.
Dé a gèe i lɛ̀ɛ?	Who told you?
M dàa a gèe m lɛ̀ɛ.	My father told me.
M dàa lɛ́ e à gèe m lɛ̀ɛ.	It is my father who told me.
M zíé e à gèe m lɛ̀ɛ.	My uncle told me.
M màa a gèe m lɛ̀ɛ nɔ́ kíli.	My grandma also told me.

Exercise F

Read the following sentences.

Ɓáá nɛ̀ kpɔ́ dèvɔ-mì mɔ̀.	Do not lie on a fortune teller.
Ɓáá nɛ̀ kpɔ́ dèvɔ-mìa mɔ̀.	Do not lie on the fortune teller.
Ɓáá nɛ̀ kpɔ́ i dàa mɔ̀.	Do not lie on your father.
Ɓáá nɛ̀ kpɔ́ i zíé mɔ̀.	Do not lie on your uncle.
Ɓáá nɛ̀ kpɔ́ i màa mɔ̀.	Do not lie on your grandmother.
Nɛ̀ wá sɛ̀.	Lying is not good.
Nɛ̀ kɛɛ̀ wá sɛ̀.	It is not good to lie.
Nɛ̀ kpɔ̀ mi mɔ̀ wá sɛ̀.	It is not good to lie on a person.
Nɛ̀ kpɔ̀ mia mɔ̀ wá sɛ̀.	It is not good to lie on people.

Lesson Fifty-Four: Let us Talk about Sleep

LEARN NEW WORDS

yi	sleep
yizɛ	to sleep
mèè	a dream
mèèzɛ	have a dream
lo yiba	go to sleep
vùò yiba	wake up from sleep
lɔ̀ɔ̀-mi	a strnger
lɔ̀ɔ̀-mìà vɔ̀	strangers
wɔlɔ	sleeping place; lodging place
Wɔɔ táã̀.	Lie down.
Lo wɔɔ̀ táã̀.	Go lie down.
Lo wɔɔ̀ kpĩ la.	Go lie on a bed.
Lo wɔɔ̀ kpĩ̀a la.	Go lie on the bed.

EXERCISE A

Read the following sentences.

Baa nàà í yizɛ́?   Do you (singular) want to sleep?

EXERCISE A

Read the following sentences.

M̀m̀, ḿm̀ nàà ḿ yizɛ.	Yes, I want to sleep.
Káa nàà ká yizɛ́?	Do you (plural) want to sleep?
M̀M̀ kóò nàà kó yizɛ.	Yes, we want to sleep.
Láa nàà é yizɛ?	Does he/she want to sleep?
M̀M̀, láa nàà é yizɛ.	Yes, he/she wants to sleep.
Gbào, làá naa é yizɛ.	No, he/she doesn't want to sleep.
Óò nàà ó yizɛ?	Do they want to sleep?
M̀M̀, óò nàà ó yizɛ.	Yes, they want to sleep.
Òó naa ó yizɛ?	Don't they want to sleep?
Gbào, òó naa ó yizɛ.	No, they don't want to sleep.
Ḿm̀ḿ, òó naa ó yizɛ.	No, they don't want to sleep.
Ḿm̀ḿ, m̀ḿ naa ḿ yizɛ.	No, I don't want to sleep.
Làá naa é yizɛ?	Doesn't he/she want to sleep?
Gbào, làá naa é yizɛ.	No, he/she does not want to sleep.
Ḿm̀ḿ, làá naa é yizɛ.	No, he/she does not want to sleep.
Bàá naa i yizɛ?	Don't you (singular) want to sleep?
Kàá naa ká yizɛ?	Don't you (plural) want to sleep?
Ḿm̀ḿ, kòó naa kó yizɛ.	No, we don't want to sleep.
Gbào, kòó naa kó yizɛ.	No, we don't want to sleep.

EXERCISE B

Read the following.

Yi lɛ́ɛ m kè.	I am sleepy.

EXERCISE B

Read the following.

Ḿm̀ nàà ḿ yizɛ.	I want to sleep.
Kóò nàà kó yizɛ.	We want to sleep.
Ɓáà nàà í yizɛ.	You (singular) want to sleep.
Káà nàà ká yizɛ.	You (Plural) want to sleep.
Láà nàà é yizɛ.	He/She wants to sleep.
Óò nàà ó yizɛ.	They want to sleep.
Yi dɔɔ̀ lɛ m nyìɛ.	My eyes are full of sleep.
Yi dɔɔ̀ lɛ i nyìɛ.	Your (singular) eyes are full of sleep.
Yi lɛ́ɛ i kɛ̀.	You (sing.) are sleepy.
Yi dɔɔ̀ lɛ ka nyìɛ.	Your (plural) eyes are full of sleep.
Yi lɛ́ɛ ka kɛ̀.	You (plural) are sleepy.
Yi lɛ́ɛ à kɛ̀.	He/She is sleepy.
Yi dɔɔ̀ lɛ à nyìɛ.	His/Her eyes are full of sleep.
Yi lɛ́ɛ o kɛ̀.	They are sleepy.
Yi dɔɔ̀ lɛ o nyìɛ.	Their eyes are full of sleep.
Yi dɔɔ̀ lɛ m nyìɛ tɔ̀tɔ̀le.	I am very sleepy.
Yi dɔɔ̀ lɛ ko nyìɛ tɔ̀tɔ̀le.	We are very sleepy.
Yi dɔɔ̀ lɛ ka nyìɛ tɔ̀tɔ̀le.	You (plural) are very sleepy.
Yi dɔɔ̀ lɛ à nyìɛ tɔ̀tɔ̀le.	He/she is very sleepy.
Yi dɔɔ̀ lɛ o nyìɛ tɔ̀tɔ̀le.	They are very sleepy.

Exercise C

Read the following.

M tiá̰ m nyìɛá.	I am still awake.
Ko tiá̰ ko nyìɛá.	We are still awake.
I tiá̰ i nyìɛá.	You (singular) are still awake.
I tiá̰ i nyìɛá?	Are you (singular) still awake?
Ko tiá̰ ko nyìɛá.	We are still awake.
Lɛ tiá̰ e nyìɛá.	He/she is still awake.
Lɛ tiá̰ e nyìɛá?	Is he/she still awake?
Ka tiá̰ ka nyìɛá?	Are you (plural) still awake?
O tiá̰ o nyìɛa.	They are still awake.
O tiá̰ o nyìɛá?	Are they still awake?
Lo yibà.	You (singular) go to sleep.
Kà lo yibà.	You (plural) go to sleep.
Kɔ̀à lo yibà.	Let us go to sleep.
È lo yibà.	Let him/her go to sleep.
Ò lo yibà.	Let them go to sleep.
Yi wá m nyìɛ.	My eyes are not sleepy.
Yi lɛ̀ɛ́ m kɛ.	I am not sleepy.
Yi wá nɛ́ m nyìɛ.	My eyes are not yet sleepy.
Yi lɛ̀ɛ́ ko kɛ.	We are not sleepy.
Yi wá ko nyìɛ.	Our eyes are not sleepy.
Yi wá nɛ́ ko nyìɛ.	Our eyes are not yet sleepy.
Yi wá i nyìɛ.	Your (singular) eyes are not sleepy.
Yi lɛ̀ɛ́ i kɛ.	You (singular) are not sleepy.

EXERCISE C

Read the following.

Yi wá né i nyìɛ.	You (singular) are not yet sleepy.
Yi wá né ka nyìɛ?	Aren't you (plural) sleepy yet?
Yi lɛ̀ɛ́ à kɛ.	He/She is not sleepy.
Yi wá à nyìɛ.	His/Her eyes are not sleepy.
Yi wá né à nyìɛ.	His/Her eyes are not yet sleepy.
Yi wá o nyìɛ.	Their eyes are not sleepy.
Yi wá o nyìɛ né.	Their eyes are not sleepy yet.
Yi lɛ̀ɛ́ o kɛ.	They are not sleepy.
Yi lɛ̀ɛ́ o kɛ né.	They are sleepy yet.

EXERCISE D

Read the following sentences.

Ḿm̀ nàà yizɛ nyìɛ wélé ka.	I want sleeping pills.
Kóò nàà yizɛ nyìɛ wélé ka.	We want sleeping pills.
Kɔ́ú láa nàà yizɛ nyìɛ wélé ka.	Kou wants sleeping pills.
Nyàá láa nàà yizɛ nyìɛ wélé ka.	Nya wants sleeping pills.
Míáa óò nàà yizɛ nyìɛ wélé ka.	The people want sleeping pills.
Lɔ̀ɔ̀ mía wɔlɔ kpɔ́.	Lodge the stranger.
Lɔ̀ɔ̀ mìà vɔ̀ɔ wɔlɔ kpɔ́.	Lodge the strangers.
I lɔ̀ɔ̀ mìà wɔlɔ kpɔ́ mé?	Where did you (singular) lodge the stranger?
Ka lɔ̀ɔ̀ mìà wɔlɔ kpɔ́ méɛ zàá?	Where did you (plural) lodge the stranger?
Ka lɔ̀ɔ̀ mìà vɔ̀ɔ wɔlɔ kpɔ́ mé?	Where did you lodge the strangers?

EXERCISE D

Read the following sentences.

Lɔ̀ɔ̀ mía áà ló wɔɔ̀ tɛ̃́ɛ̃̀.	The stranger has gone to lie down.
Lɔ̀ɔ̀ mía lɛ yizɛ pìà.	The stranger is sleeping.
Lɔ̀ɔ̀ mía wá yizɛ pìà.	The stranger is not sleeping.
Lɔ̀ɔ̀ mía wá nɛ́ yizɛ pìà.	The stranger is not yet sleeping.
Mɛ́ ɓà mɔ́ɔ̀ yizɛ kílí?	Why are you (singular) sleeping like that?
Mɛ́ ɓà mɔ́ɔ̀ yizɛ ɓo kílí?	Why are you (singular) sleeping like that?
Mɛ́ kà mɔ́ɔ̀ yizɛ kílí?	Why are you (plural) sleeping like that?
Mɛ́ kà mɔ́ɔ̀ yizɛ ɓo kílí?	Why are you (plural) sleeping like that?
Mɛ́ à mɔ́ɔ̀ yizɛ ɓo kílí?	Why is he/she sleeping like that?
Mɛ́ ò mɔ́ɔ̀ yizɛ ɓo kílí?	Why are they sleeping like that?
Ɓáá yizɛ taŋkã́ná yi.	Don't sleep in a chair.
Ɓáá yizɛ taŋkã́náa yi.	Don't sleep in the chair.

EXERCISE E

Read the following.

Wɔɔ.	Lie.
Wɔɔ tɛ̃́ɛ̃̀.	Lie down.
Yà i gã̀ mɔ̀.	Sit up.
È yà e gã̀ mɔ̀.	Let him sit up.
Wɔɔ i sĩ́ã́.	Lie on your side.
Dà i gbã̀ã̀.	Lie on your back.

Exercise E

Read the following.

sàa	a mat
Wɔɔ sàa là.	Lie on a mat.
Wɔɔ sàaa là.	Lie on the mat.
Yizɛ sàa là.	Sleep on a mat.
Yizɛ sàaa là.	Sleep on the mat.
Yizɛ kpĩ là.	Sleep on a bed.
Yizɛ kpĩa là.	Sleep on the bed.
Wɔɔ kpĩa là.	Lie on the bed.
Wɔɔ sàaa là.	Lie on the mat.
Íì yi gɔ̃nɔ̀.	You (singular) snore.
Káà yi gɔ̃nɔ̀.	You (plural) snore.
Íì yi gɔ̃nɔ̀ nyɔ́ɔ̀.	You (singular) snore too much.
máá	horn
Máá pìè.	Blow a horn.
Máá lɛ́ ɓà pìèa?	Are you (singular) blowing a horn?
Íì yi gɔ̃nɔ̀ lè mi lɛ́ɛ máá pìè.	You (singular) snore like one blowing a horn.
Káà yi gɔ̃nɔ̀ lè mi lɛ́ɛ máá pìè.	You (plural) snore like one blowing a horn.
Lɛ́ɛ yi gɔ̃nɔ̀ lè mi lɛ́ɛ máá pìè.	He snores like one blowing a horn.

Exercise F

Read the following.

Ì wɔɔ i síá̋.	Lie on your side.
Ɓáá dà i gbã̏ã̏.	Do not lie on your back.
Néfúa wɔɔ sàa là.	Lay the child on the mat.
Néfúa wɔɔ tã̋ã̋ é yizɛ.	Lay the child down to sleep.
À kɛ néfú dɛɛ é yizɛ.	Make the young child to sleep.
Nyɔ́ wàà néfú dɛɛ lé é yizɛ.	Breast feed the young child to sleep.
Néfú dɛɛ zúlú é yizɛ.	Bath the young child to sleep.
Néfúa dà yi ká.	Put the child to sleep.
Néfúa yà i diȅ é yizɛ.	Put the baby on your back to sleep.
Sɔ káá néfúa là é yizɛ.	Cover the child to sleep.
Kà ko wɔ̀lɔ̀ zɔ̏.	Show our lodging place.
Kà à wɔ̀lɔ̀ zɔ̏.	Show his/her lodging place.
Kà o wɔ̀lɔ̀ zɔ̏.	Show their lodging place.
Yizɛ lɔ̀ɔŋ ké.	Sleep right here (singular).
Kà yizɛ lɔ̀ɔŋ ké.	You (plural) sleep right here.
È yizɛ lɔ̀ɔŋ ké.	Let him/her sleep right here.
Ò yizɛ lɔ̀ɔ ké.	Let them sleep right here.
Kèmá i yizɛ lɔ̀ɔŋ ké.	Kema, sleep right here.
Zɔ̏ɔ̋, yizɛ lɔ̀ɔŋ ké.	John, sleep right here.

Exercise G

Repeat the following sentences 3 times.

Ɓáà lɔ̀ɔ̀ mía wɔ̀lɔ̀ kpɔ́?	Have you (singular) lodged the stranger?
Káà lɔ̀ɔ̀ mía wɔ̀lɔ̀ kpɔ́?	Have you (plural) lodged the stranger?
Áà lɔ̀ɔ̀ mía wɔ̀lɔ̀ kpɔ́?	Has he lodged the stranger?
Wáà lɔ̀ɔ̀ mía wɔ̀lɔ̀ kpɔ́?	Have they lodged the stranger?
Ɓáa wéé lɔ̀ɔ̀ mìa píé?	Have you greeted the strangers?
Ɓáa súò yíí zɔ̀ lɔ̀ɔ̀ mììa lɛ̀ɛ?	Have you shown a pepper soup to the strangers?
Lɔ̀ɔ̀ mi lɛ m gã̀là.	I have a stranger (over my lap).
Lɔ̀ɔ̀ mi lɛ i gã̀là.	You (singular) have a stranger (over your lap).
Lɔ̀ɔ̀ mi lɛ ka gã̀là.	You (plural) have a stranger (over your lap).
Lɔ̀ɔ̀ mi lɛ à gã̀là.	He has a stranger.
Lɔ̀ɔ̀ mi lɛ o gã̀là.	They have a stranger.
Lɔ̀ɔ̀ mìà vɔ̀ o nu m píé.	Some strangers came to me.
Lɔ̀ɔ̀ mìà vɔ̀ o nu ko píé.	Some strangers came to us.
Lɔ̀ɔ̀ mìà vɔ̀ o nu i píé.	Some strangers came to you (singular).
Lɔ̀ɔ̀ mìà vɔ̀ o nu ka píé.	Some strangers came to you (plural).
Lɔ̀ɔ̀ mìà vɔ̀ o nu à píé.	Some strangers came to him/her.
Lɔ̀ɔ̀ mìà vɔ̀ o nu o píé.	Some strangers came to them.
Lɔ̀ɔ̀ mi nuù lɛ m píe.	A stranger has come to me.
Lɔ̀ɔ̀ mi nuù lɛ ko píé.	A stranger has come to us.

Exercise G

Repeat the following sentences 3 times.

Lɔɔ̀ mi nuù lɛ à pie.	A stranger has come to him/her.
Lɔɔ̀ mi nuù lɛ ka pie.	A stranger has come to you (plural).
Lɔɔ̀ mi nuù lɛ o píé.	A stranger has come to them.
Lɔɔ̀ mìà vɔ̀ nuù lɛ o pie.	Strangers have come to them.
Lɔɔ̀ mía áà ló?	Has the stranger gone?
Lɔɔ̀ mìà vɔ̀ɔ wáà ló?	Have the strangers gone?
Kɔ̀à lo lɔɔ̀ mía dɔɔ̀ zuú.	Let us go escort the stranger.
Kɔ̀à lo lɔɔ̀ mìà vɔ̀ɔ dɔɔ̀ zuú.	Let us go escort the strangers.
Kà lo lɔɔ̀ mía dɔɔ̀ zuú.	You (plural) go escort the stranger.

Exercise H

Write the following sentences in Mann.

I am sleepy.

I want to sleep in the chair.

I want to sleep on the bed.

I do not want to sleep.

We do not want to sleep.

You do not want to sleep.

She does not want to sleep.

They do not want to sleep.

The young child is sleeping.

The strangers are sleeping.

EXERCISE H

Write the following sentences in Mann.

The stranger is sleeping.

We will sleep right here.

Why is she sleeping like that?

EXERCISE I

Write the following in Mann.

Yes, I don't want to sleep.

Yes, we don't want to sleep.

No, we are not sleepy.

No, you (singular) are not sleepy.

No, you (plural) are not sleepy.

No, he is not sleepy.

Yes, I want to lie on the bed.

Yes, I want to sleep in the chair.

No, I do not want to sleep in the chair.

EXERCISE J

Translate the following sentences in English.

Yi lɛ́ɛ Dèɓé kè, è lo wɔɔ́ tɑ̃́ɑ̃̀.

Yi lɛ́ɛ Zósè kè, è lo wɔɔ́ tɑ̃́ɑ̃̀.

Yi lèɛ́ m kè. M gba nyìè wélé ká.

Yi lèɛ́ à kɛ. À gba nyìè wélé ká.

Yi lèɛ́ o kɛ. Óò nàà yizɛ nyìè wélé ka.

Yi yàà lɛ́ɛ à kè.

EXERCISE J

Translate the following sentences in English.

Yi dɔɔ̀ lɛ néfúa nyìɛ tɔ̀tɔ̀le.

Néfúa wɔɔ m mɛ̀í.

Néfúa wɔɔ m líé.

Néfúa wɔɔ m sɔ́nɔ́.

Yi dɔɔ̀ lɛ ko nyìɛ tɔ̀tɔ̀le.

Yi wá ko nyìɛ né.

EXERCISE K

Translate the following sentences into English.

Lɔ̀ɔ̀ mía áà yizɛ?

Lɔ̀ɔ̀ mía áà wɔɔ tɑ̃̀ɑ̃́?

Lɔ̀ɔ̀ mía lɛ tĩ́á e nyìá?

Kèmá lɛ tĩ́á e nyìá?

Lɔ̀ɔ̀ mìàa waà yizɛ?

Nyɑ̃̀ɑ̃́ lɛ́ɛ yizɛ yɔɔ le.

Mɛ́ à mɔ́ɔ yizɛ ɓo kílí?

Mɛ́ Sèé à mɔ́ɔ yizɛ ɓo kílí?

Mɛ́ néfúa à mɔ́ɔ yizɛ ɓo kílí?

Lesson Fifty-Five: Sleeping at the Farm and Farming Tools

Exercise A

Learn New Words and Phrases. Practice reading the following.

Yìì nyénè.	Sleep at the farm.
mɔ́ɔ̀	birds
lòó	a ground squirrel
sɔ́ɛ́	a groundhog
gbònó	a fence
gbíe	a local cutlass made at a blacksmith shop
gɛ́ì	an imported cutlass
fɔ́lɔ	a hoe
gbɔ̀ɔ	an axe
Gbònó kpaa.	Build a fence.
ɓu	rice
ɓu píní	young rice
mɛnɛ	moon
mɛnɛ́ɛ.	the moon.

Exercise A

Learn New Words and Phrases. Practice reading the following.

lèí	up/ sky
Mɛnɛ lɛ lèí.	The moon is up.
Ménéɛ léɛ ɓɔ.	The moon shines.
bí	night
bí bà	in the dark
dúúgèɛ̀	firefly
pìɛ̰̀	story/tale
pìɛ̰̀ ɓo	tell a story
sìi	spider
na	wife
Sìi na.	Spider's wife.
sìi pìɛ̰̀ ɓo	tell a spider story.
yoloŋ	a sling
yoloŋ dùò	to shoot a sling
Dṵ́ṵ̀ dùò.	Tell a riddle.
zòkègágà	valor
Kúlá	a hero
Gèlè-kúlá	a war hero
Kúlá lè	heroic deed
zòdɔ̀à mɔ̀	to depend on; courage
lɔ̀kèá	love

EXERCISE B

Read the following sentences.

Kɔ̀à pìɛ̰̀ ɓo.	Let us tell tales.
Pìɛ̰̀ ɓo ko lɛ̀ɛ.	Tell us a story.
Sìi pìɛ̰̀ ɓo ko lɛ̀ɛ.	Tell us a spider story.
M̀ pìɛ̰̀ e gbɛ̀ sìi mɔ̀.	My story is about spider.
À gbɛ̀ɛɛ̀ lɛ sìi wà e na mɔ̀.	It is about spider and his wife.
À gbɛ̀ɛɛ̀ lɛ géwɔ̀ mɔ̀.	It is about greed.
À gbɛ̀ɛɛ̀ lɛ lɔ̀kèá mɔ̀.	It is about love.
E gbɛ̀ mia pèèlɛ mɔ̀.	It is about two persons.
E gbɛ̀ gɔ̃ wà le o mɔ̀.	It is about a man and a woman.
E gbɛ̀ gɔ̃́ɔ wà e sɔ̀ɔ-mi mɔ̀.	It is about the man and his lover.
À gbɛ̀ɛɛ̀ lɛ kúlá lɛ̀ mɔ̀.	It is about the heroic deed.
À gbɛ̀ɛɛ̀ lɛ zòkɛ̀ gágà mɔ̀.	It is about valor/ bravery.
Kà sáá bìlĩ̀.	Once upon a time.

EXERCISE C

Read the following sentences.

Ɓúa píní lɛ ɓɔ pìà.	The rice is germinating.
Mɔ̀ɔ̀ lɛ à ɓèlè pìà.	Birds are eating it.
Mɔ̀ɔ̀ lɛ à wòlò pìà.	Birds are uprooting it.
Mɔ̀ɔ̀ɔ lúó.	Drive the birds away.
Mɔ̀ɔ̀ɔ dùò.	Throw at the bird.
Kà yòlòŋ dùò.	Shoot a sling.
Kà mɔ̀ɔ̀ɔ dùò yòlòŋ ká.	Drive the birds with a sling.
Kà yòlòŋ dùò gèlɛ̀ ká.	Shoot the sling with stones.

Exercise C

Read the following sentences.

Mɔ̀ɔ̀ɔ lɛ́ɛ nu.	The birds are coming.
Mɔ̀ɔ̀ɔ lɛ́ɛ nu yɔ́ɔ̀ɔ.	The birds are coming too much.
Mɔ̀ɔ̀ɔ lɛ káá pìà ɓúa là.	The birds are sitting over the rice.
Lòó lɛ ɓu pínía wòlò pìà.	Ground squirrels are up-rooting the rice.
Sɔ́ɛ́ lɛ ɓu ɓèlè pìà.	Groundhogs are eating the rice.
Kɔ̀à gbònó kpaa nyɛ́nɛ̀ɛ mɔ̀.	Let us build a fence around the farm.
Kɔ̀à gbònó kpaa yílí ká.	Let us build a fence with sticks.
Kɔ̀à gbònó kpaa tóŋ-lɛ́ɛ́ ká.	Let us build a fence with palm thatch.
pɛ́lɛ́	a trap
pɛ́lɛ́ lìè	set a trap
Kɔ̀à pɛ́lɛ́ lìè.	Let us set a trap.
Kɔ̀à pɛ́lɛ́ lìè nyɛ́nɛ̀ɛ mɔ̀.	Let us set a trap around the farm.
Kɔ̀à pɛ́lɛ́ɛ lìè gbònóa mɔ̀.	Let us set the traps on the fence.

Exercise D

Read the following sentences.

Ḿm̀ yìì luú.	I sleep at the farm/bush.
Kóò yìì luú.	We sleep at the farm/bush.
Íì yìì luú.	You (singular) at the farm.
Káà yìì luú.	You (plural) sleep at the farm.
Óò yìì luú.	They sleep at the farm.

Exercise D

Read the following sentences.

Yìì luú kɛ mì.	One who sleeps on the farm, or a farm sleeper.
Yìì luú kɛ mì lɛ́ i ka.	You (singular) are a farm sleeper.
Yìì luú kɛ mìà lɛ́ ka ká.	You (plural) are farm sleepers.
Káa yìì gálá là.	You (plural) sleep on hard mats.
Káa yìì sàa là luú.	You (plural) sleep on soft mats at the farm.

Exercise E

Read the following.

Káa wɔ̀ɔ̀ sàa là.	You (plural) lie on soft mats.
Káa wɔ̀ɔ̀ gálá là.	You (plural) lie on hard mats.
Káa wɔ̀ɔ̀ tíé sɔ́nɔ́.	You (plural) lie near the fireplace.
Kóò wɔ̀ɔ̀ tíé sɔ́nɔ́.	We lie near the fireplace.
Kóò dúú-gèè gè bíá.	We can see fireflies at night.
Níã́níã̀ lèɛ nu nyénè.	Mosquitos come at the farm.
Níã́níã̀ lɛ́ɛ ko kã̀.	Mosquitos can bite us.
Níã́níã̀ lɛ́ɛ ko mi.	Mosquitos can suck us.
Kɛ́lɛ́kpɛ́ lɛ́ɛ ko gèlè.	Sharp ants can burn (bite) us.
Kɛ́lɛ́kpɛ́ lɛ́ lɛ nyɔ́ɔ̀.	Sharp ant's mouth is painful.
Kɛ́lɛ́kpɛ́ lèɛ́ nyɛ gálá wì.	Sharp ants can't finish under the mat.
Tùu-tùu lɛ́ɛ wèè lèkpèi gã̀là.	Crow crows when the day is breaking.
Tɔ̀ɔ̀gɔ lɛ́ɛ wèè lèkpèi gã̀là.	Rooster crows when the day is breaking.

Exercise E

Read the following.

Tòkóló-zɛ̃ɛ̃ lɛ́ɛ wèè bíbà.	Crickets chirp at night.
Tɔ̃nɔ lɛ́ɛ wèè bíba.	Big bats make noise at night.
Bí lɛ́ɛ dà lè séĩ mɔ̀.	Everywhere can be dark.
Wɛɛ lɛ́ɛ gbóɓo.	Bush baby can cry.
Lɛ̀ì lɛ́ɛ wàà kpèì.	Small bats can enter the kitchen.
Kpèlékpèlé lɛ́ɛ wèè làapíé.	Pepper (boubou) birds sing in the morning.
Yìì nyénè lɛ nyɛ̀ìzè.	Sleeping at the farm is fearful.
Túó mì lɛ̀ɛ́ yìì nyénɛ.	A scary person doesn't sleep at the farm.

Exercise F

Read the following sentences.

gbèkèni	far
kɔ̀é	short
nyénɛ	a farm
luú	a bush; land
zi	a road
M píé nyénɛ zì lɛ gbèkèni.	My farm road is far.
Ko píé nyénɛ zì lɛ gbèkèni.	Our farm road is far.
I píé nyénɛ zì lɛ gbèkèni.	Your (singular) farm road is far.
À píé nyénɛ zì lɛ gbèkèni.	His/Her farm road is far.
À píé nyénɛ zì lɛ kɔ̀é.	His/Her farm road is short.
O píé nyénɛ zì lɛ kɔ̀é.	Their farm road is short.

Exercise F

Read the following sentences.

O píé nyɛ́nɛ zì lɛ gbɛ̀kɛ̀ni.	Their farm road is far.
M̀ḿ zía vòlò.	I don't brush the road.
Kòó zía vòlò.	We don't brush the road.
Ìí zía vòlò.	You (singular) don't brush the road.
Kàá zía vòlò.	You (plural) don't brush the road.
Lɛ̀ɛ́ zía vòlò.	He/she doesn't brush the road.
Òó zía vòlò.	They don't brush the road.
Ko zía vòlò dɛɛ.	We brushed the road recently.
Ziá áà tòlò zéni.	The road has grown again.
Sùu áà tòlò zía mò zéni.	Grass has grown on the road again.

Exercise G

Read the sentences.

Íì yìì luú?	Do you sleep in the bush (at the farm)?
Yìì luú kɛ mi lɛ́ i ká?	Are you (singular) a bush (farm) sleeper?
Yìì luú kɛ mì lɛ́ ka ká?	Are you (plural) bush (farm) sleepers?
Káa yìì luú?	Do you (plural) sleep in the bush (at the farm)?
Kóò yìì nyɛ́nɛ̀.	We sleep at the farm.
Ɓáà lɔ̀kɛ̀ yìì luú ká?	Do you (singular) love sleeping in the bush?

Exercise G

Read the sentences.

Gbào, m̀ḿ lɔkɛ yìì luú ka.	No, I don't love sleeping in the bush.
Gbào, kòó lɔkɛ yìì luú ka.	No, we don't like sleeping in the bush.
Gbào, làá lɔkɛ yìì luú ka.	No, he doesn't like sleeping in the bush.
Gbào, òó lɔkɛ yìì luú ka.	No, they don't like sleeping in the bush.
Íi yìì luú mɔű mɛɛ wéi?	Why do you sleep in the bush (farm) then?
Káà yíí luú mɔű mɛɛ wéi?	Why do you (plural) sleep in the bush then?
Léè yìì luú mɔű mɛɛ wéi?	Why does he sleep in the bush then?
Óò yìì luú mɔű mɛɛ wéi?	Why do they sleep in the bush then?
Ḿm̀ yìì nyénɛ kɛɛ ḿ yɛɓo kɛ.	I sleep at the farm to work.
Ḿm̀ yìì nyénɛ kɛɛ ḿ gbè yɛɓo mɔ̀ pélɛ.	I sleep at the farm to start work soon.
Kóò yìì nyénɛ kɛɛ kó yɛɓo kɛ.	We sleep at the farm to work.
Kóò yìì nyénɛ kɛɛ kó gbè yɛɓo mɔ̀ pélɛ.	We sleep at the farm to start work soon.

Exercise H

Read the following.

Káà yìì nyénɛ kɛɛ ká yɛɓo kɛ.	You (plural) sleep at the farm to work.
Óò yìì nyénɛ kɛɛ ó yɛɓo kɛ.	They sleep at the farm to work.

Exercise H

Read the following.

Óò yìì nyénɛ kɛɛ ó gbè yɛɓo mɔ̀ pélɛ.	They sleep at the farm to start work soon.
Íì yizɛ sɛ?	Do you (singular) sleep well?
I yizɛ sɛ?	Did you sleep well?
M̀m̀, m̋m̀ yizɛ sè.	Yes, I sleep well.
M̀m̀, m yizɛ sè.	Yes, I slept well.
Káà yizɛ sɛ?	Do you (plural) sleep well?
M̀m̀, kóò yizɛ sè.	Yes, we sleep well.
M̀m̀, lɛ́ɛ̀ yizɛ sè.	Yes, he/she sleeps well.
M̀m̀, e yizɛ sè.	Yes, he/she slept well.
M̀m̀, o yizɛ sè.	Yes, they slept well.

Exercise I

Read the following.

Íì yi gɔ̀nɔ̀?	Do you (singular) snore?
Gbào, m̀m̋ yi gɔ́nɔ́?	No, I don't snore.
M̋m̀m̋, m̀m̋ yi gɔ́nɔ́.	No, I don't snore.
M̋m̀m̋, m̀m̋ yídɔ.	No, I don't know.
Káà yi gɔ̀nɔ̀?	Do you (plural) snore?
M̋m̀m̋, kòó yi gɔ́nɔ́.	No, we don't snore.
M̋m̀m̋, kòó yídɔ.	No, we don't know.
M̋m̀m̋, lèɛ́ yi gɔ́nɔ́.	No, he/she doesn't snore.
M̋m̀m̋, làá yídɔ.	No, he/ doesn't know.
M̋m̀m̋, ɔ̀ó yi gɔ́nɔ́.	No, they don't snore.

Exercise I

Read the following.

Ɓàá yídɔ kpɛ?	Why don't you (singular) know?
Ɓàá yídɔ mɛɛ wḗi?	Why don't you (singular) know?
Kòó yídɔ kpɛ?	Why don't we know?
Kòó yídɔ mɛɛ wḗí?	Why don't we know?
Kàá yídɔ kpɛ?	Why don't you (plural) know?
Kàá yídɔ mɛɛ wḗi?	Why don't you know?
Làá yídɔ kpɛ?	Why doesn't he know?
Òó yídɔ kpɛ?	Why don't they know?

Lesson Fifty-Six: Telling Stories, Dreams, Snoring, Fear, etc.

Exercise A

Read the following sentences.

Káà pìèɓo?	Do you tell tale?
M̀m̀, kóò pìèɓo.	Yes, we tell tale.
Pìè̀ yiè ká?	Good stories?
M̀m̀, pìè̀ yiè ka.	Yes, good stories.
Deĩ?	Who?
Ko dàa.	Our father.
Ko dàa-dàa.	Our father's father. (grandfather)
Ko dàa-lèe.	Our father's mother. (grandmother)
Ko lèe.	Our mother.
Ko lèe dàa.	Our mother's father (grandfather)
Ko lèe-lèe.	Our mother's mother (grandmother)
Deĩ lɛ́ è pìè̀ɓo?	Who can tell a tale?
Deĩ lɛ́ è pìè̀ɛ ɓo sɛ̀?	Who can tell the tale well?
Ko dàa lɛ́ɛ pìè̀ɓo.	Our father can tell tales.

EXERCISE A

Read the following sentences.

Ko lèe léɛ pìɛ̀ɓo.	Our mother can tell tales.
Ko lèe-dàa léɛ pìɛ̀ɓo.	Our mother's father can tell tales.
Ko lèe-lèe léɛ pìɛ̀ɓo.	Our mother's mother can tell tales.
Ko dàa-dàa léɛ pìɛ̀ɓo.	Our father's father can tell tales.
Ko dàa-dàa léɛ pìɛ̀ yiè ɓo.	Our father's father can tell good stories.
Ko dàa-lèe léɛ pìɛ̀ɓo.	Our father's mother can tell tales.
Ko dàa-lèe léɛ pìɛ̀ yiè ɓo.	Our father's mother can tell good tales.

EXERCISE B

Read the following sentences.

Íì mèè zé?	Do you (singular) dream?
M̀m̀, ḿm̀ mèè zɛ.	Yes, I dream.
Kɛɛ mèè lèé tó m nyìɛ là.	But I don't remember my dreams.
Káà mèè zé?	Do you (plural) dream?
M̀m̀, kóò mèè zɛ.	Yes, we can dream.
Kɛɛ mèè lèé tó ko nyìɛ là.	But we don't remember our dreams.
Íì wèè yiɓa?	Do you (singular) talk in your sleep?
Káà wèè yiɓa?	Do you (plural) talk in your sleep?
Deɨ̌ lɛ́ è wèè yiɓa?	Who can talk in his sleep?
Ma yee, m̀ḿ wéé yiɓà.	As for me, I don't talk in my sleep.
Ma yee, m̀ḿ yi gɔ́nɔ́.	As for me, I don't snore.

Exercise B

Read the following sentences.

Ma yee mèὲ lέέ tó m nyìε là.	As for me, I don't remember my dreams.
Ma yee m̀ḿ wɔ̀lɔ̀-yɔɔ̀ kɛ.	As for me, I don't sleep badly.
Ma bɛ̂ɛ̃?	What's about me?
Bi bɛ̂?	What's about you (singular)?
Ka bɛ̂ɛ̃?	What's about you (plural)?
À bɛ̂ɛ̃	What's about him/her?
O bɛ̂ɛ̃?	What's about them?
Zàwòlò lέɛ wɔ̀lɔ̀-yɔɔ̀ kὲ.	Zawolo sleeps badly.
Zàwòlò lέɛ ɓàlà mi mɔ̀.	Zawolo can step on people.
Zàwòlò lέɛ wɔ̀lɔ̀-yɔɔ̀ kɛ yɔɔ.	Zawolo sleeps very badly.
Zàwòlò lέɛ ɓàlà mi mɔ̀ aà kɛ yibàa ka.	Zawolo steps on people when sleeping.

Exercise C

Read the following sentences.

Yi e kɑ́ pɛ́ m nyìε.	I had a sleepless night.
Ma yee yi lὲέ gbaa kɑ́ m nyìε.	As for me, I did not have sleepless night.
Yi e kɑ́ pɛ́ ko nyìε.	We had a sleepless night.
Yi e kɑ́ pɛ́ o nyìε.	They had a sleepless night.
Yi e kɑ́ i nyìε mɛɛ wɛ́í?	Why did you (singular) have sleepless night?
Yi e kɑ́ o nyìε mɛɛ wɛ́í?	Why did they have sleepless night?

Exercise C

Read the following sentences.

Túó e kɛ o kɛ pìà.	They were afraid.
Túó e kɛ à kɛ pìà.	He/she was afraid.
Túó e kɛ m kɛ pìà.	I was afraid.
Túó e kɛ ko kɛ pìà.	We were afraid.
Mɛ́ e i kɛ túó ká?	What made you afraid?
Mɛ́ e ka kɛ túó ká?	What made you (plural) afraid?
Mɛ́ e à kɛ túó ká?	What made him afraid?
Dé e à kɛ túó ká?	Who made him afraid?
Deĩ̀ lɛ́ e à kɛ túó ká?	Who made him afraid?
Bí tii e m kɛ túó ka.	Darkness made me afraid.
Dṹṹ-gèè e m kɛ túó ka.	Fireflies made me afraid.
Tɔnɔ wée e m kɛ túó ka.	The noise from bats made me afraid.
Wɛɛ wée e m kɛ túó ka.	Bush baby's cries made me afraid.

Exercise D

Read the following.

Gbínígbíní e yɔ́ɔ́ m là.	Fears came upon me.
Gbínígbíní e yɔ́ɔ́ ko là.	Fears came upon us.
Gbínígbíní e yɔ́ɔ́ ko là.	Fears came upon us.
Gbínígbíní e yɔ́ɔ́ à là.	Fears came upon him.
Gbínígbíní e yɔ́ɔ́ o là.	Fears came upon them.
M tíní kũ.	I was spellbound.
M lé e mùmá kũ.	My mouth was locked.

Exercise D

Read the following.

Ko tíní kũ.	We were spellbound.
Tímá e dà m gã̀ yi.	My feet were numb.
Ko lé e mùmá kũ.	Our mouth was locked.
E tíní kũ.	He was spellbound.
À lé e mùmá kũ.	His mouth was locked.
Tímá e dà à gã̀ yi.	His feet were numb.
Ka tíní kũ.	You (plural) were spellbound.
Ma yee m̀ḿ túó.	As for me, I am not afraid.
Ko yee kòó túó.	As for us, we are not afraid.
Ko yee kòó gbaa túó.	As for us, we were not afraid.
Ma yee gbínígbíní lèɛ gbaa yɔ́ɔ́ m là.	As for me, I was not fearful.
Ko yee gbínígbíní lèɛ gbaa yɔ́ɔ́ ko là.	As for us, we were not fearful.

Exercise E

Translate the following sentences into English.

Pèée lέɛ yìì luú?

Pèée na lέɛ yìì luú?

Nyénɛ zìa lɛ gbèkèni?

Nyénɛ zìa wá gbèkèni?

Zi gbèkèni lɛ?

Túó lέɛ i kɛ?

Túó lέɛ ka kɛ?

Exercise E

Translate the following sentences into English.

Káa pìɛ̀ ɓo?

Káa yizè sɛ?

Gbínígbíní lɛ́ɛ yɔ̀ɔ ka la?

Káa tùò wɛɛ wée lɛ̀ɛ?

Ma yee m̀ḿ túó?

Ɓi yee ìí túó?

Lesson Fifty-Seven: The Head

The head (wũkèlè) has the eyes (nyìɛ), the nose (nyu), and the ears (tóó). The head is sometimes called kpòkòlò (skull). One can either say wũkèlè or kpòkòlò (skull). When the skull is without hair (wũakèi) it is called kpòkòlò kpáá́. The brain is called tèmkpè. When a person misbehaves, the Mann people call him a headless (wũ wá yi) person.

Another thing to remember is the use of behind my skull (m vèĩ́) and behind my back or to follow (m kpèĩ́) or (m mèí). For example, "Néfúa lɛ i kpèĩ́ (The child is following you)." "Káa lɛ i mèí (A car is behind you)."

Exercise A

Now let us read them. Pronounce the following words and phrases.

wũkèlè	a head
kpòkòlò	a skull
kpòkòlò kpáá́	a skull without hairs
m vèĩ́	behind my skull
m kpèĩ́	on my back/ following me
m mèí	behind me
wũakèi	the hairs
wũ tòlóòozè	bushy hairs
tèmkpè	the brain

TEACH YOURSELF THE MANN LANGUAGE

EXERCISE A

Now let us read them. Pronounce the following words and phrases.

wɛlɛ	a face
I wɛlɛ pélɛ́.	Wash your face.
kpòò mèí	behind the head
nyìɛ pèèlɛ	two eyes
nyu	the nose
lé	the mouth
I lé pélɛ́.	Wash your mouth or brush your teeth.
bè pèèlɛ	two lips
nyu bu pèèlɛ	two nostrils
tóó pèèlɛ	two ears
lùe	to wisper, gossip
tùluù	the mould
m̀ tùluù zòí	the center of my mould
lè gè	to see
wɔ́ma	to hear
giima	to smell
dɔ	wait/ stop
Dɔ m gènè.	Wait for me.

EXERCISE B

Read the following sentences.

M̀ wū́á áà tòlò.	My hair is bushy.
M ló pìà m̀ wū́a ɓoò.	I am going to barbe my hair.

Exercise B

Read the following sentences.

Ḿ wṹa áà fɔ́ló.	My hair is loosened.
M ló pìà m̀ wṹa kɛɛ̀.	I am going to braid my hair.
Ɓà wṹa áà tòlò.	Your (singular) hairs have grown.
Kà wṹa áà tòlò.	Your (plural) hairs have grown.
À wṹa áà tòlò.	His hairs have grown.
À wṹa áà ɓo.	He has barbed his hair.
Aà là wṹa ɓo.	He has barbed his hair.
À wṹa kɛ.	Braid her hair.
Wà wṹa áà tòlò.	Their hair has grown.
Wà wṹa ɓo.	Barber their hair.
Ḿ wṹa káá kɔ́lɔ̀-kɔ́lɔ̀.	Clear the hair from my head.
Ḿ wṹa kɛ kpèí-ɓèlè ká.	Plait my hair with corn roll.
Ḿ wṹa kɛ gbɔ̀-gã̀ ká.	Plait my hair like water greens stem.
Ḿ wṹa kɛ síí-gbã ká.	Plait my hair like hawk's wings.
Ḿ wṹa kɛ le wà e tɔ́ɔ ká.	Plait my hair as a woman and her mate.
Ḿ wṹa kɛ à léí é káá m vèĩ̀.	Plait my hair let the tail end fall behind me.
M vèĩ̀ lɛ yɔ́ɔ̀.	Behind my skull is painful.

Exercise C

Read the following sentences.

Lè gè m wɛlɛ yí.	Look in my face.
I wɛlɛ pélé.	Wash your face.

TEACH YOURSELF THE MANN LANGUAGE

Exercise C

Read the following sentences.

I wɛlɛ pélé làapíé.	Wash your face in the morning.
I wɛlɛ pélé kɛɛ í tìã̌ wée mi píé.	Wash your face before speaking to people.
Wèlè í gó m wɛlɛ mɔ̀.	Get out of my face.
Kà wèlè ká gó m wɛlɛ mɔ̀.	You (plural) get out of my face.
M nyìɛ lɛ́ɛ lè gè.	My eyes can see.
M tóó lɛ́ɛ wɔ́ma.	My ears can hear.
M tóó lèɛ́ wɔ́ma.	My ears do not hear.
Dɔ m gènè.	Wait for me.
Ḿm̀ gèe m tóó lèɛ́ wɔ́ma.	I say my ears don't hear.
Nu ḿ lùe ɓo i tóó yí.	Come let me whisper in your ears.
M nyu lɛ́ɛ pɛ giima.	My nose can smell.
M nyu lèɛ́ pɛ giima.	My nose does not smell.

Exercise D

Read the following sentences.

tèmkpè	the brain
M tèmkpè lɛ ɓéèe.	My brain is alive.
M tèmkpè lɛ́ɛ e yélé tàà.	My brain can think.
M tèmkpè lɛ m kpòkòlò yi.	My brain is in my skull.
M kpòkòlò lɛ gágà.	My skull is strong/hard.
Kɛɛ gɔ́ e dɔɔ à wṹ wáá mɔ̀.	But this man is headless.
Lèɛ́ wɔ́ma.	He doesn't listen/hear.

Exercise D

Read the following sentences.

À tóó lɛ gágà.	His ears can't hear (he's stubborn).
À tóó lɛ̀ɛ́ mi wée ma.	His ears can't hear people.
I tóó dɔ m mɔ̀.	Listen to me.
È e tóó dɔ m mɔ̀.	Let him listen to me.
Òo tóó dɔ m mɔ̀.	Let them listen to me.

Exercise E

Exercise E

Míáa o m kpèĩ̀ wà pɛlèe wɔ̀ wéĩ́.	The people are behind me for their money.
Míáa o i kpèĩ̀ wà kíía wɔ̀ wéĩ́.	The people are behind you for their book.
Ɓii kpèĩ̀; dɔ m gènè.	I am following you; wait for me.
Dɔ m gènè.	Wait for me.
Dɔ Pèée gènè.	Wait for Paye.
Dɔ Selɔ́ gènè.	Wait for Sarah.
Le kpáàa lɛ i kpèĩ̀; dɔ à gènè.	The old lady is behind you; wait for her.
Mia kòlò pèèlɛ o i kpèĩ̀. Dɔ o gènè.	Two old people are behind you. Wait for them.
Ko i kpèĩ̀; dɔ ko gènè.	We are following you; wait for us.
O i kpèĩ̀; dɔ o gènè.	They are behind you; wait for them.
Wɔ́ 6à gèea lɛ m kpòò mèí.	What you are talking about is behind me.

EXERCISE E

Exercise E

Wɔ́ ò gèea lɛ ko kpòò mèí.	What they are talking about is behind us.
Wɔ́ à gèea lɛ ko kpòò mèí.	What he/she is saying is behind us.

EXERCISE F

Translate the following sentences into the Mann Language.

Wait. The boy is following you.

Wait. The stranger is following you.

Wait. Your wife is behind you.

The child is behind you.

Please wait for me.

Please wait for him/her.

Please wait for us.

Come whisper in my ears.

Whisper in her ears.

Lesson Fifty-Eight: Let us Talk About the Eyes in Details

EXERCISE A

Learn new words.

nyìɛ	eyes
nyìɛ-kpo	eyeball
nyìɛ wélé	iris
nyìɛ kpóűlà	eyelashes
nyìɛ kpóűlà kèì	eyelashes
nyìɛ yíí	tears
nyìɛ káá	blindness
nyìɛ ɓílíɓìlì	unclear eyes
nyìɛ vílívìlì	dim eyes
nyìɛ nyìɛ	an eye medicine
pomà	an eye drop
tàle	to shake/tremble
kɔ̀ tàle	hand trembles
nyɔ́ɔ̀ɔ	to be painful
wàa	to hurt; hard time

EXERCISE B

Read the following sentences.

M nyìɛ lɛ nyɔ́ɔ̀ɔ.	My eyes are painful.
M nyìɛ lɛ́ɛ wàa.	My eyes are hurting.
Ko nyìɛ lɛ nyɔ́ɔ̀ɔ.	Our eyes are painful.
Ka nyìɛ lɛ nyɔ́ɔ̀ɔ.	Your eyes are painful.
À nyìɛ lɛ nyɔ́ɔ̀ɔ.	His eyes are painful.
À nyìɛ lɛ́ɛ wàa.	His eyes are hurting.
Kɔ́ná a mùnú sélé wɛ̀i m nyìɛ.	Kona threw dust in my eyes.
E mùnú wɛ̀i m nyìɛ.	He threw dust in my eyes.
E nyìɛ́ wɛ̀i m nyìɛ.	He threw sand in my eyes.
E e lèí suo m wɛlɛ yí.	He spat in my face.
E e lèí suo m nyìɛ.	He spat in my eyes.
Nyìɛ́ sélé lɛ m nyìɛ.	There is sand in my eyes.
O mùnú wɛ̀i ko nyìɛ.	They threw dust in our eyes.
O nyìɛ lɛ nyɔ́ɔ̀ɔ.	Their eyes are painful.
O nyìɛ lɛ́ɛ wàa.	Their eyes are hurting.
Pòmà lɛ i kèlè?	Do you have an eyedrop?
M̀m̀, pòmà lɛ m kèlè.	Yes, I have an eyedrop.

EXERCISE C

Read the following.

M nyìɛ lɛ vílí-vìlì.	My eyes are dim.
M nyìɛ lɛ ɓílí-ɓìlì.	My eyes are unclear.
Pòmà gbè m nyìɛ.	Drop an eye drop in my eyes.

Exercise C

Read the following.

Pòmà gbɛ̀ ko nyìɛ.	Drop an eyedrop in our eyes.
Ɓà kpélɛsɛ̀, pomà gbɛ̀ m nyìɛ.	Please drop an eyedrop in my eyes.
Nyìɛ nyìɛɛ lɛ́ɛ m nyìɛ là nìɛ.	The eye medicine turns my eyes.
Nyìɛ nyìɛɛ lɛ́ɛ ko nyìɛ là nìɛ.	The eye medicine turns our eyes.
Nyìɛ nyìɛɛ lɛ́ɛ à nyìɛ là nìɛ.	The eye medicine turns his eyes.
Pòmàa gbɛ̀ m nyìɛ.	Drop the eyedrop in my eyes.
Ó, ɓaà pòmàa yɛ́ m nyìɛ mɔ̀!	Oh, you have hit my eye with the eyedrop!
Ɓa yɛ́ m nyìɛ wɛ́lɛ́ mɔ̀.	You hit my iris.
Ɓa yɛ́ m nyìɛ kpo mɔ̀.	You hit my eyeball.
Ɓa yɛ́ m nyìɛ kpóṹlà.	You hit my eyelashes.
Ɓáà nàà í m nyìɛ wí?	Do you want to burst my eye?

Exercise D

Read the following sentences.

Ɓáa nàà í à nyìɛ wí?	Do you want to burst his eyes?
Tɛ̀á.	Sorry.
Ɓà kpélɛsɛ̀.	I am sorry.
Kà kpé lɛ sɛ̀.	We are sorry.
Ɓáa nàà ḿ Nyàá sùo kɛ?	Do you want me to call Nya?
I pòmàa yɛ́ m nyìɛ bẽĩzɛ̀.	You hit my eye with the eye drop first.
Ɓaà pòmàa yɛ́ m nyìɛ mɔ̀ pèèlɛ.	You've hit my eye with the eye drop two times.

TEACH YOURSELF THE MANN LANGUAGE

Exercise D

Read the following sentences.

I pòmòa yɛ́ m nyìɛ mɔ̀ yààka.	You hit my eyes with the eye drop three times.
Ɓáa kè i dìè nyìɛá?	Do you mean to do it?
I nyìɛ káa lɛ?	Are you blind?
M nyìɛ yíí áa dɔ m nyìɛ.	Tears have stood in my eyes.
M nyìɛ yíí lɛ m nyìɛ.	Tears are in my eyes.
M nyìɛ lɛ́ɛ wàa lɛ̀ súò.	My eyes hurt like pepper.
Gbào, m kɔ̀ lɛ́ɛ tàle.	No, my hands tremble.
Ḿm̀ḿ, m kɔ̀ lɛ́ɛ tàle.	No, my hands tremble.
Tèá, m kɔ̀ lɛ́ɛ tàle.	Sorry, my hands tremble.
Mɛ́ è i kɔ̀ mɛ́ tàle?	What makes your (singular) hands tremble?
Mɛ́ è ka kɔ̀ mɛ́ tàle?	What makes your (plural) hands tremble?
Ḿm̀ kɔ́fè mi.	I drink coffee.
Ḿm̀ kɔ́fè mi yɔɔ.	I drink coffee badly.
Ḿm̀ kɔ́fè mi nyɔ́ɔ̀ɔ.	I drink coffee too much.
Kɔ́fè miì lɛ́ɛ mi kɔ̀ mɛ́ tàle.	Drinking coffee makes people's hands to tremble.
M kɔ̀ lɛ́ɛ tàle nyɔ́ɔ̀ɔ.	My hands tremble too much.

Exercise E

Translate the following into the Mann Language.

Do you have an eye drop?

Do you have any medicine?

Exercise E

Translate the following into the Mann Language.

Do you have eye medicine?

Do we have eye medicine?

Does he/she have an eye medicine?

Do they have eye medicine?

Oh, do you want to burst my eye?

Do you know that my eyes are hurting?

Please drop the eye drop in my eyes.

Oh, the eye drop can hurt.

Are your eyes hurting?

Do you want an eye drop?

Is your iris hurting?

Are their eyeballs hurting?

Is his eye hurting?

Are you blind?

Exercise F

Translate the following sentences into English.

M̀m̀, ḿm̀ nàà pòmà ká.

Gbào, m̀ḿ naa pòmà ka.

Gbào, m nyìɛ wá nyɔ́ɔ̀ɔ.

Gbào, m nyìɛ wá wàa pìà.

Gbào, ko nyìɛ wá wàa pìà.

Gbào, o nyìɛ wá wàa pìà.

M̀m̀, m nyìɛ lɛ́ɛ wàa lɛ súò.

Exercise F

Translate the following sentences into English.

M̀m̀, à nyìɛ lɛ́ɛ wàa lè súò.

M̀m̀, ko nyìɛ lɛ́ɛ wàa lè súò.

M̀m̀ o nyìɛ lɛ́ɛ wàa lè súò.

Exercise G

Translate the following into English.

Gbào, m kɔ̀ mé lèɛ́ tàle.

Gbào, Sèé kɔ̀ mé lèɛ́ tàle.

Gbào, Sèé gɑ̀̃ mé lèɛ́ tàle.

Gbào, Sèé mé lèɛ́ tàle.

M̀m̀, m kɔ̀ mé wá tàle pìà.

Mé è i kɔ̀ mé tàle?

Mé è ka kɔ̀ mé tàle?

Mé è à kɔ̀ mé tàle?

Ḿm̀ḿ, m kɔ̀ mé wá tàle pìà gbaa.

Gbào, m kɔ̀ mé wá tàle pìà gbaa.

Lesson Fifty-Nine: Let Us Talk About the Mouth

Exercise A

Learn New Words.

lé	the mouth
lé kpèí	open mouth
I lé kpèí.	Open your mouth.
I lé kpaa kée mɔ̀.	Close your mouth.
lé ɓele	chew
bè	the lips
bè paa	lick lips
I bè paa.	Lick your lips.
bè pɔ̀nɔ́	suck lips/ kiss
leí	the spit
náã́	the tongue
kpéí́	the jaws
kpéí́-wélé	the jaw bones
kpéná	the chin
kpéná wélé	the chin bone

Exercise A

Learn New Words.

kpèlɛ	the beard
sɔ́ɔ́	the teeth
sɔ́ɔ́ púlú	white teeth
sɔ́ɔ́ zóló	brown teeth
sɔ́ɔ́ tii	black teeth
sɔ́ɔ́ gélèe	burnt teeth
sɔ́ɔ́ kpéɛzè	scurvy teeth
sɔ́ɔ́ wélé	teeth (bone)
sɔ́ɔ́ là ɓo	brush teeth
I sɔ́ɔ́ là ɓo.	Brush your teeth.
I sɔ́ɔ́ wélé là ɓo.	Brush your teeth (bone).
lèí sɔ̀ɔ̃̀	upper teeth
táã̌ sɔ̀ɔ̃̀	lower teeth
gbã̀ã̌	back teeth; the gum
yéísí sɔ̀ɔ̃̀	front teeth (laughing teeth)
yéísí	to laugh
kpeí	the throat
kpeí bu	throat hole
yíí-mi-lònò	the epiglottis
zɔ̀kɔ̀lɔ̀	the esophagus

Exercise B

Read the following sentences.

m lé	my mouth

Exercise B

Read the following sentences.

ko lé	our mouth
i lé	your (singular) mouth
ka lé	your (plural) mouth
À lé	his/her mouth
o lé	their mouth
I lé ɓo e kée mɔ.	Open your mouth.
i lé kpèí	open your mouth/ yawn
Lɛ e lé kpèí pìà.	He is yawning.
I lé kpaa e kée mɔ.	Close your mouth.
À lé e gbè.	His/her mouth locked (when one can't talk), in coma.
Mm lé kpèí pìà.	I am yawning.
Yi léɛ m kè; mm lé kpèí pìà.	I am sleepy; I am yawning.
Ḿ i lé gè.	Let me see your mouth.
Ḿ à lé gè.	Let me see his/her mouth.
Kó i lé gè.	Let us see your mouth.
Kó à lé gè.	Let us see his/her mouth.
Ḿ i nãã̀ gè.	Let me see your tongue.
Kó à nãã̀ gè.	Let us see his/her tongue.
I nãã̀ sí lèí.	Lift your tongue up.
Ɓa lɛ i nãã̀ wì.	There is sore under your tongue.
Ɓa lɛ i nãã̀ là.	There is sore over your tongue.
Ɓa lɛ à nãã̀ là.	There is sore over his/her tongue.

Exercise B

Read the following sentences.

Ɓa lɛ ka nãã̀ là.	There are sores over your (plural) tongues.
Èe nãã̀ sí lèí.	Let him/her lift his/her tongue up.
Òo nãã̀ sí lèí.	Let them lift their tongues up.

Exercise C

Read the following sentences.

I sɔ́ɔ́ lɛ púlú.	Your teeth are white.
I sɔ́ɔ́ lɛ zóló.	Your teeth are brown.
I sɔ́ɔ́ gélè lɛ.	Your teeth are burnt.
M sɔ́ɔ̃ lɛ púlú.	My teeth are white.
Ka sɔ́ɔ́ lɛ púlú.	Your (plural) teeth are white.
À sɔ́ɔ́ lɛ tii.	His/her teeth are black.
À sɔ́ɔ́ gélè lɛ.	His/her teeth are burnt.
À sɔ́ɔ́ lɛ sè.	His/her teeth are fine.
I sɔ́ɔ́ lɛ sè.	Your (singular) are fine.
Ka sɔ́ɔ́ lɛ sè.	Your (plural) are fine.
Néfúa sɔ́ɔ́ lɛ sè.	The child's teeth are fine.
Léa sɔ́ɔ́ lɛ sè.	The lady's teeth are fine.
Yèí sɔ́ɔ́ lɛ sè.	Yei's teeth are fine.

Exercise D

Read the following sentences.

Áa e sɔ́ɔ́ là ɓo?	Has he/she brushed his/her teeth?
I sɔ́ɔ́ là ɓo lúó séí ka.	Brush your teeth every day.

Exercise D

Read the following sentences.

I sɔ́ɔ́ là ɓo làapíé.	Brush your teeth in the morning.
I sɔ́ɔ́ là ɓo làapíé wà nyɛ́nèɛpíé.	Brush your teeth in the morning and evening.
Mènɛɛ e m sɔ́ɔ́ dɔ.	The snake bit me.
Gbã́ã e m sɔ́ɔ́ dɔ.	The dog bit me.
O sɔ́ɔ́ dɔ kílí.	Bite them too.
Ɓáá m sɔ́ɔ́ dɔ.	Don't bite me.
Áá m sɔ́ɔ́ dɔ.	He/She shouldn't bite me.
Áá ko sɔ́ɔ́ dɔ.	He/She shouldn't bit us.
Áá o sɔ́ɔ́ dɔ.	He/she shouldn't bit them.

Exercise E

Read the following sentences.

M yéísí sɔ̀ɔ̃́ lɛ yɔ́kɔ́-yɔ̀kɔ̀.	My front teeth are loosened.
M yéísí sɔ̀ɔ̃́ lɛ gágà.	My front teeth are strong.
À yéísí sɔ̀ɔ̃́ lɛ gágà.	His/her front teeth are strong.
À yéísí sɔ̀ɔ̃́ lɛ ɓèlɛɓèlɛzè.	His/her front teeth are beautiful.
Tà̰ŋkã̀ lɛ à lé.	He/she has open teeth.
À gbã̀ã́ lɛ́ɛ wàa.	His/her gum hurts.
Lèé pɛɓèlè e gbã̀ã là.	He doesn't chew with his gum.
M kpɛ́í lɛ́ɛ ga m mɔ̀.	My jaws are tired.
M kpɛ́í-wélé lɛ́ɛ ga m mɔ̀.	My jaw bones are tired.
À kpɛ́í gã́nã́ gè nɔ́.	Look at the joint of his jaws.
Lè gè à kpéná wì.	Look under his chin.

Exercise E

Read the following sentences.

À kpɛ̀lɛ lɛ à kpɛ́ná wì.	His beards are under his chin.

Exercise F

Read the following sentences.

À zɔ̀kɔ̀lɔ̀ gè.	Look at his esophagus.
À zɔ̀kɔ̀lɔ̀ áà ɓɔ.	He/she has a goiter.
À zɔ̀kɔ̀lɔ̀ lɛ gbùò.	His/her esophagus is large.
À zɔ̀kɔ̀lɔ̀ lɛ́ɛ wàa.	His/her esophagus is hurting.
M bè gè nɔ́.	Look at my lips.
Ko bè gè nɔ́.	Look at our lips.
I bè gè nɔ́.	Look at your lips.
Léa bè lɛ zóló.	The lady's lips are red.
Léa e pɛ zóló táá e bè mɔ̀.	The lady rubbed red makeup on her lips.
À bè pɔ̀nɔ́.	Kiss her.
M bè pɔ̀nɔ́.	Kiss me.
Ko bè pɔ̀nɔ́.	Kiss us.
Nu ɓíi bè pɔ̀nɔ́.	Come let me kiss you.
Nu m bè pɔ̀nɔ́.	Come kiss me.
Dɔ ḿ i bè pɔ̀nɔ́.	Wait let me kiss you.
Dɔ í ko bè pɔ̀nɔ́.	Wait and kiss us.
Lo à bè pɔ̀nɔ́ɔ.	Go kiss him/her.
Lo ɓá bè pɔ̀nɔ́.	Go kiss him/her.
Ɓáá m bè pɔ̀nɔ.	Don't kiss me.

Exercise F

Read the following sentences.

O bè pònɔ́ doó doó.	Kiss them one by one.
À nāā̀ mi.	Suck his /her tongue.
À bè mi.	Suck his/her lips.
Gbào, à bè fɔɔ̀ lɛ.	No, his/her lips are swollen.
Ḿm̀ḿ, à bè fɔɔ̀ lɛ.	No, his/her lips are swollen.

Exercise G

Translate these sentences into Mann.

Joseph is kissing Mary.

Kema is kissing Saye.

The man has a goiter.

The goiter is growing.

Her lips are pink.

Her lips are red.

Her lips are brown.

My jaw bones are painful.

My jaw bones are hurting.

Peters's gum is hurting.

Peter's front teeth are loosened.

Peter has open teeth.

Peter's teeth are white.

Peter's back teeth are white.

Peter's front teeth are white.

Lesson Sixty: About the Nose

EXERCISE A

Learn new words.

nyu	a nose
nyu bu	the nostrils
nyu bu yí	in the nostrils
Nyu bu lɛ wèéɛ?	How many nostrils?
nyu bu pèèlɛ	two nostrils
nyu kpo	the tip of the nose
nyu kpo la	on top of the nose
nyu kpo soŋzɛ̀	a sharp nose
nyu kpo gbéné-gbènè	a flat nose
nyu yíí	mucus
nyu gā́nā́	nose cartilage
gā́nā́	nosebleed
pɛ gii	an odor/scent
fāã	breeze
fāã dɔ́ɔ́lɔ́	cold breeze
yàɓa	onions

EXERCISE A

Learn new words.

yèɛ	fry
pòfíɔ̀	a perfume
nyɔ́nɔ́	oil/ greese
tàà wíí nyɔ́nɔ́	hair greese
sùe	nails
sùe là kpèí	nails polish

EXERCISE B

Read the following.

M nyu kpo lɛ gbùò.	My nose is big.
Ko nyu kpo lɛ gbùò.	Our noses are big.
M nyu bu yí lɛ gbùò.	My nostrils are big.
Ka nyu bu lɛ wèɛ́ɛ?	How many nostrils do you have?
I nyu kpo lɛ gbùò.	Your (singular) nose is big.
Ka nyu kpo lɛ gbùò.	Your (plural) nose is big.
À nyu kpo lɛ gbùò.	His/her nose is big.
Gɑ́nɑ́ lɛ kɑ́ pìà Pèée nyu yi.	Paye's nose is bleeding.
Gɑ́nɑ́ lɛ kɑ́ pìà Kɔ́tó nyu yi.	Korto's nose is bleeding.
O nyu kpo lɛ gbùò.	Their noses are large.
M nyu lèɛ́ pɛ gii ma.	My nose does not smell.
Ko nyu lèɛ́ pɛ gii ma.	Our noses cannot smell.
À nyu lèɛ́ pɛ gii ma.	His nose does not smell.
Ḿm̀ pɛ gii yie ma.	I smell something sweet.
Mi dò lɛ yàɓa ɓòò súú pìà.	Someone is cooking onions soup.

EXERCISE B

Read the following.

Lɛ yàɓa yèɛ pìà.	She is frying onions.
O yàɓa yèɛ pìà.	They are frying onions.
Ḿm̀ yàɓa yèɛ gii ma.	I smell frying onions.

EXERCISE C

Read the following sentences.

Yílí bíía gii lɛ sè.	The flower smells sweet.
Tàà wíí nyɔ́nɔ́ɔ gii lɛ sè.	The hair greese smells sweet.
Ɓéléɛ gii lɛ sè.	The powder/ chalk smells sweet.
Pòfíɔɔ gii lɛ sè.	The perfume smells sweet.
Fààa dɔ́lɔ́ léɛ si m nyu bu yi.	Cold air goes into my nostrils.
Fààa dɔ́lɔ́ léɛ si ko nyu bu yi.	Cold air goes into our nostrils.
Mùnúa léɛ lo m nyu bu yi.	The dust goes into my nostrils.
Tíé gbééɛ lɛ lɔ́ pìà m nyu yi.	The smoke is going into my nose.
Fààa léɛ mùnúa wèí ko nyu yi.	The breeze is blowing the dust into our noses.
Ɓà kpé, m gba pòfíɔɔ dò ká.	Please give me some of the perfume.
Ḿm̀ nàà ḿ pòfíɔ táá.	I want to use some perfume.
Nãsé léɛ pòfíɔ tàà teele.	Nancy uses perfumes always.
Nãsé léɛ pòfíɔ tàà là sɔ mɔ̀.	Nancy can spray her clothes with perfume.
Ḿm̀ nàà gbésé nyɔ́nɔ́ɔ gii ka.	I like the scent of the toothpaste.
Gbésé nyɔ́nɔ́ lɛ i kélé?	Do you have a toothpaste?
À gii lɛ sè nyɔ́ɔ̀ɔ.	It smells very good.

Exercise C

Read the following sentences.

À gii lɛ m nyu yí sè.	It smells good in my nose.
Bà kpé, kpèí táá m sùe la.	Please polish my nails.
Ḿm̀ nàà sùe là kpèí ká m sùe la.	I want nail polish on my nails.
Sùe là kpèía gii lɛ nyɔ́ɔ̀ɔ.	The nails polish smells strongly.

Exercise D

Translate these sentences into the Mann Language.

Please give me nail polish.

Please give me some powder.

The powder has a good scent.

I don't like the nail polish scent.

Please give me toothpaste.

The breeze is blowing dust into my nose.

My nose is bleeding.

His nose is bleeding.

Your (singular) nose is bleeding.

Lesson Sixty-One: The Ears

EXERCISE A

Pronounce these words.

tóó	the ears
tóó kpèlɛ	the outer ear
tóó bu	the inner ear
tóó nɛ́	the ear drum
tóó gbo	ear wax
tóó taa	deafness
tóó gbíni	heavy ear
tóó boloŋ	wide ears
dà tóó mɔ̀ pè	earrings
tóó yí kɛi	hair in the ears
tóó gágà	hardheadedness
tóó dɔ	listen
tóó pɛ́	to ask one to listen

EXERCISE B

Read the following.

I tóó dɔ m mɔ̀.	You (singular) listen to me.
Kà ka tóó dɔ ko mɔ̀.	You (plural) should listen to us.
Èe tóó dɔ m mɔ̀.	Let him listen to me.
Òo tóó dɔ.	Let them listen.
Lɛ gè m tóó yí.	Look in my ear.
È lè gè m tóó yi.	Let him look in my ear.
I tóó gbo lɛ i tóó yí.	There is ear wax in your ears.
Ka tóó gbo lɛ ka tóó yí.	There is ear wax in your (plural) ears.
À tóó gbo lɛ à tóó yí.	There is ear wax in his/her ears.
O tóó gbo lɛ o tóó yí.	There is an ear wax in their ears.

EXERCISE C

Read the following sentences.

wɔ́ma	to hear
I wɔ́ dò ma?	Did you hear anything?
I wɔ́ làŋ dò ma?	Did you hear some news?
Gbào, m̀ḿ gbaa wɔ́ làŋ do ma.	No, I didn't hear any news.
Wɔ́ làŋ lèɛ́ bìì.	News does not hide.
kpee	a bell
wée	sound/ noise/ talk/ chirp
Ḿm̀ kpee wée ma.	I hear a bell ringing.
Kpéa lɛ́ɛ wèè mɛ́?	Where is the bell sounding from?
Kpéa lɛ́ɛ wèè Wálà kà là.	The bell is ringing at the church.

TEACH YOURSELF THE MANN LANGUAGE

Exercise C

Read the following sentences.

Kpéa lɛ́ɛ wèè kii kà là.	The bell is ringing at the school.
Ḿm̀ mɔ̀ɔ̀ wée ma yílí wíí.	I am hearing birds chirping in the tree.
Ḿm̀ tòkólózɛ̃̄ɛ̃̄ wée ma sùu yi.	I hearing crickets chirping in the grass.
Íì níã̄níã̄ wéea má?	Do you (singular) hear the mosquitos whining?
Íì wèí télɛ́ vìa má?	Are you hearing the monkeys chattering?
Káa bíé à máá dɔ wèa má?	Are you hearing the elephants trumpeting?
Íì tɔ̀ɔ̀ gɔ́ɔ́ kɔkɛ́ɛ ɓo wéa má?	Are you hearing the rooster crowing?
Gbáã́ lɛ yã̄ã̄ pìà.	The dog is growling.
Dìì lɛ́ɛ mùúu sì.	Cow sounds mow.
Ɓáá lɛ́ɛ wèè mèɛ́ɛ.	Sheep bleats baaaa.

Exercise D

Read the following sentences.

M tóó nɛ́ lɛ nyɔ́ɔ̀.	My inner ear is painful.
Ko tóó nɛ́ lɛ nyɔ́ɔ̀.	Our inner ear is painful.
I tóó nɛ́ lɛ nyɔ́ɔ̀.	Your (singular) inner ear is painful.
Ka tóó nɛ́ lɛ nyɔ́ɔ̀.	Your (plural) inner ear is painful.
Tóó pòmà gbè m tóó yí.	Drop an ear drop in my ears.
M̀ dà tóó mɔ̀ pèɛ dà m tóó yí.	Put my earrings in my ears.

Exercise D

Read the following sentences.

À dà tóó mɔ̀ pɛ̀ɛ dà à tóó yí.	Put the earrings in her ears.
Là dà tóó mɔ̀ pɛ̀ɛ dà à tóó yí.	Put the earrings in her ears.
Wà dà tóó yí pɛ̀ɛ dà o tóó yí.	Put their earrings in their ears.
I tóó zɔ̏ ḿ gè.	Let me see your ears.
I tóó taà lɛ́?	Are you deaf?
Tóó taa wá sè.	Deafness is not good.
I tóó lɛ̀ɛ wɔ́ ma.	Your ears don't hear.
À tóó lɛ̀ɛ́ wɔ́ ma.	Her/his ears don't hear.
O tóó lɛ̀ɛ́ wɔ́ ma.	Their ears don't hear.

Lesson Sixty-Two: The Hands

Kɔ, the hand, does not only refer to the human hands. The branch of a tree is called a hand (yílí kɔ). The smaller branches attached to the main branch are also called the fingers (yílí kɔ wḗnḗ). Also, an armpit rash is called sɔ́ɔ́ (teeth).

Another jargon about shaking the hands (wéà kɛ) is "Let us throw it (kɔ dùò)." This means that your hand will not touch the other person's hand because both of you are either far away from each other, or something is wrong with one person's right hand. So, you throw a hand by raising the right hand and showing it to the person you are supposed to shake hand with (wéà kɛ). He too does the same towards you.

We demonstrate warm welcome and closeness by hugging (káá o kée mɔ), shaking the right (wéà kɛ), and snapping the fingers (kɔ wḗnḗ è wéé). We snap the tumb (kɔ wḗnḗ gɔ̃) and the middle finger (kɔ wḗnḗ zòízè). The literal meaning of kɔ wḗnḗ gɔ̃ is the "male finger." The index finger is called the licking (paa) finger (kɔ wḗnḗ ɓòo paa). It is used to lick (paa) soup (ɓòo) and any lickable stuff.

As mentioned earlier in this book, the general name for oil is nyɔ́nɔ́. So, liquid that looks like oil or grease is called nyɔ́nɔ́, but you have to tell some distinction. Honey is called bee oil (zɔ́ɔ́ nyɔ́nɔ́).

EXERCISE A

Learn these words.

kɔ̀	a hand
kɔ̀ kpɛ́ɛ	an ancle
kɔ̀ wɛ́nɛ́	fingers
kɔ̀ wɛ́nɛ́ gɔ̃	the tumb (male finger)
kɔ̀ wɛ́nɛ́ ɓòo paa	the pointer or the index or the licking finger
ɓòo	soup
paa	to lick
ɓòo paa	to lick soup
zɔ́ɔ́ nyɔ́nɔ́	bee honey
zɔ́ɔ́ nyɔ́nɔ́ paa	lick bee honey
kɔ̀ wɛ́nɛ́ zòízè	the middle finger
ɓɔ́ɔ́ kɔ̀ wɛ́nɛ́	the ring finger
kɔ̀ wɛ́nɛ́ péétí	the smallest finger
kɔ̀ yiè	right hand
kɔ̀ gbiè	left hand
wéà kɛ	to shake hand
Kɔ̀ wéà kɛ.	Let us shake hand.
Ko kɔ̀ wɛ́nɛ́ è wéé.	Let us snap fingers.
Kɔ̀ wéàa dùò.	Let us throw the handshaking.
sùe	nails
kɔ̀ wɛ́nɛ́ sùe	fingernails
póó	an arm
póó-páá	a stretched arm

Exercise A

Learn these words.

m gbã	my arm
m gbã wì	under my armpit
sɔ́ɔ̃́	armpit rash
gbétélé	finger abscess
kɔ̀ kpo	a fist
kɔ̀ soŋ	an elbow
kɔ̀ soŋ yé sɛ́ŋ	to nudge with an elbow
kèlèɛ	the palm

Exercise B

Read the following sentences.

Kɔ̀ wéa kɛ.	Let us shake hands.
Kɔ̀ dùò; m kɔ̀ lɛ nyɔ́ɔ̀ɔ.	Let's throw it; my hand is hurting.
I yùá?	Welcome?
M̀m̀ i yùá.	Yes, you are welcome.
Mɛ́ è i kɔ̀ kè?	What happened to your hand?
Gbétélé lɛ m kɔ̀ wɛ́nɛ́ yi.	My finger has an abscess.
Íì go mɛ́?	Where are you coming from?
M gó Dùkɔ́.	I am coming from Monrovia.
Ka gó mɛ́?	Where are you (plural) coming from?
Ko gó Dùkɔ́.	We are coming from Monrovia.

Exercise C

Read the following sentences.

Zɔ́ɔ́ nyɔ́nɔ́ɔ paa.	Lick the honey (bee oil).
Ɓɔ̀ nyɔ́nɔ́ɔ paa.	Lick the pork greese.
I kɔ̀ paa.	Lick your hand.
I kɔ̀ wɛ́nɛ́ paa.	Lick your finger.
I kɔ̀ wɛ́nɛ́ lɛ gbèĩ-gbèĩ.	Your fingers are long.
I kɔ̀ wɛ́nɛ́ lɛ kpṹṹ-kpṹṹ.	Your fingers are short.
Íi kɔ̀ soŋ yɛ m nyìɛ.	You hit my eye with your elbow.
Ɓáá i kɔ̀ soŋ yɛ́ m sɔ́ɔ́ mɔ̀.	Don' hit my teeth with your elbow.
Ɓáá i kɔ̀ soŋ yɛ́ m sɛ́ŋ.	Don't nudge my side with your elbow.
Ɓáá i kɔ̀ soŋ yɛ́ m dĩ̀ɛ.	Don't nudge my back with your elbow.
M yéísí lɛ̀ ee kɔ̀ yɛ́ m sɛ́ŋ a ka.	I laughed when he nudged my side.
Ɓáá i kɔ̀ soŋ yɛ́ m kpɛɛ mɔ̀.	Don't hit my neck with your elbow.
Néfúa kɔ̀ lɛ e lèe gbãĩ.	The child's hands are under the mom's armpits.
M gbã́ĩ gè nɔ́.	Look at my armpit.
Sɔ́ɔ́ dɔɔ̀ lɛ m gbã́ĩ.	There is an armpit rash under my armpit.

Lesson Sixty-Three: Bitterness and Pain

WORDS STUDY

The word nyɔ́ɔ̀ɔ has several meanings. It means too much, bitterness, and pain. The word mi means a person, human being, to drink or to suck.

EXERCISE A

Read the following examples.

M kɔ̀ lɛ nyɔ́ɔ̀ɔ.	My hands are painful.
Ɓòoa lɛ nyɔ́ɔ̀ɔ.	The soup is bitter.
Nyìɛɛ lɛ nyɔ́ɔ̀ɔ.	The medicine/herb is bitter.
Nyìɛ yíía lɛ nyɔ́ɔ̀ɔ.	The liquid medicine is bitter.
Nyìɛ wéléɛ lɛ nyɔ́ɔ̀ɔ.	The pills are bitter.
Lɛ sɛ̀ nyɔ́ɔ̀ɔ.	It is very good.
Láa lɔkɛ̀ à ká nyɔ́ɔ̀ɔ.	He loves her very much.
Ḿ m̀ lɔkɛ̀ à ká nyɔ́ɔ̀ɔ.	I love him/her very much.
Kóò à lɔkɛ̀ à ká nyɔ́ɔ̀ɔ.	We love him/her very much.
Ɓáa lɔkɛ̀ à ká nyɔ́ɔ̀ɔ.	You love him/her very much.
Ḿm̀ lɔkɛ̀ i ká nyɔ́ɔ̀ɔ.	I love you very much.
Kóò lɔkɛ̀ i ká nyɔ́ɔ̀ɔ.	We love you very much.

Exercise A

Read the following examples.

Ɓáa lɔ̀kè i dìè ká nyɔ́ɔ̀ɔ.	You love yourself too much.
Láà lɔ̀kè i ká nyɔ́ɔ̀ɔ.	He/she loves you very much.

Exercise B

Read the following.

Ɓáà gèe mɛɛ?	What are you saying?
Ɓáà pe mɛɛ?	What are you saying?
Ɓáà pe m lèɛ mɛ?	What are you telling me?
Láà lɔ̀kè i ká nyɔ́ɔ̀ɔ.	He/she loves you very much.
Àáe, ɓáà pe mɛ m lèɛ?	What, what are you telling me?
Dɔ́ŋkɔ́ lɛ́ ɓà yà m lèɛ?	Are you kidding me?
Ɓáà pe mɛ m lèɛ?	What are you telling me?
Míáa óò pe mɛ m lèɛ?	What are the people telling me?
Ka m sùo kɛ?	Did you call me?
Káa gèe mɛ?	What are you saying?
Láà gèe mɛɛ?	What does he/she say?
Láà lɔ̀kè m ká?	Does he/she love me?
Mɛ́?	Where?
Mɛ́ɛ zàá?	Where?
Deĩ?	Who?
Deĩ ka?	Who is that?
Láà lɔ̀kè deĩ ka?	Who does he/she love?
Láà lɔ̀kè m ká mɛ́?	Where does he/she love me?
Láà lɔ̀kè à ká mɛ́?	Where does he/she love him/her?

Exercise B

Read the following.

Làá lɔkɛ m ka.	He/she does not love me.
Làá lɔkɛ à ka.	He/she does not love him.
Làá lɔkɛ o ka.	He/she does not love them.

Exercise C

Translate these sentences in English.

Ɓáà lɔkɛ̀ Kèmá ká?

Ɓáà lɔkɛ̀ léa ká?

Ɓáà lɔkɛ̀ le nɛ̀ɛ ká?

Ɓáà lɔkɛ̀ gɔ̃́ɔ̃̀ ká?

Ɓáà lɔkɛ̀ gɔ̃ nɛ̀ɛ ká?

Káà lɔkɛ̀ Kèmá ká?

Káà lɔkɛ̀ Wéyɔ̀ ká?

Láà lɔkɛ̀ Dèɓé ká?

Láà lɔkɛ̀ deĩ̀ ká?

Láà lɔkɛ̀ mɛ́ɛ zàa?

Ɓáà gèe mɛ? Làá lɔkɛ m ka.

Káà gèe mɛ? Làá lɔkɛ ko ka.

Káà pe mɛ?   Làá lɔkɛ à ka.

Óò lɔkɛ̀ deĩ̀ ká?

Óò pe mɛ?

Láà pe mɛ m lɛ̀ɛ?

Lesson Sixty-Four: Counting Numbers

When counting numbers, after ten, some words are repeated by saying ten plus one, ten plus two, ten plus three, and so on. Observe eleven, twelve, thirteen, and so on.

EXERCISE A

Practice counting and numbering.

dòo	one
pèèlɛ	two
yààka	three
yììsɛ	four
sɔ́ɔ́lí	five
sáláádo	six
sáláápèèlɛ	seven
sálààka	eight
sélɛisɛ	nine
vṹ	ten
vṹdó-wélé-doó	eleven
vṹdó-wélé-pèèlɛ	twelve
vṹdó-wélé-yààka	thirteen

TEACH YOURSELF THE MANN LANGUAGE

Exercise A

Practice counting and numbering.

vṹdó-wɛ́lɛ́ yììsɛ	fourteen
vṹdó-wɛ́lɛ́-sɔ́ɔ́lí	fifteen
vṹdó-wɛ́lɛ́-sáláádo	sixteen
vṹdó-wɛ́lɛ́-sáláápèèlɛ	seventeen
vṹdó-wɛ́lɛ́-sálaka	eighteen
vṹdó-wɛ́lɛ́-sɛ́lɛisɛ	nineteen
vṹpèèlɛ	twenty
vṹpèèlɛ-wɛ́lɛ́-doó	twenty-one
vṹpèèlɛ-wɛ́lɛ́-pèèlɛ	twenty-two
vṹpèèlɛ-wɛ́lɛ́-yààka	twenty-three
vṹpèèlɛ-wɛ́lɛ́-yììsɛ	twenty-four
vṹpèèlɛ-wɛ́lɛ́-sɔ́ɔ́lí	twenty-five
vṹpèèlɛ-wɛ́lɛ́-sáláádo	twenty-six
vṹpèèlɛ-wɛ́lɛ́-sáláápèèlɛ	twenty-seven
vṹpèèlɛ-wɛ́lɛ́-sálààka	twenty-eight
vṹpèèlɛ-wɛ́lɛ́-sɛ́lɛisɛ	twenty-nine
vṹyààka	thirty
vṹyààka-wɛ́lɛ́-doó	thirty-one
vṹyààka-wɛ́lɛ́-pèèlɛ	thirty-two
vṹyààka-wɛ́lɛ́-yààka	thirty-three
vṹyààka-wɛ́lɛ́-yììsɛ	thirty-four
vṹyààka-wɛ́lɛ́-sáláádoó	thirty-six
vṹyààka-wɛ́lɛ́-sáláápèèlɛ	thirty-seven

Exercise A

Practice counting and numbering.

vũyààka-wélé-sálàka	thirty-eight
vũyààka-wélé-sélesɛ	thirty-nine
vũyììsɛ	forty
vũyíísɛ-wélé-doó	forty-one
vũyììsɛ-wélé-pèèlɛ	forty-two
vũyììsɛ-wélé-yààka	forty-three
vũyììsɛ-wélé-yììsɛ	forty-four
vũyììsɛ-wélé-sóólí	forty-five
vũyììsɛ-wélé-sáláádo	forty-six
vũyììsɛ-wélé-sálápèèlɛ	forty-seven
vũyììsɛ-wélé-sálàka	forty-eight
Vũyììsɛ-wélé-sélèisɛ	forty-nine
vũsóólí	fifty
vũsóólí-wélé-doó	fifty-one
vũsóólí-wélé-pèèlɛ	fifty-two
vũsóólí-wélé-yààka	fifty-three
vũsóólí-wélé-yììsɛ	fifty-four
vũsóólí-wélé-sóólí	fifty-five
vũsóólí-wélé-sáládo	fifty-six
vũsóólí-wélé-sálápèèlɛ	fifty-seven
vũsóólí-wélé-sálaka	fifty-eight
vũsóólí-wélé-sélèisɛ	fifty-nine
vũsáláádo	sixty

EXERCISE A

Practice counting and numbering.

vṹsáláádo-wɛ́lɛ́-doó	sixty-one
vṹsáláádo-wɛ́lɛ́-pèèlɛ	sixty-two
vṹsáláádo-wɛ́lɛ́-yààka	sixty-three
vṹsáláádo-wɛ́lɛ́-yììsɛ	sixty-four
vṹsáláádo-wɛ́lɛ́-sɔ́ɔ́lí	sixty-five
vṹsáláádo-wɛ́lɛ́-sáláádo	sixty-six
vṹsáláádo-wɛ́lɛ́-sáláápèèlɛ	sixty-seven
vṹsáláádo-wɛ́lɛ́-sálàka	sixty-eight
vṹsáláádo-wɛ́lɛ́-yììsɛ	sixty-nine
vṹsáláápèèlɛ	seventy
vṹsáláápèèlɛ-wɛ́lɛ́-doó	seventy-one

NOTE:

This counting can continue even up to one hundred following the pattern indicated above. Eighty is vṹsálàka, ninety is vṹsɛ́lɛisɛ, and one hundred is wũ doó. One thousand is wáádoó, and one million is lɛ́ɛ́kɔ́í.

EXERCISE B

Read the following sentences.

Ḿm̀ nàà dálà vṹsɔ́ɔ́li ka.	I want fifty dollars.
Dèɓé, ì dálà vṹsɔ́ɔ́lí kèlè dɔ mɔ̀.	David, credit me fifty dollars.
M̀ dálà vṹsɔ́ɔ́lí e gíni.	My fifty dollars got lost.
Melé, ì dálà vṹdoó nɔ m lɛɛ.	Mary, give me ten dollars.
Ḿm̀ nàà dálà wáádoó ka.	I want one thousand dollars.
Ḿm̀ nàà mia wũ doó ka.	I want one hundred persons.

Exercise B

Read the following sentences.

Kà mia wũ doó suo kɛ.	Call one hundred persons.
M̀ tɔ̀ɔ̀ wũ doó-wélé-doó lɛ Sèé kèlè.	Saye has 101 chickens for me.
M̀ tɔ̀ɔ̀ wũ doó-wélé-pèèlɛ lɛ Sèé kèlè.	Saye has 102 chickens for me.
M̀ tɔ̀ɔ̀ wũ doó là vùdoó lɛ Sèé kèlè.	Saye has 110 chickens for me.
M̀ tɔ̀ɔ̀ wũ doó là vùdoó-wélé-sɔ́ɔ́li lɛ Sèé kèlè.	Saye has 115 chickens for me.
M̀ báá wũ pèèlɛ là vùpèèlɛ wélé-sɔ́ɔ́lí lɛ Sèé kèlè.	Saye has 225 sheep for me.
M̀ tòlòpè wáádoó lɛ Sèé kèlè.	Saye has 1000 cattles for me.
Tòlòpè wáásɔ́ɔ́lí, wũ sɔ́ɔ́lí là vùsɔ́ɔ́lí wélé-sɔ́ɔ́lí lɛ m kèlè.	I have 5,555 cattles.
Ḿm̀ nàà ḿ káà vùdoó lɔ.	I want to buy ten cars.
Ì káà pèèlɛ lɔ́ né líé.	Buy two cars first.
Ìí káà doó lɔ́ né líé?	Can't you buy one car first?
Sĩ́ã̀ã̀ŋkèlè e lèía lɛ léékɔ́á ka.	There are millions of stars in the sky.

Word Study

Lóní means to count or to read.

À lóní.	Count it.
O lóní.	Count them.
Sĩ́ã̀ã̀ŋkèlèa lóní.	Count the stars.
M̀m̀ bèí sĩ́ã̀ã̀ŋkèlèa lóníi.	I am not able to count the stars.

WORD STUDY

Lóní means to count or to read.

Pɛlèea lóní.	Count the money.
Míáa o lóní.	Count the people.
Kííа lóní.	Read the book.
O kííа lóní pìà.	They are reading the book.
Lɛ kii lóní pìà.	He is reading a book.
Lɛ kííа lóní pìà.	He is reading the book.

EXERCISE C

Translate the following into English.

Mm̀ naà tɔ̀ɔ yààka ka.

Mm̀ naà dìì yììsɛ ka.

Mm̀ naà ɓáá wũyààka ka.

Mm̀ naà ɓáá vũyààka ka.

Mm̀ naà mia sɔ́ɔ́li ka.

Kà mia vṹpèèlɛ sùo kɛ.

È mia vṹsɔ́ɔ́lí sùo kɛ.

Íì dálà wũsélɛ́ísɛ naa?

Íì dálà wũdoó là vṹpèèlɛ wɛ́lɛ́-pèèlɛ nàà?

Íì dálà wũdoó là vũ̀sáláápèèlɛ wɛ́lɛ́-sáláápèèlɛ nàà?

EXERCISE D

Translate the following into Mann.

Please give me ten dollars.

Please credit me twenty dollars.

Exercise D

Translate the following into Mann.

Please credit me six hundred dollars.

Please call twelve persons.

Call eighty-nine persons.

My five hundred dollars got lost.

I lost five hundred dollars.

I lost seventy dollars.

I need seventy dollars.

Lesson Sixty-Five: Blessing and Sacrifice

Among the Mann people, there are special occasions which require the family to make a sacrifice (sálàɓo), bless a person (yíísuo à mɔ̀) or wash a person (à dà yííbà), or bath a person (à zúlú).

For example, if a person is traveling to a strange land, a very far away place, the tradition dictates that the family washes the person and makes a sacrifice to the God of their ancestors for protection and guidance. This is done when the family gathers together, the elder takes some water in his mouth and sprays or spits it in the benefactor's hands, who in turn rub the water in his face.

The elder pronounces such blessings as follow:

Táá é li	May the journey be successful.
I wɛlɛ é félé.	May your face shine.
Lúa é kpɔ́ i mɔ̀.	May you have blessings.
I kɔ̀ lé é fóló.	May your hands be blessed.
Í wɔ́yie sɔ̀lɔ̀ ɓo.	May you receive good things.
I pé ɓà nààa sɔ̀lɔ̀ ɓo.	May you receive whatever you seek.
Ɓà yáá gágà é tó wèɛ́ ka.	May your strong sickness be cold.

These blessings can also be pronounced over those planning to attend the traditional bush schools.

When there is death in the family, especially the death of a wife or the death of a husband, the widow and her children have to be washed and shaved (o dà yíí bà) or bathe them (o zúlú).

This process requires that the widow or he (widower) gā̰ā̰, and the children be quarantined or confined in the house from public view for two or three days before they can be washed or bathed. The bathing is expected to wash away the bad luck from the family or turn the deceased's spirit away from the family.

During the ceremony, the traditional priest, the zóó, takes the widow or the widower and the children to the creek, a special place identified for such a ceremony for bathing. The zóó picks some herbs to bathe the family with it. She also prepares chalk (ɓɛlɛ) for the family to rub; and prepares a special soup or meal, herbal (kɔ́i) for them to eat. The kɔ́i is expected to cool or heal the heart.

The meal is prepared as a sacrifice (sálà). Sometimes one or more chickens are killed. When there is liquor, a libation is poured to the ground for the ancestors' spirits (mìà ni gɔ̀ɔ̀).

Also, during the bathing or washing the zóó calls on the deceased's spirit to go away from the children and the widow or the widower that they may have peace and good health. The priest says, "Ì gó lɛ́ɛ́ mèí o lɛ̀ɛ." (Get away from hiding behind the leaves for them). Shaving follows the bathing, indicating that the deceased no longer has power over the wife's hairs. The former hairs have been shaved.

Another activity that accompanies the washing is the three- or four day's feast which is intended to make the deceased go in peace or cross the river (à gā̰ vɔ yíí zì).

Exercise A

Let us learn new words.

Sála ɓo   to make sacrifice

Exercise A

Let us learn new words.

lúa	blessings
Lúa kpɔ́ à mɔ̀.	Bless him/her.
À dà yíbà	to wash a person
À zúlú	to bath a person
gã̀ã́	a widow or a widower
wèé	fresh cold
yélé táá	worries
wɔ́ yie	good things
zóó	a priest; a herbalist
gèè	spirit
Gèè gó léé mèí.	Spirit, go away from behind the leaves.
kpɔ́	to put
lúa kpɔ́	to put blessings

Exercise B

Read the following sentences.

Lúa kpɔ́ m mɔ̀.	Bless me.
Ɓà kpé lúa kpɔ́ m mɔ̀.	Please bless me.
Lúa kpɔ́ ko mɔ̀.	Bless us.
M zíé, ɓà kpé, lúa kpɔ́ m mɔ̀.	My uncle, please bless me.
Ɓà kpé lúa kpɔ́ ko mɔ̀.	Please bless us.
Ɓà kpé lúa kpɔ́ à mɔ̀.	Please bless him/her.
Ɓà kpé, lúa kpɔ́ o mɔ̀.	Please bless them.

Exercise B

Read the following sentences.

M màa ɓà kpé, lúa kpɔ́ m mɔ̀.	My grandmother, please bless me.
M dàa, ɓà kpé, lúa kpɔ́ ko mɔ̀.	My father, please bless us.
Ɓà kpé, yíí suo m mɔ̀.	Please bless me (by spraying water)
Ɓà kpé, yíí suo ko mɔ̀.	Please bless us (by spraying water).
Ɓà kpé, yíí suo à mɔ̀.	Please bless him/her (by spraying water).
Kà sálàɓo.	Make a sacrifice.
Kà sálàɓo m wɛ̃́ĩ.	Make a sacrifice for me.
Kà sálàɓo gɔ̀ɔ̀ɔ̀ vɔ̀ lɛ̀ɛ.	Make sacrifice to the spirits.
Kà sálàɓo ko mìà nì gɔ̀ɔ̀ vɔ̀ lɛ̀ɛ.	Make sacrifice to our ancestors' spirits.
Ko mìà nì gɔ̀ɔ̀ vɔ̀ tóó lɛ o là.	Our ancestors' spirits are listening.
M mìà nì gɔ̀ɔ̀ vɔ̀ tóó lɛ o là.	My ancestors' spirits are listening.
À mìà nì gɔ̀ɔ̀ vɔ̀ tóó lɛ tiá o là.	His ancestors' spirits are still listening.

Exercise C

Read the following.

Kà sènɛɓo m wɛ̃́ĩ.	Pray for me.
Kóná lɛ́ɛ e yélé tàà.	Kona worries.
Kà sènɛɓo Kóná wɛ̃́ĩ.	Pray for Kona.
Kóná, yékè íi yélé táá.	Kona do not worry.
Kóná, ɓáá i yélé táá.	Kona, you should not worry.

Exercise C

Read the following.

Kóná láa gèe kɔ́á sɛnɛɓo à wɛ̃́í.	Kona said that we should pray for him/her.
Kóná láa gèe kɔ́á sálàɓo à wɛ̃́i.	Kona said we should make a sacrifice for him.
Kà Kóná zúlú.	Bathe Kona.
Kà zóó sùo kɛ é à zúlú.	Call a priest to bathe him/her.
Kà kpé, kà sálàɓo m wɛ̃́ĩ.	Please make a sacrifice for me.
Kà sálàɓo tòlòpè ka.	Make the sacrifice with a cattle.
Kà sálàɓo tòlòpè búnùzè ká.	Make the sacrifice with several cattles.
Kà sálàɓo tɔ̀ɔ̀ yíísɛ ká.	Make the sacrifice with four chickens.
M dàa ɓà kpé lúa kpɔ́ m mɔ̀.	My father, please bless me.
Kà kpé, kà sálàɓo à wɛ̃́ĩ.	Please make a sacrifice for him/her.

Exercise D

Read the following questions.

Ɓáa lúa kpɔ́ m mɔ̀?	Have you (singular) blessed me?
Ɓáa lúàa kpɔ́ à mɔ́?	Have you (plural) offered him/her the blessings?
Ɓáa lúa kpɔ́ o mɔ̀?	Have you (singular) blessed them?
Ɓáa lúa kpɔ́ ko mɔ̀?	Have you (singular) blessed us?
Káa lúa kpɔ́ ko mɔ́?	Have you (plural) blessed us?
Ɓáa sálàɓo m wɛ̃́í?	Have you (singular) made sacrifice for me?

Exercise D

Read the following questions.

Ɓáa sálàɓo ko wɛ́í?	Have you (singular) made sacrifice for us?
Káa sálàɓo à wɛ́í?	Have you (plural) made a sacrifice for him?
Káa sálàɓo o wɛ́í?	Have you (plural) made a sacrifice for them?
Ɓáa sènɛɓo?	Have you (singular) prayed?
Ɓáa nyɛ sálàɓoò mɔ̀?	Have you (singular) finished making sacrifice?
Ɓáa nyɛ sálàa ɓoò mɔ̀?	Have you (sing.) finished making the sacrifice?
Ka sálàa ɓo mɛɛ ká?	What did you sacrifice with?
Ka sálàaɓo mɛɛ ká?	What did you make the sacrifice with?
Ka sálàaɓo tòlòpè wèɛɛ̀ ká?	How many cattles did you make the sacrifice with?
Ka sálàaɓo tɔ̀ɔ̀ wèɛɛ̀ ká?	How many chickens did you make the sacrifice with?

Exercise E

Read the following sentences.

Zóóa áà gã̀ã dùò kɛ́i.	The priest has quarantined the widow/widower.
Zóóa áà gã̀ã dà yíí bà.	The priest has washed the widow/widower.
E ɓɛlɛ táá gã̀ã là.	She rubbed chalk on the widow/widower.

Exercise E

Read the following sentences.

Zóóa áà kɔ́ì kpàà.	The priest has cooked herbs (soup).
Zóóa áà kɔ́ì kpàà gã̀ã̀ lèɛ.	The priest has cooked herbs (soup) for the widow.
Zóóa áà kɔ́ì súú gã̀ã̀ lèɛ.	The priest has cooked soup for the widow.
Zóóa áà gã̀ã̀ wũ káá.	The priest has shaved the widow/widower's hair.
Kà tɔ̀ɔ́ doó kpàà Zóóa lèɛ.	Cook one chicken for the priest.
Gèɛ̀ è gó lɛ́ɛ́ mèí.	Let the spirit depart behind the leaves.
Gèɛ̀ è gó ká mèí.	Let the spirit depart behind the house.
Gèɛ̀ è gó zi píé.	Let the spirit depart from the road.
Gèɛ̀ è gó bí tii bà.	Let the spirit depart from the darkness.
Mìa wɛlɛ líé è fɔ̀nɔ.	Let the people's future be bright.

Exercise F

Translate the following sentences into the Mann Language.

Please wash Kona.

Please wash Luogon.

Please bless Luolay.

Please make sacrifice for Luolay.

Has the priest bathed the widow/widower?

Has the priest cooked the herbs?

EXERCISE F

Translate the following sentences into the Mann Language.

My father, please bless me.

My grandmother, please bless me.

Kona, eat the herbal soup.

The priest will shave Kona's hair.

Lesson Sixty-Six: To train, carry, place, etc

Word Study

The allophone kpɔ́ has several meanings. It means to carry something, to train, to escort, to place or put something, and to add something.

Exercise A

Read the following.

Lo pɛlèea kpɔ́ɔ.	Carry the money.
Lo pɛlèea kpɔ́ɔ i dàa lèɛ.	Carry the money for your father.
Lo néfúa kpɔ́ɔ e lèe píé.	Carry or escort the child to his mother.
Lo m̀ pɔ́ɔ̀ɔ kpɔ́ɔ Yóópíé.	Carry my load to Yopea.
Lo nyìɛɛ kpɔ́ɔ m lèɛ.	Carry the medicine for me.
Lo m̀ pɔ́ɔ kpɔ́ɔ m na lèɛ.	Carry my load to my wife.
Lo m̀ fɔ́ɔ̀ɔ̃ kpɔ́ɔ m na lèɛ.	Carry my phone to my wife.
Lo m̀ sɔ́ɔ kpɔ́ɔ̀ kɛ́i.	Carry my clothes in the house.
Lo à nyéné-kéía kpɔ́ɔ kɛ́i.	Carry his watch in the house.
Lo wà léɓèlèa kpɔ́ɔ o lèɛ.	Carry their food to them.

EXERCISE A

Read the following.

Lo à fɔ̃́ɔ̃ kòlòa kpɔ́ɔ̀ kéi.　　　　Carry his old phone in the house.

EXERCISE B

Read the following sentences.

kpɔ́	put
táã̀	down
À kpɔ́ táã̀.	Put it down.
À kpɔ́ téɓèlè là.	Put it on a table.
À kpɔ́ téɓèlèa là.	Put it on the table.
À kpɔ́ gálá là.	Put it on the mat.
M tó kpɔ́ táã̀.	Put or write my name down.
Ko tó kpɔ́ táã̀.	Put or write our names down.
M̀ fɔ̃́ɔ̃́ kpɔ́ táã̀.	Put my phone down.
M̀ gùèĩ̀a kpɔ́ téɓèlè là.	Put my hair pin on the table.
M̀ séɓèɛ kpɔ́ téɓèlè là.	Put my mirror on the table.
Néfúa kpɔ́ nyɔ̃́ mɔ̀.	Put the child on the breast (breast fee the child).
I pɛlèea kpɔ́ mɛ́?	Where did you put the money?
I bààa kpɔ́ mɛ́?	Where did you put the shoe?
I m̀ ɓɔ́ɔ́ɔ kpɔ́ mɛ́?	Where did you put my ring?
I m̀ dà kpeí yɔ̀ɔ́ɔ kpɔ́ mɛ́?	Where did you put my chain?
I m̀ gbàláa kpɔ́ mɛ́?	Where did you put my hat?
I m̀ gbéséɛ kpɔ́ mɛ́?	Where did you put my toothbrush?
I gbésé nyɔ́nɔ́ɔ kpɔ́ mɛ́?	Where did you put the toothpaste?

EXERCISE C

Read the following sentences.

yékè	do not.
náá kpɔ́	to swear
Yékè í ko náá kpɔ́.	Do not place swear on us (do not swear us).
Yékè ká ko náá kpɔ́.	Do not swear us (plural).
Yékè é o náá kpɔ́.	He should not swear them.
I ko náá kpɔ́ mɛɛ wɛ́ĩ?	Why did you (singular) swear us?
I m náá kpɔ́ mɛɛ wɛ́ĩ?	Why did you (singular) swear me?
Ka ko náá kpɔ́ mɛɛ wɛ́ĩ?	Why did you (plural) swear us?
E ko náá kpɔ́ mɛɛ wɛ́ĩ?	Why did he swear us?
À wèĩ kpɔ́.	Sue him/her.
O wèĩ kpɔ́.	Sue them.
À kpɔ́ i wíí.	Put it on your head.
À kpɔ́ i gbáá là.	Put it on your lap.
À kpɔ́ i gbãã.	Put it on your shoulder.
À kpɔ́ i zò píé.	Put it in your heart.
Ma kpɔ́ i wíí.	I put it on your head.
Ma kpɔ́ sɛ́?	Did I put it good?
Gbào, à kpɔ́ m gbãã.	No, put it over my shoulder.

EXERCISE D

Read the following sentences.

Néfúa tɔ́ kpɔ́.	Name the child.
Pɛ́ e kéa tɔ́ kpɔ́ m lèɛ.	Name this thing for me.

Exercise D

Read the following sentences.

Néfúa kpɔ́.	Train the child.
Néfúa kpɔ́ é i wè ma.	Train the child to obey you.
Néfúa kpɔ́ zí ɓà nàà káa ká.	Train the child the way you want it to be.
Ii gbe kpɔ́ sè.	You (singular) trained your son well.
Ka ka lú kpɔ́ sè.	You (plural) trained your daughter well.
Kàá gbaa nɛ́ɛ kpɔ́ sè.	You (plural) did not train the child well.
À sìeè lɛ.	He/she is spoiled.
I néfúa tòlò; kɛɛ ìí gbaa à kpɔ́.	You raised the child, but you did not train him.
Ìí gbaa à kpɔ́ sè.	You did not train him well.

Exercise E

Read the following.

Lɛ́ɛ kằã ɓo.	He steals.
Lɛ́ɛ tɔ́í ɓo.	He curses.
Lɛ́ɛ náá kpɔ́ kè.	He swears.
Lɛ́ɛ e sɔ̀ɔ̀ si mia ká.	He hisses his teeth at people.
L ɛ́ɛ e nyèìzɛ.	He plays baby.
Lèɛ e léɓèlè yɔɔ.	He eats greedily.
Lɛ́ɛ e léɓèlè lè ɓɔ̀ lɛ́ɛ e léɓèlè.	He eats like a hog eating.
Lèé mi ɓáa sí.	He does not respect anybody.
À là lilì kű̀ù lɛ.	He is dirty.

Exercise E

Read the following.

À wɛlɛ pélè lɛ.	He is frisky.
Léɛ kéíkè.	He is mean (refuses to work).
Lè wằnànɔ́ɔzè.	He is rude.

Exercise F

Read the following sentences.

À là kpɔ́.	Add to it.
M̀ pɛlèea dò là kpɔ́.	Add some money to mine.
M̀ yíía dò là kpɔ́.	Add some water to mine.
M̀ bèlèɛ dò là kpɔ́.	Add some trousers to mine.
M̀ wììa dò là kpɔ́.	Add some meat to mine.
M̀ ɓòoa dò là kpɔ́.	Add some soup to mine.
À ɓòoa dò là kpɔ́.	Add some soup to his.
Pɛlèe ɓa yígìlìa dò là kpɔ́.	Add to the money you divided.
Wà zɔ́ɔ́ nyɔ́nɔ́ dò là kpɔ́.	Add some honey to theirs.
À zɔ́ɔ́ nyɔ́nɔ́ dò là kpɔ́.	Add some honey to his.

Lesson Sixty-Seven: The Counties in Liberia

Kã́ŋtè vɔ̀ wà sélé gbùò-gbùò vɔ̀ lé o Làbía o tɔ́ gè e ke.

Kã́ŋtè yíísɛ bèĩ zèɛ tɔ́ lé Mɔ́sɔ̀wálálò, Gbɔ̃́ɔ̃̀, Sã́nò, Kémɔ̀, wà Melélêì.

The first four counties are Montserrado, Bassa, Sinoe, Cape Mount, and Maryland.

Exercise A

Names (o tɔ́)	Capitals (wà sélé tɔ́)
Mɔ́sɔ̀wálálò Kã́ŋtè (Montserrado County)	Béítɔ́ɔ (Bentol)
Gbɔ̃́ɔ̃̀ Kã́ŋtè (Grand Bassa County)	Gbɛkɔ (Buchana)
Kémɔ́ Kã́ŋtè (Grand Cape Mount County.)	Walaɓápóo (Robertsport)
Sã́nó Kã́ŋtè (Sinoe County)	Gìnívée (Greenville)
Melélêì Kã́ŋtè (Maryland County)	Kèpámɔ̀ (Cape Palmas)
Níɓá Kã́ŋtè (Nimba County)	Sẽ́ŋgbèí (Sanniquellie)
Bɔ́ŋ Kã́ŋtè (Bong County)	Gbằkã́ (Gbarnga)
Lófá Kã́ŋtè (Lofa County)	Vɔ́yã́mà (Voijama)
Máágìɓi Kã́ŋtè (Margibi County)	Kákàpà (Kakata)

TEACH YOURSELF THE MANN LANGUAGE

EXERCISE A

Names (o tɔ́)	Capitals (wà sélé tɔ́)
Gǎná Zilɛ Kǎŋtè (Grand Gedeh County)	Zɔ́édùlù (Zwedru)
Wèlèɓɔgíí Kǎŋtè (River Gee County)	Kpǎǎpà (Fish Town)
Gbàpólú Kǎŋtè (Gbapolu County)	Ɓópólu (Bopolu)
Gǎná Kúlú Kǎŋtè (Grand Kru Coounty)	Bákélévée (Barclayville)
Bɔ̌mí Kǎŋtè (Bomi County)	Tɔ́mébɔ̀ (Tubmanburg)
Wéléɓɔ́séè̀ Kǎŋtè (River Cess County)	Sésɔ̀ Sétè (Cesstos City)

WORD STUDY

The allophone, pa, has several meanings. It means town, home, or place of birth.

EXERCISE B

Let us use some names in sentences.

M ló pìà Kɔ́ípà.	I am going to Quoi Town.
M gó pìà Kɔ́ípà.	I am coming from Quoi Town.
I gó Dolopa?	Are you coming from Dolo Town?
Gbào, m gó Gbáapà.	No, I am coming from Gbapa (Gba Town).
M pà lɛ́ Dòŋpà ka.	Donpa (Don Town) is my home.
O m ye Yìképà.	I was born in Yeké Town (Yeke-pa).
O m ye Sèépà.	I was born in Saye Town.

Word Study

The allophone, pa, has several meanings. It means town, home, or place of birth.

Exercise B

Let us use some names in sentences.

Kɔű lɛ ló pìà e pà.	Kou is going home.
Zósè lɛ ló pìà e pà.	Joseph is going home.
Zósè áa ló Gààpà/Gɔ́ɔ́pà.	Joseph has gone to Ganta/Gonpa.
M gó Dùkɔ́.	I am coming from Monrovia.
M na e gó Gbɛkɔ.	My wife came from Buchana.
Melé léɛ lo kii kèì Sɛ̋ŋgbèí.	Mary goes to school in Sanniquellie.
Zɔ̋ɔ́ léɛ lo kii kèì Fólóŋpà.	John goes to school in Flumpa (Flum Town).

Exercise C

Read these questions and answers.

Íi yɛɓo kè mɛ́?	Where are you working?
Ḿm̀ yɛɓo kè Kèpámɔ̀.	I am working in Cape Palmas.
Íì yéɓo kè mɛ́?	Where are you working?
Ḿm̀ yéɓo kè Zɔ̀édùlù.	I am working in Zwedru.
I gbe áa ló mɛ́?	Where has your son gone?
M gbe lɛ Vɔ́yã́mà.	My son is in Voijama.
I máá sɔ́ɔ ló mɛ́?	Where did you buy the country cloth?
M máá sɔ́ɔ ló Vɔ́yã́mà.	I bought the country cloth in Voijama.

Exercise C

Read these questions and answers.

I dằmàa ló mɛ́?	Where did you buy the fángà (drum)?
M dằmàa ló Gbằká.	I bought the fanga in Gbarnga.
Kpằá́ sɔ̃ɔ́ lɛ sè Kémɔ̀.	Fishes are sold at good price in Cape Mount.
Mia óò kpằá́ zɛ̀ Kémɔ̀ kpằnazè.	People kill lot of fish in Cape Mount.
Mìà óò kpằá́ zɛ Gbɛkɔ nó kíli.	People kill fish in Buchana likewise.
Fằtĩ́ĩ mìà óò kpằá́ zɛ Gbɛkɔ kpằnazè.	Fanti people kill fish in Buchana very much.
Ɓáa ló do Sắnɔ̀?	Have you ever been to Sinoe?
Gbào, ḿm̀ lo lóò yi kɛ̀ɛ yi.	No, I will go there this year.
Ɓáa ló do Ɓópólu?	Have you ever been to Bopolu?
M̀m̀. Ḿm̀ yɛɓo kè Ɓópólu.	Yes. I work in Bopolu.
Mɛ́ i na e ló à kɛ́ɛ Kákàpà?	What did your wife go to do in Kakata?
E ló ɓɔɔ̀ e mìà nì píé.	She went to visit her parents.
I na lɛ́ɛ go Kákàpá?	Does your wife come from Kakata?
M̀M̀, wa ye Kákàpà.	Yes, she was born in Kakata.
À ɓɛ́ĩ ye mìà búnùzè o yí?	Does she have many family members there?
M̀m̀, à mìà nì búnùzè o Kákàpà.	Yes, many of her families are in Kakata.

Exercise D

Some names of towns in Nimba County.

Pélɛ wɛ̀ɛɛ̀ lɛ́ ɓà dɔ Níbá Ka̋ŋte?	How many towns do you know in Nimba County?
M̋m̋ búnuzɛ̀ dɔ.	I know several of them.
O lóni kó gɛ̀.	Name them let us see.

Kpèí, Búnàdí, Téayí, Zao, Ɓénékpàlalà, Dúo, Tɔ̀wíí, Ɓɔ̀lɔ̀wi, Yèkèí, Bã̀ãlà, Goola, Yía, Kɔ́ípà, Leiŋtɔ̀í, Gòóuŋlà, Ɓɛ̀ɛ́mɔ̀, Gbòa-gbálasɔ́nɔ́, Gbòa-géwi, Sèikéípà, Zòlowi, Gbáapà, Yìképà, Gaapà, Sègélepíé, Gbã̀ã́kɔ̀yí, Dùéeyí, Gaàwɔ́pà, Mɛ̀ɛlà, Kɔ̀idí, Fílídí-Dóŋpa, Gèlèyí, Gã̀ãwì, Kàayí, Vóípà, Yaàsɔ́nɔ́, Séŋsɔ́nɔ́, Fólóŋpà, Gba̋ŋ, Ka̋ãwi, Gipo, Bùúzìí, Zuluyí, Tunukpuyí, Lóóyí.

À zúo, fî o tɔ́ dɔ búnuzɛ̀.	Thank you. You know many of their names.

Lesson Sixty-Eight: Parts of the Tree

Exercise A

Learn the parts of the tree in the Mann Language.

yílí	a tree or a stick
yílí gã́ná	roots/ tree trunks
yílí kɔ̀	tree branch
yílí gbã̀ã.	The intersection between the branch and the tree.
yílí kɔ̀ wɛ̃́nɛ̃́	tree fingers (small branches)
yílí kpàla	a log
yílí lɛ́ɛ́	leaves
yílí bíí	flowers
yílí kèlè	tree barks
yílí ɓɛɛ	nuts and fruits
yílí yíí	tree sap
yílí wɛ́lɛ́	tree seeds
yílí kpu	a tree trump
yílí kpuú	a short stick
yílí kpáa	dried wood

Exercise A

Learn the parts of the tree in the Mann Language.

yílí géné	thongs
yílí féefé	a switch
yílí yúé	tree ashes
yílí gbùò	a big tree
yílí túè	a coal
yílí nyɔ̀nɔ́	a small tree
yílí ká̃	cut sticks/ trees
Yílí kɔ̀ ká̃.	Cut tree branches.
sùu	grass/weeds
bèlèwélé	a vine
nyìɛ lɛ́ɛ́	herb leaves
nyìɛ kèlè	a herb bark
bòo lɛ́ɛ́	greens/ leaves
Bòo lɛ́ɛ́ kpàà.	Cook greens.
gbãã	a thick bush

Exercise B

Read the following sentences.

Yílía lɛ gbèkèni.	The tree is tall.
Yílía lɛ kpuú.	The stick or the tree is short.
Yílía géné lɛ à mɔ̀.	The tree has thongs.
Yílía lɛ nyìɛ ka.	The tree is an herb.
Yĺía lɛ e bíí pìà.	The tree is flowering.
Yílí lɛ́ɛ́ kɛ mì.	An herbalist.

Exercise B

Read the following sentences.

Nyìè kɛ mì.	A person who makes medicine.
Kà yílía vɔ é gó péleɛ là.	Fell the tree let it move over the town.
Yílía áa pèlè.	The tree has fallen.
Yílía e ɓùɛ.	The tree uprooted.
Yílía ɓùɛ.	Uproot the tree.
Yílía ká̃ kélé-kélé.	Cut the sticks into pieces.
Yílía e pèlè.	The tree fell.
Yílía e pèlè m ká kɔ̀ɛ.	The tree fell near me.
Yílía e pèlè ko ká kɔ̀ɛ.	The tree fell near us.
Yílía e pèlè i ká kɔ̀ɛ.	The tree fell near you (singular).
Yílía e pèlè ka ká kɔ̀ɛ.	The tree fell near you (plural).
Yílía e pèlè o ká kɔ̀ɛ.	The tree fell near them.
Yílía e pèlè gbèkèni.	The tree fell far off.

Exercise C

Read the following sentences.

Kà yílí kpàlaa péé.	Saw the log.
Ḿm̀ nàà yílí péé ka.	I want some planks.
Ḿm̀ nàà ḿm̀ káa toɓíé.	I want to roof the house.
Ḿm̀ nàà ḿ gàlàɓo yílí ka.	I want to build fence with sticks.
Kpóúa dà káa lé.	Hang the door.
M̀ kpóúa bèí m lèɛ.	Fix my door for me.
M̀ táŋká̃ã̀ kɛ yílí péé ka.	Make my chairs with these planks.

Exercise C

Read the following sentences.

M̀ kpìa kɛ yílí pɛ́ɛ̃ ká.	Make my bed with these planks.
Yílía kɔ̀ ká̃.	Cut the tree branch.
Yílí kɔ̀ɔ ká̃.	Cut this branch.
Yílí kɔ̀ɔ ɓo zuú.	Take the tree branch from the road.
Kɔ̀ía ká̃.	Cut the wood.
Kɔ̀ía péɛ.	Split the wood.
M̀ kɔ̀ía péɛ.	Split my wood.
Méía yí péɛ.	Explain the case.
Kɔ̀ía yèlè.	Tie the wood.
Kɔ̀ía yèlè ɓèlè ká.	Tie the wood with a rope.
Tíéa dà kɔ̀ía ká.	Make the fire with the wood.
Kɔ̀ía áà gélé.	The wood has burned.
Kɔ̀ía áà gélé féfé.	All the woods have burned.
À mè féefé ká.	Beat him with a switch.

Exercise D

Read the following sentences.

Yílía lɛ e bíí pìa.	The tree is flowering.
Yílí lɛ ɓa pìa.	The tree is bearing.
Yílía ɓɛɛ áà kɛ gbùò gbaa.	The fruits are getting big now.
Yílía wélé lɛ kélé-kélé.	The tree seeds are tiny.
Màyèŋ wélé lɛ kélé-kélé.	Bene seeds are tiny.
Zá̃ wélé lɛ kélé-kélé.	Okra seeds are tiny.

Exercise D

Read the following sentences.

Gɔ́ wélé lɛ gbùò-gbùò.	Kola nuts are big enough.
Wáá́ wélé lɛ gbùò-gbùò.	Palm kernels are big.
Yílí ɓéɛ dã́.	Taste the fruit.
Yílí ɓéɛ lɛ néí-nèì.	The fruit is sweet.
Yílí ɓéɛ lɛ kéí-kèì.	The fruit is sour.
Yílí ɓéɛ lɛ tɔ́ú-tɔ̀ù.	The fruit is tasteless.
Lɛ tɔ́útɔ̀ù lè yíí.	It is tasteless like water.
Yílí ɓéɛ áà tãã.	The fruit is ripe.
Yílí ɓéɛ lɛ nyɔ́ɔ̀.	The fruit is bitter.
Yílí ɓéɛ áà vúú.	The fruit is rotten.
Yílí ɓéɛ yí lɛ sìè pìèa.	The fruits are spoiling.
Ko gba yílí ɓéɛ dò ká.	Give us some of the fruits.
Yílí ɓéɛ yígìlì.	Share the fruits.

Lesson Sixty-Nine: Inheritance

The word gɔ̀nɔ̀ has two meanings. It means to inherit something or to snore. In the case of snoring, one has to attach sleep (yi) to indicate the difference. Another difference is that when pronouncing snoring, the stress signs can either go up (yi gɔ́nɔ́) or come down (yi gɔ̀nɔ̀) depending on the intonation and the intent. As for inheritance, the stress signs are always down (gɔ̀nɔ̀)

EXERCISE A

Read the Following Sentences.

kɛ̀lɛ̀	a hand
gɔ̀nɔ̀	an inheritance; snore
luú	a land
bɔ́ɔ́	a ring
káa	a car
ká	a house
I mìà-nì o gɔ̀nɔ̀ tó i kɛlɛ?	Did your parents leave an inheritance for you?
M̀m̀, o gɔ̀nɔ̀ tó m kɛ̀lɛ̀.	Yes, they left inheritance in my hand.
Mɛ́ wa tó i kɛ̀lɛ̀ gɔ̀nɔ̀ ka?	What did they leave as inheritance?

Exercise A

Read the Following Sentences.

O luú tó m kèlḛ̀.	They left a land in my hand.
O ká tó m kèlḛ̀.	They left a house in my hand.
M dàa là káa e tó m kèlḛ̀.	My father's car left in my hand.
M dàa là lóɓàa kɔ́í e tó m kèlḛ̀.	My father's rubber farm left in my hand.
Ɓɔ́ɔ́ e kéa lɛ gɔ̀nɔ̀ ka.	This ring is an inheritance.
Pɔ̀ɔ o kéa o gɔ̀nɔ̀ ka.	These things are inheritance.

Exercise B

Read the following sentences.

Ḿm̀ lo m yélé kɛèɛ̀ gɔ̀nɔ̀ɔ píé.	I will take care of the inheritance.
Gɔ̀nɔ̀ɔ kpɛ lé ɓà nàà à ka?	Which of the inheritance you like?
Gɔ̀nɔ̀ɔ séí lɛ sè.	All the inheritance are good.
Ḿm̀ nàà o séí ka.	I like all of them.
Ḿm̀ lɔ̀kè o séí ka.	I love all of them.
Kɛɛ ḿm̀ lɔ̀kè lúa wà káàa ká kpã̀nazè.	But I love the land and the car most.

Exercise C

Read the following sentences.

Íì yi gɔ̀nɔ̀ yɔ́ɔ̀ɔ.	You (singular) snore too much.
Káa yi gɔ̀nɔ̀ yɔ́ɔ̀ɔ.	You (plural) snore too much.
Kóo yí gɔ̀nɔ̀.	We do snore.
Lɛ́ɛ yi gɔ̀nɔ̀.	He/she does snore.
Óò yi gɔ̀nɔ̀.	They do snore.

Exercise C

Read the following sentences.

M yi gɔ́nɔ́ pìà.	I am snoring.
Ko yi gɔ́nɔ́ pìà.	We are snoring.
I yi gɔ́nɔ́ pìà.	You (singular) are snoring.
Ka yi gɔ́nɔ́ pìà.	You (plural) are snoring.
Lɛ yi gɔ́nɔ́ pìà.	He/she is snoring.
O yi gɔ́nɔ́ pìà.	They are snoring.

Exercise D

Read the following sentences.

I yi gɔ́nɔ́ pìà; wɔɔ i síá̋.	You are snoring; lie on the side.
Lɛ yi gɔ́nɔ́ pìà; è wɔɔ e síá̋.	He/she is snoring; let him/her lie on the side.
O yi gɔ́nɔ́ pìà; O wɔɔ o síá̋.	They are snoring; let them lie on the side.
Mɛ́ ɓà mɔ́ɔ yi gɔ́nɔ́ ɓo kílí?	Why are you (singular) snoring like that?
Mɛ́ kà mɔ́ɔ yi gɔ́nɔ́ ɓo kílí?	Why are you (plural) snoring like that?
Mɛ́ à mɔ́ɔ yi gɔ́nɔ́ ɓo kílí?	Why is he/she snoring like that?
Mɛ́ ò mɔ́ɔ yi gɔ́nɔ́ ɓo kílí?	Why are they snoring like that?
Lɛ́ɛ yi gɔ̀nɔ̀ lɛ̀ káa kòlò lɛ́ ɓe.	He snores like an old truck.
Îi yi gɔ̀nɔ̀ lɛ káa kòlò lɛ́ ɓe.	You can snore like an old truck.
Îi yi gɔ̀nɔ̀ lɛ Fàyàtùu káa kòlò lɛ́ ɓe.	You snore like an old Firestone truck.

Lesson Seventy: Learning Special Expressions

WORD STUDY

There are special expressions that are interesting. Sometimes we say, È ɓaa, or kéèe, meaning "I say…" We can also express surprise by using the expression, Óò nìénìí! Meaning "Wow!" But the actual expression is "Ó m lèe nìí," meaning, "Oh my mother." Also, the expression, ɛ̀ɛ́ɛ̃, means, "yes" or ɛ́ɛ́ɛ̃, means, "no." Another expression is I ɓéí ɓɔ́ɔ̀ɔ, meaning "as for you…." One expression that is attributed to God alone is Wálà sáálɛ̂ì, meaning, "by God's grace or by the help of God." E dìe bé le, meaning, "it passed so fast." E die mànà le, meaning the same as the one above. Ɓáá gbákpɔ́ m mɔ̀, meaning, "don't force a dog against me or don't force someone against me." Here are some special expressions which add some flavor to the usage of the language.

EXERCISE A

Read the following sentences.

Ɛ̀ɛ́ɛ̃	yes
Kɛ yo kílí.	It must be so.
Ɛ̀ɛ́ɛ̃, è kɛ yo kílí.	Yes, it must be so.
È ɓaa, Sèé áa le sí.	I say, Saye has married.

EXERCISE A

Read the following sentences.

Èɛ́ɛ̃, è kɛ yo kílí.	Yes, it must be so.
È ɓaa, Sèé lɛ Wálà mi ka.	I say, Saye is a Christian.
Èɛ́ɛ̃, è kɛ yo kílí.	Yes, it must be so.
È ɓaa, Sèé e Wálà kii dã.	I say, Saye learned the Bible.
Èɛ́ɛ̃, è kɛ yo kílí.	Yes, it must be so.
È ɓaa, Sèé áa Wálà kà gbùò dɔ.	I say, Saye has built a big church.
Èɛ́ɛ̃, è kɛ yo kílí.	Yes, it must be so.
È ɓaa,	I say….
È ɓaa, i na lɛ mɛ́?	I say, where is your wife?
M na áà ló ɓɔɔ̀ e pà.	My wife has gone to visit her home.
Èɛ́ɛ̃, è kɛ yo kílí.	Yes, it must be so.
È ɓaa, i dɛ lɛ mɛ́?	I say, where is your husband?
È ɓaa, i tɔ́ lɛ́ dei?	I say, what is your name?
È ɓaa, ka tɔ́ lɛ́ dei?	I say, what are your names?
È ɓaa, m̀ pɛlèèa lɛ mɛ́?	I say, where is my money?
È ɓaa, kóò lo lóò Dùkɔ́ mɛ́ɛ pɛ́?	I say, when are we going to Monrovia?
È ɓaa, mɛ́ ɓà ɓèlè?	I say, what do you eat?
È ɓaa, wɔ̃́ áá i wàa.	I say, don't get angry.
È ɓaa, wɔ̃́ áá ka wàa.	I say, you (plural) don't get vexed.
È ɓaa, i tóó dɔ m mɔ̀.	I say, listen to me.
È ɓaa, m tɔ́ɔ kpɔ́ tã́ã̀.	I say, leave me alone (put my name down).

TEACH YOURSELF THE MANN LANGUAGE

EXERCISE B

Read the following sentences.

Ḿm̀ gèe kéèe, ko ló pìà.	I say, we are going.
Ḿm̀ gèe kéèe, m nu pìà tòò.	I say, I am coming tomorrow.
Kéèe, mɛ́ ɓà nàà?	I say, what do you want?
Ḿm̀ nàà fɔ́ɔ̀ dɛɛ ka.	I want a new phone.
Ḿm̀ gèe kéèe, m̀ fɔ́ɔ̀ lɛ kòlò.	I say, my phone is old.
Kéèe, mɛ́ e i kèlɛ̀ɛ?	I say, what is that in your hand?
M̀ fɔ́ɔ̀ kòlòa lɛ.	It is my old phone.
Ḿm̀ gèe kéèe, m̀ fɔ́ɔ̀ɔ̀ áà kɛ kòlò.	I say, my phone has become old.
Kéèe, íi yɔ mí?	I say, do you drink liquor?
Ḿm̀ gèe kéèe, m̀ḿ yɔ mi.	I say, I don't drink liquor.
O bɛ̃̀ɛ̃́?	What about them?
Ḿm̀ gèe kéèe, kòó yɔ mi.	I say, we don't drink liquor.
Ḿm̀ gèe kéèe, òó yɔ mi.	I say, they don't drink liquor.
Ḿm̀ gèe kéèe, lɛ̀ɛ́ yɔ mi.	I say, he/she doesn't drink liquor.
Ḿm̀ gèe kéèe, kòlo wè.	I say, let us go now.
Ḿm̀ gèe kéèe, ma wá kéléĩŋ-kèlèĩŋ.	I say, I am not well.
Ḿm̀ gèe kéèe, ye wá kéléĩŋ-kèlèĩŋ.	I say, he/she is not well.
Ḿm̀ gèe kéèe, o wá kéléĩŋ-kèlèĩŋ.	I say, they are not well.

EXERCISE C

Read the following sentences.

Wálà sáálɛ̂ì.	By God's grace.
Tékélé-tèkèlè	anyhow/ by all means

Exercise C

Read the following sentences.

Wálà sááléí, ḿm̀ lo m fɔ́nɔ́ síi tòò.	By God's grace, I will take pay tomorrow.
Wálà sááléí, kóò lo ko fɔ́nɔ́ síi tòò.	By God's grace, we will take pay tomorrow.
Wálà sááléí, ḿm̀ lo kɛɛ kéléɨ̃ŋ-kèlèɨ̃ŋ.	By God's grace, I will get well.
Wálà sááléí, lɛ́ɛ̀ lo kɛɛ̀ kéléɨ̃ŋ-kèlèɨ̃ŋ.	By God's grace, he/she will get well.
Wálà sááléí, ḿm̀ lo yɛɓo sɔ̀lɔ̀ɓoò.	By God's grace, I will find a job.
Wálà sááléí, m̀ yɛɓoa líé lɛ́ɛ nyɛ tòò.	By God's grace, my work finishes tomorrow.
Wálà sááléí, ḿm̀ lo lóo táá mɔ̀.	By God's grace, I will travel.
Wálà sááléí, ḿm̀ lo lóo kū́íí pà.	By God's grace, I'll go to a western country.
Wálà sááléí, ḿm̀ lo lóo kèɛ̀ dɛɛ là.	By God's grace, I will go in the New Year.
Wálà sááléí, ḿm̀ lo lóo tékélé-tèkèlè.	By God's grace, I will go any how.
Wálà sááléí, ḿm̀ lo à kɛɛ̀ tékélé-tèkèlè.	By God's grace, I will do it anyhow.
Wálà sááléí, ḿm̀ lo káa lɔ́ɔ tékélé-tèkèlè.	By God's grace, I'll buy a car anyhow.
Wálà sááléí, lɛ́ɛ lo lúà kpɔ́ɔ m mɔ̀.	By His grace, He will bless me.
Wálà sááléí, m na lɛ́ɛ lo laà dɛɛ.	By God's grace, my wife will soon deliver.
Wálà sááléí, kóò lo gɔ̃̀nè yeè.	By God's grace, we will bear a boy child.

EXERCISE C

Read the following sentences.

Wálà sááléí, kóò lo lenè yeè.	By God's grace, we will bear a girl child.

EXERCISE D

Read the following sentences.

Óò nìénìí (o m lèe nìí)	Wow (o my mother)
à ɓéí ɓɔ́ɔ̀	as for him
fìa	better
fìa é die à ká m là	better than me
fíá	to be lazy
Lè fìa.	He/she/ it is better.
fɔ̀lɔ	to be persistent
fáá̋ wàà	to be persistent or to be strengthened
fíyẽ	to be tired
fíídɔ	to rest
Óò nìénìí, i fɔ̀lɔɔ̀ lɛ.	Wow, you are persistent.
Óò nìénìí, i fìa.	Wow, you are better.
Óò nìénìí, mé m yà à ká ɓe?	Wow, what am I sitting doing?
Óò nìénìí, i lèe lɛ Méléka?	Wow, is your mother in America?
Ḿm̀, m lèe lɛ Méléka.	Yes, my mother is in America.
Ɛ̃́ɛ́ɛ̃, ḿm̀ gèe nɔ́ kílí.	Yes, I thought so.
Óò nìénìí, i ɓéí ɓɔ́ɔ̀ i fìa.	Wow, as for you, you are better.
E pɛlèe vɔ m lèɛ dɛɛ ka.	She sent money for me recently.

EXERCISE D

Read the following sentences.

Óò nìénìí, i ɓéí ɓɔ́ɔ̀ɔ i fia.	Wow, as for you, you are better of.

EXERCISE E

Read the following Sentences.

Ɓà fɔ́ɔ̀ɔ lɛ fia é die à ká m̀ fɔ́ɔ̀ɔ là.	Your phone is better than my phone.
Kó ma i zíé píé?	What news from your uncle?
Wálà sááléí, áà kɛ ɓéí ɓo fia.	By God's grace, he is much better now.
À kɔ̀ áà kɛ fia gbaa.	His hand is better now.
À gbáá́ áà kɛ fia gbaa.	His leg is better now.
À gã̀ áà kɛ fia gbaa.	His foot is better now.
À póó áà kɛ fia gbaa.	His arm is better now.
À ɓéí ɓɔ́ɔ̀ɔ, à tɔ́ lɛ sè.	As for him, he has good name.
À yee à tɔ́ lɛ sè.	As for him, he has good name.
Kópà ɓéí ɓɔ́ɔ̀ɔ, à tɔ́ lɛ sè.	As for Cooper, he has good name.
Dằyáŋ ɓéí ɓɔ́ɔ̀ɔ, à wè lɛ sè.	As for Daniel, he has a beautiful voice.
Zɔ́ì ɓéí ɓɔ́ɔ̀ɔ, lɛ pélésè ka.	As for George, he is the president.
Zɔ́ì yee dɔ mi lé à ka.	As for George, he is chief/ rich.
Ɓi yee?	What about you (singular)?
Ka yee?	What about you (plural)?
O yee?	What about them?
Ma yee?	What about me?

Exercise E

Read the following Sentences.

Ma bẽ̀ẽ́?	What about me?
Zɔ́sì bẽ̀ẽ́?	What about Johnson?
Zɔ́sì yee?	What about Johnson?
Zósè yee?	What about Joseph?
Zósè yee?	What about Joseph?
Zósè bẽ́ẽ́ áà nyɛ kii mɔ́?	Has Joseph completed school?
À lúlɔ̀ yee?	What about his sister?
À lekè gɔ̃zè yee?	What about his younger brother?
À lìidìè gɔ̃zè yee?	What about his older brother?
I dàa bẽ̀ẽ́?	What about your father?
I dàa yee?	What about your father?
I màa bẽ̀ẽ́?	What about your grandmother?
I fɔlɔ́ɔ lɛ.	You are persistent.
Melé fɔlɔ́ɔ lɛ Wálà yɛɓo mɔ̀.	Mary is persistent with God's work.

Exercise F

Translate the following sentences into English.

Óò nìénìí, Zíí áà káa lɔ.

Óò nìénìí, Zósè áà nyɛ kii mɔ̀.

Óò nìénìí, à lúlɔ̀ áà nyɛ kii mɔ̀.

Óò nìénìí, Dằyắŋ áà ló Méléka.

E ɓaa, Dằyắŋ áà ló Méléka?

E ɓaa, Dèɓá áà ló Sẽ́ĩŋgbèí?

Exercise F

Translate the following sentences into English.

Ḿm̀ gèe kéèe, káa lo mɛ́ɛ zàa?

È ɓaa, káa lo mɛ́?

È ɓaa, óò lo mɛ́?

Kéèe, óò gèe mɛ́?

Kéèe i fíído

È baa, èe fíído.

Exercise G

Translate the following sentences into the Mann Languge.

Gono is lazy.

As for Gono, his father is rich.

As for Gono, his mother is in America.

As for Gono, he lives in Sanniquellie.

By God's grace, Gono goes to America tomorrow.

Gono is better than we.

What about Kema?

What about Emmanuel?

What about Sarah?

What about you?

What about her?

What about us?

What about our father?

What about the baby?

WORDS STUDY

The following special idiomatic expressions have some literal meanings which are best understood by the native speakers of the language. They may sound funny, but they have purpose and meanings. For example, when elders have sat for a long time investigating a case and the case is finished, they may say, Nu ko wèlè ko ko là. This literarlly means, "Come and lift us from our backs;" meaning that the person who had the case should offer some liquor or some money because they had been sitting for a long time on the case.

Another one is Nu m lé naa. This means "come and look for my mouth," which means "come and offer me."

Nu m lé gba means "come and offer my mouth," which means offer me. The offering mentioned above in the two statements means to provide kola nuts, or liquor or cook food for the person who is asking. Also, when you cook good food for a stranger or strangers, it is referred to as lé gba or lé naa (offer the mouth or look for the mouth).

Other expressions are, "Nu m gã̀ gbè zuú" or "nu m dɔ zuú." These mean, "come and put my feet on the road" or "come and stand me on the road," meaning to escort a person on the road. This expression can also be made when someone dies, and he or she is buried. After three or four days, depending on the gender, a feast of escort is made for the deceased. Óò à gã̀ gbè zi là (They can put his feet on the road.)

When a husband suspects that his wife is having an extramarital affair with another man and he wants her to confess, he tells her, "Nu à tɔ́ gèe," meaning "come and confess his name." The husband then tells the man to pay the damage, "M na kèlèɛ kpɔ́," or "nu à píé pè gó," meaning "lay my wife's hand down," or "come and pay for being with her." But if she refuses to confess, he brings a gbónó (a sassewood) to compel her to confess.

À píé pè gó also means to pay the dowry or bride price. As mentioned previously, in the case of paying the bride price, the person is not paying damage, but rather paying the cost of owning the woman. In Liberia, the cost of paying a damage is US $10.00 (Ten Dollars) and the cost of paying a bride price is US $40.00 plus many more items such as a cow, or cattle, cargos or household utensils, gowns for the men, lappas for the mothers, grandmothers and cousins and sisters, farming tools, mats, a gun for hunting and many more. Besides these, the husband is required to help the parents of the woman whenever they are working or in distress.

If the girl is underage, or she is still a virgin, the process of payment is called, dà. Example, Ko ló pìà le nè dàa (We are going to pay a dowry for a young girl).

If a woman was married and she divorces a man, it is called gɔ̃ tó (to leave the man). If any man, be it the father or another man refunding the money to the old husband, the process is called wéléɓo. If any man is marrying the woman or instigating her to leave her husband, he is required to pay the damage fee of US$10 before he pays the wéléɓo money, US$100.

When the dowry is paid, the woman goes to the man's home, "Yà gɔ̃a là" (she is gone to sit over the men). She does not go to yà gɔ̃a là empty handed. Her parents must settle her (wíí lúú). She goes to her married home with household items such as dishes, mortar, mats, pots, buckets, a fanner, food, and some cash if she is married for the first time (dà). If a man was responsible for her divorce, her resettlement can be optional because the man who marries her for the second time paid the money to the first husband.

In case the husband dies, the woman belongs to the man's family. His brother or his near kinsman takes care of her. When the husband dies, the woman's families come to find out who is the next husband. The question will be, "Kò dé ko tó" (Who and us remain? Or who will look after the woman?). If there is no one, the families carry their daughter back home. As she goes back home, her children may follow her. But if someone is identified, for example, if Dolo is identified as the new husband, his family will announce his name as "Kà Dòlò lɛ́ ka tóa (it is Dolo and you that remain)." Then Dolo pays some more bride price to the woman's families.

EXERCISE H

Read the following sentences.

Sèé wà e na o m lé naa.	Saye and his wife offered me.
Sèé wà e na o ko lé naa.	Saye and his wife offered us.
Sèé wà e na o à lé naa.	Saye and his wife offered him/her.
Sèé wà e na o o lé naa tɔ̀ɔ̀ ka.	Saye and his wife offered them a chicken.
Maà yà nyɔ́ɔ̀ m ko là.	I have sat too long on my back.
Kɔ́à yà nyɔ́ɔ̀ ko ko là.	We have sat too long on our backs.
Ì nu m wèlè̀ m ko la.	You (singular) come and offer me (in a case).
Kà nu m wèlè̀ m ko là.	You (plural) come and offer me (in a case).
Kà nu ko wèlè̀ ko ko là.	You (plural) come and offer us (in a case).
È nu m wèlè̀ m ko là.	Let him come and offer me (in a case).
È nu ko wèlè̀ ko ko là.	Let him come and offer us (in a case).
Ò nu ko wèlè̀ ko ko là.	Let them come and offer us (in a case).

EXERCISE I

Read the following sentences.

Kɔ̀ú, gɔ́ɔ̃ tɔ́ gèe.	Kou, confess the man's name.
Yèí, gɔ́ɔ̃ tɔ́ gèe.	Yei, confess the man's name.
À tɔ́ gèe yékè í gbónó sí.	Confess his name to avoid a sassewood.

Exercise I

Read the following sentences.

Gbónó lɛ́ɛ mi gèlè.	Sassewood burns people.
Gbónó lɛ́ɛ mi léà ɓo.	Sassewood disgraces a person.
Yèí e Kóná tɔ́ gèe.	Yei confessed Kona's name.
Kɔ̀ú e Gɔ̃anu tɔ́ gèe.	Kou confessed Guanu's name.
Gɔ̃anu, m náa kèlèɛ kpɔ́.	Guanu, pay the damage for my wife.
Kóná, m náa kèlè kpɔ́.	Kona, pay the damage for my wife.
Súaá, léa píé pè gó.	Suah, pay the dowry for the woman.
Dòlò, léa píé pè gó.	Dolo, pay the dowry for the woman.
Dòlògbĩ̀ã̀, ko lúa píé pè gó.	Dologbia, pay for our daughter's dowry.
Kɔ́íɓèà, kò nɛ́ɛ píé pè gó.	Koibia, pay the dowry for our child.
Le píé pè lɛ̀ɛ́ nyɛ.	Dowry payment cannot finish.
Yèí áà ló yàgɔ̃a là.	Yei has gone to her married home.
Kɔ̀ú áà ló yàgɔ̃a là.	Kou has gone to her married home.
Kɔ̀ú lɛ ló pìà yàgɔ̃à là.	Kou is going to her married home.
Kà Kɔ̀ú wíí lúú.	Settle Kou.
Léa áà nu yàgɔ̃a là.	The woman has come to her married home.

Exercise J

Read these other special expressions.

Báá m wée píé gɔ́.	Don't copy me.
Ḿm̀ gèe ɓáá m wée píé gɔ́.	I say don't copy me.
À wée lèé ni.	His voice can't be unrecognizable.
Ma ni.	I forgot/, I missed it.
M zò e ni.	My heart forgot (I forgot).
À zò e ni.	His heart forgot (He forgot).
Kɔ́ú zò lɛ́ɛ ni.	Kou's heart can forget (Kou forgets).
Kɔ́ú lɛ́ɛ ni.	Kou misses thought.
Kéélíé naa.	To attempt to do an impossible thing.

Lesson Seventy-One: Picking at a Person

Words study

If a six-year-old child wants to fight a 20-year-old man, it is called kéélíé naa. It is a form of picking at a person. But the general term for picking at a person is called wěí naa. If you want to carry a load which you are not even able to lift it up, it is called kéélíé naa.

Wɔ́ mi è tùò à lɛ̀ɛ, lɛ́ɛ ɓo à là.	What one can be afraid of can still face him.
Wɔ́ mi làa mínísía lɛ́ɛ ɓo à là.	What one doesn't think of can reach him.
Lɛ̀ Sèé lɛ yía, lɛ̀í-lɛ-gɔ́zɛ-pìà yi.	Where Saye is, the sky is killing a leopard. This means that Saye is enjoying there.

Gɔ́zɛ means to kill a leopard. When the sky looks like leopard skin, it is called lɛ̀í-lɛ-gɔ́zɛ pía.

Also, in lower Nimba County, including Gbéí, Yáawíí Mèsɔ́nɔ́, close to the Dan ethnic group, where the Dan language is spoken, the Mann spoken in that area is sometimes mixed with some Dan expressions. See the table in Lesson Twenty-Seven. They use "èéo" to mean no; they use "nàa," to mean ma; they use "míáa" when they are surprised. Sometimes they say "ɔɔɔ-míáa" to express surprise.

Mɔúa.	So true.

ɛ́ɛ́ɛ̀, mɔúa.	Yes, so true.
Óó-yoyoo, ó m gbɛ̀ yi wɛ̀.	O yes, I wish someone would put me there.
Míáa, ó m gbɛ̀ mɔú yi wɛ̀.	I wish they could put me there.
Yàá lɛɛ e kéélíé nàà Sèé mɔ̀.	Yah is picking at Saye (unable to fight Saye).
Yàá lɛ Sèé wɛ̌í naa pìà.	Yah is picking at Saye.

Exercise A

Read the following sentences.

Gónó áa gó yɔ mìì zéni.	Gono is coming from drinking liquor again.
Gónó lɛɛ e kéélíé nàà dɔ-mì mɔ.	Gono is picking at the chief.
Míáa, Gónó gó yi mɔú wɛ.	Wow, Gono, move from there.
Gónó gó yi wɛ.	Gono, move from there.
Gónó, gó yɔ mîi mɔ̀ wɛ.	Gono, stop drinking liquor.
Yɔ mîi lɛ̀ɛ́ i mékú neè.	Drinking does not suit you, my friend.
Gónó, i wɛ̀í naa kɛ pìà.	Gono, you are picking at someone.
Gónó, i wèèlé naa pìà.	Gono, you are causing problems.
Gónó, i mésà naa pìà.	Gono, you are looking for a case.
Gónó, ɓáá i kéélíe naa fèle.	Gono, don't pick at someone for nothing.

Exercise B

Read the following sentences.

Lè Kóná wà Yòũ o yía, léí-lɛ gɔ́zɛ pìà yi.	Where Kona and Youn are, the sky is killing a leopard (when the sky looks like a leopard skin).
Kóná wà Yòu oo dìe ɓèlɛyà pìà.	Kona and Youn are enjoying themselves.
Kóná lɛ bìnì pia lèí áà gbè.	Kona is jumping up and down.
Kóná lɛ géli kɛ pia.	Kona is playing.
Óó yoyo, ó m gbè yi wè.	Oh yes, I wish I were there.
Yòu lɛ lèyíe gè pia loonɔɔ̀.	Youn is seeing lot of good things today.
Óó yoyo, ó m nyìɛ kɛ lè à zì léɓe wè.	Oh yes, I wish my eyes were his.
Míáa, ó m gbè yi mɔú wè.	Wow, I wish someone could put me there.
Ḿm̀ yídɔ kéle lèí-lɛ-gɔ́zɛ pìà yi.	I know that the sky is killing leopard there.
Kpókpó le mɔúa.	So true.

Exercise C

Read the following sentences.

Wɔ́ɔ à míní wá m là.	I am not worried about this matter.
À míní wá m là.	It doesn't move me.
Gbào, wɔ́ à mínísìa wá i làa lɛ́ɛ ɓɔ i là.	No, what you don't expect can hurt you.
Wɔ́ e kéa, à mínísìa lɛ̀ɛ́ gbaa kɛ m là.	I was not expecting this case.

Exercise C

Read the following sentences.

Wɔ́ mi è tùò à lèɛ lɛ́ɛ ɓɔ i là.	What one is afraid of can reach him.
Ɛ́ɛ́ɛ̀, ḿḿ gèe nɔ́ kíli.	Yes, I have been saying it.
Ɛ́ɛ́ɛ̀, ma gèe nɔ́ kíli.	Yes, I said it.
Míáa, ma gèe mɔú oo.	Wow, I said it surely.
Ma gèe à gã̀ gbè pìà.	I said it from the beginning.
A gã̀ e gbè kpɛ?	How did it start?
Ma kèlekélé m ɓɛ́ɛ lèɛ.	I hinted my friend.
Ma kèlekélé m ɓɛ́ɛ lèɛ à gã̀ gbè pìà.	I hinted my friend at the beginning.

Exercise D

Explain or translate the following into the Mann Language.

Yes, Gono said it.

Yes, Mary said it.

Yes, we said it.

It doesn't move him.

It doesn't move them.

At the beginning, David said it.

Don't pick at David.

We are not worried about this issue.

So true.

How did it start?

New Words

Study these words and use them in sentences.

gíɓo	empty
bobílígbà dɔ	to somersault
bíníkuyí-dei-gbe	a genie
bíníku lèe	a genie
yãmayãmagúùgúù	a fearful monster
mɛnɛgàà	a dragon
víɓo	to shake
gɔɔɔpà-mi	a spirit
gɔɔɔpà-mìa	spirits
lólógbàgbà búnuzè	several butterflies
dúúgèè búnuzè	several fireflies
Lólógbàgbà lɛ́ɛ wèlè.	Butterflies fly.
Dúúgèɛ lɛ́ɛ wèlè.	Fireflies fly.
gɔɔɔpà mìa búnuzè	several spirits
Gèèpúlú	Holy Spirit
ɓóa	a grave
gbèíɓèlè	a rainbow
dúúgèè	a firefly
gèèyɔɔ	an evil spirit
migèè	a human spirit
miagèè	human spirits
ɓɔŋɓɔ́ŋ	a man's underwear long ago
ɓòkò	a lady's underwear long ago

Exercise: E

Read the following sentences.

Yãmayãma-gűȕgűȕ lɛ zía píé.	A fearful monster is on the road.
Yãmayãma-gűȕgűȕ lέɛ lúúa víɓo.	The monster shakes the bush.
Lúúa víɓo.	Shake the bush.
Ḿm̀ tùò yãmayãma-gűȕgűȕ lèɛ.	I am afraid of the monster.
Nɔ́ɔ̀ɓé óò tùò yãmayãma-gűȕgűȕ lèɛ.	Children are afraid of monsters.
Nɔ́ɔ̀ɓé óò tùò dìì lέɛ.	Children are afraid of cows.
Nɔ́ɔ̀ɓé kélékélé óò tùò bíí lèɛ.	Little children are afraid of shadows.
Ɓáa dìì nyã̂ã̀ãzè gè do?	Have you ever seen an aggressive cow?

Lesson Seventy-Two: Walking Backward

Word Study

When one is walking, going and he sees danger, he walks backward. This is called 6ɔ i ko ká (go backward), or 6ɔ i ko ká mɔ̀ɔle (go backward easily). Ko means your back and it also means we or us depending on how you raise your voice or lower it.

We can also say, M yé m zízàa, (I came back). Zízàa means back or behind. Zíàa and mèí (behind) can be used interchangeably.

Exercise A

Read the following sentences.

Lè m yíí paàa gèɛ, m 6ɔ m ko ká.	When I saw the flood, I came backward.
Lè m binikuyi-dei-gbe gèɛ, m 6ɔ m ko ká mɔ̀ɔle.	When I saw a geni, I came backward easily.
Lè ko binikuyi-dei-gbe gèɛ, ko 6ɔ ko ko ká mɔ̀ɔle.	When we saw the genie, we came backward easily.
Lè o binikuyi-dei-gbe gèɛ, o 6ɔ o ko ká mɔ̀ɔle.	When they saw a genie, they came backward easily.
Lè e pɛ gbínízè gèɛ, e yé e zí mɔ̀ɔle.	When he saw a fearful thing, he came backward easily.
Bíníkuyí-dei-gbe lɛ tɔ̀ɔ wíí.	There is a geni on the mountain.

EXERCISE A

Read the following sentences.

Lè o yãmayãma-gṹũgṹũ gèɛ, o yé o zí.	When they saw a monster, they came back.
Yãmayãma-gṹũgṹũ lɛ́ɛ mi mɛ́ tùò.	A monster can scare people.

EXERCISE B

Read the following.

M ko lɛ nyɔ́ɔ̀ɔ.	My back is painful.
M ko lɛ́ɛ m kɛ̀.	My back is hurting.
Ko ko lɛ́ɛ ko kɛ̀.	Our backs are hurting.
Ko ko lɛ nyɔ́ɔ̀ɔ.	Our backs are painful.
Ko ɓɔ ko ko ká mɔ̀ɔ̀le.	We came with our backs easily.
E ɓɔ e ko ká mɔ̀ɔ̀le.	He came backward easily.
M ɓɔ m ko ká mɔ̀ɔ̀le.	I came backward easily.
I ɓɔ i ko ká mɔ̀ɔ̀le.	You (singular) came backward easily.
Ka ɓɔ ka ko ká mɔ̀ɔ̀le.	You (plural) came backward easily.
O ɓɔ o ko ká mɔ̀ɔ̀le.	They came backward easily.

EXERCISE C

Read the following sentences.

Mɛ́ e kɛ lɛ́ ka yɛ́ ka zí?	Why did you come back?
Binikuyí-dei-gbea e kɛ mìnìmìnìzè.	The geni was fearful.
A nyìɛ lɛ́ɛ kɛ̀ lè tíé lɛ́ɓe.	His eyes were like fire.

Exercise C

Read the following sentences.

A nyìɛ e kɛ zóló lɛ tíé lɛ́ɓe.	His eyes were red like fire.
Lólógbàgbà ni o kɛ à tùluù.	Butterflies were on his head.
Dű́ű́gɛ̀ɛ̀ nì o kɛ à mɔ̀ nyɛ̀ì le.	There were fireflies on him.
Gbèíɓèlɛ̀ e nìɛ̀ à ka.	There was a rainbow around him.
Gɔ̀ɔ̀ɔ̀pà mìà ni o kɛ yàá à sɔ́ɔ̃́nɔ̀	Spirits were sitting with him.
Gɔ̀ɔ̀ɔ̀pà-mìà ziizii ni o kɛ yí.	Old, old spirits were there.
Gɔ̀ɔ̀ɔ̀pà-mìà kòlòkòlò ni o kɛ yi.	Old, old spirits were there.
À tóó ni o kɛ lɛ̀ gbĩ́ã́-lɛ́ɛ́ lɛ́ɓe.	His ears were like eddo leaves.
Kùnuù ni o kɛ yàá à tóó mɔ.	Owls were sitting on his ears.

Exercise D

Read the following sentences.

Mɛ̀nɛgã̀ã̀ e kɛ yi.	A dragon was there.
Mɛ̀nɛgã̀ã̀ lɛ yíía bà.	There is a dragon in the water.
Mɛ̀nɛgã̀ã̀ lɛ mía o kèlɛ̀.	The people have a dragon.
Ḿm̀ tùò mɛ̀nɛgã̀ã̀ lɛ̀ɛ.	I am afraid of a dragon.
Kóò tùò mɛ̀nɛgã̀ã̀ lɛ̀ɛ.	We are afraid of a dragon.
Lɛ́ɛ tùò mɛ̀nɛgã̀ã̀ lɛ̀ɛ.	He/she is afraid of a dragon.
Mɛ̀nɛgã̀ã̀ ni, gɔ̀ɔ̀ɔ̀pà-mi ni wá sè.	Dragons and spirits are not good.
Ḿm̀ tùò o sɛ́ĩ́ o lɛ̀ɛ.	I am afraid of all of them.
Kóò tùò o sɛ́ĩ́ o lɛ̀ɛ.	We are afraid of all of them.
Sɛ̀ɛɛ̀-mìà lɛ́ ò mɛ̀nɛgã̀ã̀ ni gèɛ.	It is the witch who sees dragons.
Gɔ́ɔ̃́ lɛ́ɛ sɛ̀ɛɛ̀ kɛ̀.	The man is a wizard.
Íi nɛ̀ kɛ̀. Sɛ̀ɛɛ̀ wá à kèlɛ̀.	You lie. He is not a wizard.

TEACH YOURSELF THE MANN LANGUAGE

EXERCISE E

Read the following sentences.

M ɓobílígbà dɔ pia.	I am somersaulting.
Ko ɓobílígbà dɔ pìà.	We are somersaulting.
I ɓobílígbà dɔ pìà.	You (singular) are somersaulting.
Ka ɓobílígbà dɔ pìà.	You (plural) are somersaulting.
Lɛ ɓobílígbà dɔ pìà.	He/she/it is somersaulting.
O ɓobílígbà dɔ pìà.	They are somersaulting.
Íi bèi ɓobílígbà dɔ́ɔ?	Are you able to somersault?

EXERCISE F

Read the following.

Gèèpúlú lɛ m yi.	The Holy Spirit is in me.
Gèèpúlú lɛ ko yi.	The Holy Spirit is in us.
Gèèpúlú lɛ Wálà-mìà yi.	The Holy Spirit is in God's people.
Gèèyɔɔ lɛ kpóűla.	There are evil spirits in the world.
Migèè lɛ káa wì.	There is a spirit in the house.
Miagèè lɛ káa wì.	Spirits are in the house.
Miagèè lɛ ɓóàa mɔ̀.	There are spirits at the grave.
M mìagèè gè yiɓà.	I saw spirits in my dream.
Dűűgèè lɛ zía píe.	There are fireflies on the road.
Dűűgèè lɛ́ɛ pa mia mɔ̀ zía píe.	Fireflies scare people on this road.
Ɓaà dűűgèè gè do?	Have you seen fireflies before?
Ɓáa migèè gè do?	Have you seen human spirits before?

Exercise G

Write the following into the Mann Language.

A monster is at the mountain.

A monster is in this bush.

The monster came to town.

The genie is on the road.

The genie shook the bush.

Her eyes were red.

I don't like fireflies.

I don't like butterflies.

John doesn't like butterflies.

Konah is not afraid of butterflies.

Exercise H

Write these sentences into English.

Ì kɔ víɓo.

Kà ka kɔ víɓo.

Kpòòa víɓo ɓá gíɓo.

Kpòòa víɓo ɓá léɓo.

Ȉi yãmayãma-gúȕgúȕ dɔ?

Ȉi bèi ɓòbílígbà dɔ́ɔ?

Lólógbàgbà lɛ́ɛ wèlè.

Yãmayãgúȕgúȕ lɛ́ɛ wèlè?

Mɛ̀nɛgãȁ lɛ́ɛ wèlè?

Tíé e Gono gélé?

Vɔ́ɔ́ e néfúa mí?

EXERCISE H

Write these sentences into English.

Zɔ́ɔ́ e néfúa gélé?

Gèèpúlú lɛ i yí?

Lesson Seventy-Three: Shadow, Flower, Hide, Bury, Dust

WORD STUDY

The word bíí means shadow and flower. Bìì, when your voice goes down, means to hide, bury, or dust.

EXERCISE A

Read the following sentences.

Yílí bíí lɛ káá pia.	Flowers are falling.
Mi bíí lɛ káa mɔ̀.	There is human shadow on the wall.
Yílí nììi	a shadow of a tree
Ya yílí bíía wi.	Sit under the shade.
I bíí	your shadow
I bìì.	Hide yourself.
bìì	dust
Pɛlèa bìì.	Hide the money.
Dììa bìì.	Hide the cow.
Wììa bìì.	Hide the meat.
Líía bìì.	Hide the hommock.

TEACH YOURSELF THE MANN LANGUAGE

EXERCISE A

Read the following sentences.

Yílí bíí bìì.	Flower dust/ hide flower dust.
Mi bíí lɛ́ɛ́ bìì.	One's shadow can't hide.
Ḿm̀ḿ, mi lɛ́ɛ e bíí bìì.	No, one can hide his shadow.
Mi lɛ́ɛ tààa e bíí ka.	One walks with his shadow.
yílí bìì	a splank dust
Pèĩ bìì.	Dust from plank bugs.
Pèĩ lɛ kpóũa ɓèlè pìà.	Bugs are eating the door.
À bìì lɛ káá pìà.	The dusts are falling.
wèĩ bìì	salt dust
súò bìì	pepper dust
mayeŋkèlè bìì	bene seed dust
Mayeŋkèlè bìì káá m̀ ɓúa là.	Put some bene seed dust over my rice.
dìì nyɔ́ yíí bìì	cow's milk dust
Ḿm̀ nàà dìì nyɔ́ yíí bìì ka.	I want cow milk (dust).
gbɔ̃ũ bìì	rice dust

EXERCISE B

Read the following.

Ɓɔ́ɔ́ víɓo ɓá gíɓo.	Shake the bag and empty it.
Kpòòa víɓo ɓá gíɓo.	Shake the bottle and open it.
Yúfàa víɓo ɓá gíɓo.	Shake the pocket and open it.
Yúfàa gíɓo féfé le.	Empty the pocket completely.
Wéiwélé wá m̀ yúfà yi.	I don't have a coin in my pocket.

Exercise B

Read the following.

Gbɔ̀lɔ̀ɔ gíɓo i m gba à fèle ká.	Empty the suitcase and give it to me.
Gbɔ̀lɔ̀ɔ gíɓo féfé.	Empty the suitcase totally.
Kpòòa víɓo kɛɛ í tiá̋ nyìɛɛ sîi.	Shake the bottle before taking the medicine.
Bàá m gbòũa gíɓo.	Don't empty my bag.
Kèèwélé e gó ɓà gbòũa yi.	A talisman dropped from your bag.
Mɛ́ ɓà kè kèèwélé ká?	What do you do with a talisman?
Kèèwéléɛ e gó mɛ́?	Where did the talisman come from?
E gó gbòṹa yí.	It came from the bag.

Word Study

"Mi" means a human being or a person. "Mia" means people. "Mi" also means to "drink" or to "suck". "Gélé" means to burn or sting. It also means a "hawk".

Exercise C

Read the following:

Yíí mi.	to drink water
Yɔ mi.	to drink liquor
Níãníã̀ e m mi.	A mosquito bit me.
Mènè e m mi.	A testis fly sucked me.
Vɔ́ɔ́ e m mi.	A cow fly sucked me.
Mi lɛ à mɔ̀.	Human is on him (He is kind).

WORD STUDY

"Mi" means a human being or a person. "Mia" means people. "Mi" also means to "drink" or to "suck". "Gélé" means to burn or sting. It also means a "hawk".

EXERCISE C

Read the following:

Tíe e à gélé.	Fire burned him/her/it.
Zɔ́ɔ́ e à gélé.	Bees stung him/her/it.
Gélé e tɔ̀ɔ̀ ku.	A hawk grabbed a chicken.

WORD STUDY

In English, when constructing imperative sentences, the verbs come before the subjects. Examples are wash hands, sing a song, clap hands, shake the phone, make noise, cook food, rekindle the fire, drink the water, stop the car, etc.

In the Mann language, it is the opposite. The noun comes before the verb.

EXERCISE D

Read the following.

Kɔ̀ pélé	hand wash (instead of wash hand)
Kɔ̀ mè	hand clap (instead of clap hands)
Kɔ̀ paa	hand lick (instead of lick hands)
Tá́ ɓo	song sing (instead of sing a song)
Fɔ́ɔ̀ zõkɛ	phone shake
Gbɔ kpaa	pot cook
Tíé pá	fire rekindle

Word Study

In English, when constructing imperative sentences, the verbs come before the subjects. Examples are wash hands, sing a song, clap hands, shake the phone, make noise, cook food, rekindle the fire, drink the water, stop the car, etc.

In the Mann language, it is the opposite. The noun comes before the verb.

Exercise D

Read the following.

Yíí mi	water drink
Káa tèá	car stop
Káa táá	car a drive
Ká leɓo	house open

Lesson Seventy-Four: Herbs

Herbs are used to treat different kinds of sicknesses. Some herbs are made as ɓɛlɛ (chalks) to rub, yɔ́ɔ́ (leaves or tree barks are prepared for bathing), tílɛ́ (some ashes and coal prepared for licking), poma (eye, ear or nose drops), tue (to chew), kɔ́i (soup to eat). Some of the herbs like the tilɛ̀ can be stored in ɓé (horns), túú (wrap), gbɔɔ-nɛ́ɛ́ (small pot), or kɔ̀ɛ̀ (calabash).

EXERCISE A

Learn the following.

yɔ́ɔ́	herb liquid for bathing
ɓɛlɛ	chalks
tilɛ̀	burnt herbs for licking or rubbing
poma	eye drop or ear drop
kɔ́i	a soup prepared as a herb
tue	a bark to chew like a chewing gum
ɓé	a horn
nyìɛ̀	medicine
nyìɛ̀ yíí	liquid medicine
nyìɛ̀ túú	medicine in a wrap

Exercise A

Learn the following.

nyìɛ kpòò	medicine bottle

Exercise B

Read the following sentences.

Màa Gàaté lɛ́ɛ nyìɛ dɔ.	Ma Garty knows medicines.
Màa Gàaté lɛ́ɛ nɔɔɓé nyìɛ kɛ̀.	Ma Garty makes children's medicines.
Màa Gàaté lɛ́ɛ né nyìɛ kɛ̀.	Ma Garty makes child's medicines.
Lɛ́ɛ tílɛ́ wàà ɓé yi.	She puts medicines in horns.
Lɛ́ɛ ɓɛlɛ tàà mia la.	She rubs chalk on people.
Lɛ́ɛ kɔ́i kpàà mia lɛ̀ɛ.	She cooks herbal soup for people.
Lɛ́ɛ poma gbɛ̀ mia nyìɛ.	She drops eye-drops in people's eyes.
Lɛ́ɛ poma gbɛ̀ mia sùe yi.	She drops herbs in nails.
Wììɓé kélékélé lɛ à kɛ̀lɛ̀.	She has lot of small horns.
Ɓáa tue ɓele do?	Have you chewed like a cud before?
Káa tilɛ̀ paa do?	Have you (plural) licked herbs before?
Mi dò áà kɔ́i súú i lɛ̀ɛ do?	Has anyone cooked herbal soup for you before?
Mi dò áà i zúlú do yɔ́ɔ́ ká?	Has anyone bathed you with medicine before?
Dei lɛ́ e i zúlú yɔ́ɔ́ ká?	Who bathed you with herbs?
Màa Gàaté lɛ.	It is Ma Garty.

Exercise B

Read the following sentences.

Nasé ɓi bèɛ?	What's about you Nancy?
Gbào, m mɛèléí̃ si.	No, I took a shot.

Word Study

Long ago, peope did not have traveling bags. They tied clothes in a tɔɔ̀kii (bundle) to go from place to place. Tɔɔ̀kii means chicken skin (tɔɔ = chicken; kii = skin). The clothes were mainly tied in a gbàsàkɛ́lɛ́ (head-tie).

If they went to the farm to dig cassavas, they bundled it in gbili (kinjah). If they had any little stuff to also carry, they wrapped it in túú (wrap). If they had money, they tied it in sɔléí̃ (the tail of a lappa). As discussed earlier, they stored medicines in ɓé (horns).

Exercise C

Read the following sentences.

M̀ tɔɔ̀kiia si kó ló.	Take my bundle let's go.
Tɔɔ̀kíía yà i wíí.	Put the bundle on your head.
Tɔɔ̀kíía dà káa yi.	Put the bundle in the car.
Tɔɔ̀kíía yà i gbãã̀.	Put the bundle over your shoulder.
Ɓà kpé, m gba ɓà gbàsàkɛ́lɛ́ɛ ká.	Please give me your headtie.
Máa m̀ gbàsàkɛ́lɛ́ɛ tɔɔ̀kii kɛ.	I have bundled my headtie.
Kɔ̀àa kò gbàsàkɛ́lɛ́ɛ tɔɔ̀kii kɛ.	We have bundled our headties.
Wáa wà gbàsàkɛ́lɛ́ɛ tɔɔ̀kii kɛ.	They have bundled their headties.
Mɛ́ e i kèlɛ̀ɛ?	What is that in your hand?
Túú lɛ.	It is a wrap.
Mɛ́ ɓa yèlè túú yía?	What did you wrap?

Exercise C

Read the following sentences.

M̀ wìì túú lɛ.	It is my meat.
M̀ gɔ̀wélé lɛ.	It is my kola nuts.
M̀ súò túú lɛ.	It is my pepper.
M̀ tãã́ túú lɛ.	It is my snuff.
Mɛ́ ɓa gbìlì kɛɛ?	What do you have in the kinjah?
M̀ béi gbìlì lɛ.	It is my kinjah of cassava.

Exercise D

Read the following sentences.

Mɛ́ e ɓà sɔléí́ yía?	What is that in your lappa tail?
Wéiwélé lɛ.	It is coins.
Wɛ̀ɛɛ̀ lɛ?	How much?
Dála sɔ́ɔ́lí lɛ.	It is $5.00.
Mɛɛ ni, mɛɛ ni lɛ́ o tɔ̀ɔ̀kiía yí?	What and what do you have in the bundle?
Sɔ ni, bàá ni, kpĩ̀ɛ ni, séɛ̀ ni lɛ.	It is clothes, shoes, beads, and mirror.
Ḿ ɓà séɛ̀ de gɛ̀.	Let see your mirror.
Séɛ̀ de lɛ sɛ̀.	The mirror is fine.
Séɛ̀ dɛɛ lɛ́?	Is it a new mirror?
Íì i dìɛ gɛ̀ séɛɛ̀ yí teele?	Do you see yourself in this mirror all the time?
Gbào, m séɛɛ̀ lɔ́ dɛɛ.	No, I bought the mirror recently.
Mɛ́ e gbili gbákoa yía?	What is in the big kinjah?
Kṹísóŋ ni, ɓélɛ́ ni, gbĩ̀ã ni lɛ.	It is potatoes, yams and eddoes.

Exercise D

Read the following sentences.

Mɛ́ a túú lɛ i kèlèɛ?	What did you wrap?
Dùma-tùù lɛ.	It is a wrap for roasting.
Mɛ́ ɓà nàà ɓá dùma?	What do you want to roast?
Kpā̋ā̋ lɛ túúa yi.	There is fish in the wrap.
Dɔké, i gó kpā̋ā̋a ká mɛ́?	Wait, where did you get the fish from?
Dɔké, dɔké, dɔké, i gó yíí píe?	Wait, wait, wait, you came from fishing?
M̀m̀, m gó yíí píe.	Yes, I came from fishing.
M zì dūma tùù lɛ mɛ́?	Where is my wrapped fish for roasting?
Gbào, yewá kpa̋ŋkpa̋ŋ.	No, it is not enough.

Lesson Seventy-five: Roasting, Contraction

When one is roasting anything in wrapped leaves, it is called dṳ̃ma, but when roasting directly in the fire, near the fire, or over the fire like barbecuing, it is called pèá.

Exercise A

Read the following sentences.

M bólo pèá pia.	I am roasting a plantain.
M tóŋ pèá pia.	I am roasting a palm nut.
M gúó pèá pia.	I am roasting peanuts.
M kpèí pèá pia.	I am roasting a corn.
M kpá̰á̰ pèá pia.	I am roasting a fish.
M kpá̰á̰ dũma pia.	I am roasting a fish in wrapped leaves.
M nyìè dũma pia túú yí.	I am roasting medicines in wrapped leaves.
Pέ ɓà dũmaa lɛ gélé pia.	What you are roasting is burning.
Pέ ɓà dũmaa áà ma.	What you are roasting is done.
Áà ma?	Is it done?

EXERCISE A

Read the following sentences.

M̀m̀, áà ma.	Yes, it is done.
M̀m̀ mɔúa.	Yes, indeed.
Pé i kɛ à dũma pìaa áà tíe-kã́.	What you were roasting has turned into ashes.

EXERCISE B

Read the following sentences.

Léɓèlèa e gélé.	The food burned.
Ɓúa yà tíékeŋ la.	Put the rice over the hearthfire.
Léɓèlèa áà ló tíékeŋ la.	The food is over the hearthfire.
Tíékeŋa lɛ ɓúa gélé pia.	The firehearth is burning the rice.
Tíékeŋ a lɛ gbáko.	The firehearth is big or too much.
Yíí káá tíékeŋ a mɔ.	Put off the hearthfire with water.
Tíékeŋa e m kɔ̀ gélé.	The hearthfire burned my hand.
M kɛ bólo pèá pia.	I was roasting a plantain.
M kɛ kpàasèlè pèá pia.	I was roasting a crawfish.
M kɛ mènɛkpã̀ã̀sènè pèá pia.	I was roasting a snake fish.
M kɛ kòokèlèzè̀ pèá pia.	I was roasting a scale fish.
M kɛ kaa kpàà pìà.	I was cooking crabs.
M kɛ gbãwɔ̀ dũma pìà.	I was roasting flying fish.
M kɛ gɔ́ɔ́ kpàà pìà.	I was cooking some mollusks.

EXERCISE C

Read the following sentences.

Íì dèí́ ɓèlè?	Do you eat snails?

Exercise C

Read the following sentences.

Íì pòápòálékèlè ɓèlè?	Do you eat water snails?
Gbào, m̀ḿ pòápòólékèlè ɓèlè.	No, I don't eat water snails.
Pòápòálékèlè lɛ́ɛ yà gèlè mɔ̀.	Water snails stick on rocks.
Lɛ́ɛ bàlà si?	Does it run?
Gbào, lèɛ́ bàlà si.	No, it does not run.
Lɛ́ɛ tàà mìã̀mìã̀ le.	It crawls slowly.
Kóò kpàà tíékeŋ là kóà ɓèlè.	We cook it over fire hearth and eat it.
Pòápòálékèlè lɛ gbɛɛ lɛ́ dɛ̃́ɩ̃́ lɛ gbɛɛ.	Water snail is different from snail.

Contraction

The language uses contractions in some verbs, and the stress sign is placed over /á/. See the examples in the second column below:

Lo à ká.	Loá.	Carry it.
Nu à ká.	Nuá.	Bring it.
Wèlè à ká.	Wèlèá.	Get up with it.
Bàlà sí à ká.	Bàlàsíá.	Run with it.
Yà i nyìɛ ká.	Yà i nyìɛá.	Wake up.
Yà à ká.	Yàá.	Sit with it.
Sɔ̀ɔ à ká.	Sɔ̀ɔá.	Play with it.
À mání à ká.	À máníá.	Swallow with it.
À pélɛ́ à ká.	À péléá.	Wash with it.
M gba à ká.	M gbaá.	Give it to me.

CONTRACTION

The language uses contractions in some verbs, and the stress sign is placed over /á/. See the examples in the second column below:

M lúó à ká.	M lúóá.	Mean me with it.
À lúó à ká.	À lúóá.	Mean him with it.
M fɔ́nɔ́nɔ à ká.	M fɔ́nɔ́nɔá.	Pay me with it.

EXERCISE D

Rewrite these sentences without any omission or contractions.

Nuá bàlàka.

Bàlàsíá tíèe-tíèe.

À ɓèlèá.

À gòlòá.

À sòlòá.

À péléá.

À bɔ̀nɔbɔ́nɔ́á.

A gbàá.

À fɔ́nɔ́ nɔá.

À kòloá.

EXERCISE E

Write the following in Mann.

Eat with it.

Hook with it.

Throw with it.

Walk with it.

Exercise E

Write the following in Mann.

Run with it.

Pay with it.

Drink with it.

Give it.

Wash with it.

Sit with it in the chair.

Lie with it on the bed.

Sell with it.

Lesson Seventy-Six: Taste, Learn, Try

WORD STUDY

The word dã means to taste, to learn, and to try.

EXERCISE A

Read the following sentences.

Ɓòoa à dā́.	Taste the soup.
Kpǎá ma dūmaa à dā́.	Taste the fish I roasted.
Wìì ma pèáa à dā́.	Taste the meat I roasted.
Súò wá ɓòoa mɔ̀; à dā́.	No pepper on the soup; taste it.
Kíía mɛ́ dā́ kpókpó ɓo.	Learn the book very well.
Káa táá yèlɛ̀ɛ à mɛ́ dā́.	Learn the driving skill.
Ká dɔ yèlɛ̀ɛ à mɛ́ dā́.	Learn the building trade.
Tíé-ɓèlɛ̀ yèlɛ̀ɛ à dā́.	Learn the electrical trade.
Kii bɛ̌ɛ̃ yèlɛ̀ɛ à mɛ́ dā́.	Learn the writing skill.
Sɔkā́ yèlɛ̀ɛ à mɛ́ dā́.	Learn the tailoring skill.

EXERCISE B

Read the following.

Bèlɛ̀ɛ à yí dā́ i mɔ̀.	Try the trousers on you.

Exercise B

Read the following.

Dà-sɔ̀ɔ à yí dá̃ i mɔ̀.	Try the shirt on you.
Bàáa à yí dá̃ i gằ mɔ̀.	Try the shoe on your foot.
Ḿm̀ nàà wéíwéle ka.	I want some coins.
Gɔ́ɔ́ à yí dá̃.	Try the man.
Néfúa à yí dá̃.	Try the child.
I na yí dá̃.	Try your wife.
I dàa yí dá̃.	Try your father.
I lèe yí dá̃.	Try your mother.
I dẽ yí dá̃.	Try your husband.
I mɔ́ɔ̀nɔ̀-gɔ̀ yí dá̃.	Try your brother.
I lúlɔ̀ yí dá̃.	Try your sister.
I zíé yí dá̃.	Try your uncle.
I báèe yí dá̃.	Try your nephew/niece.

Exercise C

Rewrite these sentences into Mann.

John is learning to sew.

Mary is learning to wash clothes.

Betty is tasting the soup.

Taste all the soup.

Taste all the meat.

Tste all the corn.

You tasted the soup throughout.

You worked hard this year.

EXERCISE C

Rewrite these sentences into Mann.

You worked throughout this year.

Test your brother in this year.

Try your wife today.

Learn to drive car this year.

NEW WORDS

pélé káá	to postpone
lúó kpɔ́	reschedule
gɔ̃pè	a game
bɔ́ɔ̀	a ball
kpílì	a feast
gúó nyɔ́-yíí	young peanut
dìì nyɔ́-yíí	cow milk
nyɔ́ yíí	milk water or breast milk
nyɔ́	breast
tũŋ	false news
Wɔ́làũ	news
Kà dɔ ka ɓèlè yí.	Stand in a queue.

EXERCISE D

Read the following sentences.

Sèé lɛ le sí pìa.	Saye is getting married.
Gbào, áà pélé káá.	No, he has postponed it.
M̀ gbũ̀ɔ̀ lɛ́ɛ nu tòò.	My kuu is coming tomorrow.

Exercise D

Read the following sentences.

Gbào, ḿḿ lo à pélé káa.	No, I will postpone it.
I gbṹɔɔ pélé káá mɛɛ wɛ́í?	Why did you postpone the kúu?
Ka kpílía pélé káá mɛɛ wɛ́í?	Why did you postpone the feast?
Ka lúó dɛɛ kpɔ́?	Did you reschedule it?
Gbào, kòó gbaa à lúó dɛɛ kpɔ́.	No, we did not reschedule.
Káa kii kà lé taa?	Have you closed school?
Gbào, o ká lé taa wɔ̃̀ pélé kaa.	No, they postponed the closure.
Mɛ́ɛ pɛ̀ lé ka loa lé táa?	When are you closing?
Kòò à lúó dɛɛ kpɔ́ né.	We haven't rescheduled it.
À pélé káá.	Postpone it.
Kà pélé káá.	You (plural) postpone it.
Kò pélé káá.	Let us postpone it.
Kɔ̀à pélé káá.	Let us postpone it.
Wa pélé káá.	They postponed it.
Oà pélé káá.	They postponed it.

Exercise E

Read the following sentences.

Káa gɔ̃pèɛ gɔ̃?	Have you played the game?
Gbào, kɔa pélékáá.	No, we have postponed it.
Kɔa lúó dɛɛ kpɔ.	We rescheduled it.
Ɓáa dìì nyɔ́ yíía lɔ́?	Have you bought the cow milk?
Gbào, ma pélékáá.	No, I postponed it.
Ɓáa gúóa taa?	Have you planted the peanuts?

EXERCISE E

Read the following sentences.

Gbào, lɛ nyɔ́ yíí fele ká.	No, it is just milky.
Gɔ̃pè kpèɛ lɛ́ kà lo à gɔ̃̀ɔ?	What kind of game are you going to play?
Kóò lo bɔ́ɔ̀ mèè.	We are going to play a ball.
Káa lo bɔ́ɔ̀ɔ mèè tíá̃?	Are you still playing the ball?
Gbào, kɔ́à pɛ́lɛ́káá.	No, we have postponed it.
Ḿm̀ nàà ḿ gɔ̃pè gɔ̃ pììàa gè.	I want to watch the game.
Ḿm̀ nàà ḿ gɔ̃pè gɔ̃ pìà gè.	I want to watch a game.

EXERCISE F

Write the following in Mann.

My father postponed the game.

Do you sell cow's milk?

Do you drink cow's milk?

Do you want young peanut?

Why did your father postpone the feast?

Why did your father postpone the game?

Give a new schedule.

You (plural) will play a ball.

You (singular) will play the ball.

We will play the ball tomorrow.

We will still play the game.

What kind of game will she play?

Lesson Seventy-Seven: About Clothes

EXERCISE: A

Read about Clothes.

Sɔ sɔ́lɔ́.	Sew clothes.
Sɔ́ɔ sɔ́lɔ́.	Sew the clothes.
Sɔ́ɔ kã́.	To sew the clothes/ cut the clothes.
Sɔ́ɔ pélé.	Wash the clothes.
Sɔ́ɔ dũ.	Hang the clothes.
Sɔ́ɔ dũ kàa mɔ̀.	Hang the clothes on hangers.
Sɔ́ɔ ɓo kàa mɔ̀.	Take the clothes off the hangers.
Sɔ́ɔ wàà i mɔ.	Wear the clothes.
Sɔ́ɔ ɓo i mɔ̀.	Take off the clothes.
Sɔ́ɔ bìì.	Hide the clothes.
Sɔ́ɔ kpɔ́lɔ bèi.	Keep the clothes.
Sɔ́ɔ káá nyéné mɔ̀.	Put the clothes in the sun.
Sɔ́ɔ ɓo nyéné mɔ̀.	Take the clothes from the sun.
Sɔ́ɔ kɔ̀ɔ̀.	Dry the clothes.
Sɔ́ɔ yɔ̀ɔ.	Wet the clothes.

EXERCISE: A

Read about Clothes.

Sɔ́ɔ yɔ̀ɔ̀ lɛ.	The clothes are wet.
Sɔ́ɔ lɛ́ɛ ɓɔ.	The clothes run.
À yíí lɛ́ɛ to sɔ́ɔ mɔ̀.	The colors mess up the other clothes.

EXERCISE B

Write these sentences in English.

Yàá e sɔ dɛɛ lɔ́?

Yàá e gó sɔ pélɛ́ pia.

Yàá e gó sɔ pélɛ́ pia dɛɛ ka.

Yàá la sɔ dɛɛ áà gélé?

Yàá là sɔ dɛɛ e kɛ sè.

Yàá là sɔ dɛɛ a nɔ m lèɛ.

Yàá là sɔ dɛɛ a gó?

Yàá là sɔ dɛɛ a nɔ deĩ lèɛ?

Yàá i ɓà sɔ dɛɛ nɔ deĩ lèɛ?

Yàá ɓà sɔ dɛɛ le sè nyɔ́ɔ̀.

EXERCISE C

Write these sentences in Mann.

I want new clothes.

You want new clothes.

He /she wants new clothes.

They want new clothes.

I did not wash my new clothes.

EXERCISE C

Write these sentences in Mann.

You (singular) did not wash the clothes.

You (plural) did not wash the new clothes.

He/she did not dry the clothes.

They wet the clothes.

Dry the clothes in the sun.

WORD STUDY

"Kèe" helps to complete a question with an implied meaning of, "Is it?" However, it is not a question with a tag; rather, an implied tag question.

Read the following examples.

I ló pia?	Are you going?
I ló pia kèe?	Are you going?

The two questions mean the same, but the second one puts the one who asks the question in a surprised mood. It is either that the person who is going is doing something which indicates his readiness. Perhaps he already has his load ready, or he is doing something that suggests that he is going.

Another example woud be, "Is Kemah your girlfriend?" Ɓà mi-yie lɛ́ Kèmá ká kèe? "You are always around her." I nɔ́ à kpeĩ teele. "No, I don't laugh with Kemah." Gbào, m yéísí-mi wá Kemá ka. This means that Kemah is related to him.

EXERCISE D

Read the following.

I dẽ lɛ́ Zósè ká kèe?   Is Joseph your husband?

EXERCISE D

Read the following.

Mann	English
Láa lɔ̀kɛ̀ i ká kpā̰nazɛ̀.	He loves you very much.
Íì Zósɛ̀ dɔ kèe?	Do you know Joseph?
Ma naa kɛɛ ḿ zɔ̰̄ I lɛ̀ɛ.	I wanted to introduce him to you.
I dàa lɛ́ɛ kèe?	Is this your father?
I ɓɔɔ̀ lɛ à ɓà.	You resemble him.
I nyìɛ lɛ́ɛ wàa kèe?	Are your eyes hurting?
I nyìɛ gbo lɛ́ɛ ɓɔ.	There is mucus in your eyes.
Zósɛ̀ gā̰ lɛ nyɔ́ɔ̀ kèe.	Is Joseph's foot hurting?
Lɛ́ɛ gbè gbélé-gbélé le.	He haps on one leg.
Kóná lɛ ɓà mi-yie ká kèe?	Is Konah your boy friend?
Kà à ye káa sɔ̀ gáàa ɓo.	You and he play roughly.
Gbào, m wéé-mi wa.	No, he is not someone that I talk with (a relative).

Lesson Seventy-Eight: Enjoy, Use, Secret

There are some words in English which do not have the direct meaning or words to stand for in the Mann language. One can infer the meaning from the context. Examples are "use" and "enjoy." When one wants to use the word "use," he has to state what the usage is for. For example, he says, "M gba ɓà kíía ká m yí wè gèe" (Lent me your book to read). If he asked, "Ḿm̀ bèí lóò ɓà káàa ká lɛ do mɔ too?" (Can I carry your car somewhere tomorrow?) Can I use your phone would be, "Can I call with your phone?" I want to use your money would be, "I want to spend your money or give it away."

I want to enjoy would be, I want to be satisfied or happy, "Ḿm̀ nàà ḿm zòdà wɔ̃ kɛ." Are you enjoying yourself would be, "Ii zòdà wɔ̃ kɛ pia?" Because of the lack of an exact term, when one travels on merriment, others would say, "Wherever Mr. X is, the sky is killing a leopard." (Lè lɛ́ mía lɛ yía, lɛ̀í lɛ gɔ́zɛ pìà yi).

It simply means that he is enjoying. Did you enjoy the food would be, "Did the food satisfy you or were you happy with the food or are you filled?" (I gí e dɔ́?)

Another one is the word is "secret." It is interpreted as a gossip (lùé). When you and someone talk a secret, he says, "It is a gossip, don't tell anyone (Lùe lɛ, ɓáá gèe mi gbɛɛ lèɛ.) Even if it is news, the person would say that is a gossip.

Lùe also means to whisper. To whisper in one's ears does not necessarily mean to gossip, but a secret.

EXERCISE A

Read the following sentences.

Ḿm̀ nàà m̀ kɔ̀i ká̃ ɓà gbíɛ̀a ka.	I want to cut (use) wood with your cutlass.
Ḿm̀ nàà m̀ ló lɛ̀ dò mɔ̀ ɓà dɔ́nɔ́kálá-sòoa ká.	I want to go with your bicycle somewhere.
Ḿm̀ nàà ɓíi tɔ́ nɔ kɛɛ é gbũ m mɔ̀.	I want to use your name as reference.
Ḿm̀ nàà m̀ yíí mi ɓà gálásia yí.	I want to drink in your glass.
Dèɓé zò áà yà à gé. Lɛ ɓómá pìa.	David is satisfied now. He is getting plum.
Yèi zò áà yà à gé. Lɛ ɓómá pia.	Yei is satisfied now. She is getting plum.
Léɓèlèa e m gídɔ.	I was filled with the food (enjoyed).
Wɔ́ ma gèea à dà i gé.	What I told you, keep it in your heart.
Lùe wè lɛ.	It is a gossip (secret).
Nu m̀ lùe ɓo i tóó yí.	Come let me whisper in your ears.
Ma wá lùe ɓo pìà.	I don't want to gossip or whisper.
Ɓáa nàà lùe ká kpókpó.	You like to gossip (whisper) too much.
Lùe lɛ; m̀m̀ naa m̀ gèe gágà.	It is a secret; I don't want to say it loud.
Lùé lɛ́? À kpɔ́ i gé.	Is it a secret? Keep it in your heart.
Kèmá lɛ́ɛ lùe ɓo nyɔ́ɔ̀ɔ.	Kemah gossips (whispers) too much.

Word Study

Some objects are named based on their sounds or colors. The sounds which objects make or imitate, or people make can also be described. In English, it is called onomatopoeia. The Mann people don't have such a term, but they imitate the sounds and sometimes name objects based on their sounds.

There are some expressions which may not be onomatopoeia, but the manner in which they are used determines the meaning. The Mann people have their own way of saying such expressions. For example, in English, laughter is described as hahahahaha, but the Mann people say, gàágàágàá instead.

Exercise B

Read the following.

Tɔ̀ɔ̀gɔ̃ lɛ́ɛ e kɔ̀ɛ ɓo, kòkóòló-koo.	A rooster crow, cocolocooo.
Káa e túlúpìè, pípííí.	A car honked pépééé.
Làa e yɛ́ kpé.	The knife broke, kpé.
Yílía e yɛ́ e zèí kpé.	The tree broke in the middle kpé.
Bɔ́nɔɔ e gó búa yí bú.	The opossum came out of the hole, bú.
Ɓèlèɛ e kã́ dììa mɔ̀ dṹ.	The rope cut on the cow, du.
Ɓèlèɛ e kɛ dúlúdùlù.	The rope was worn out.
Gbã́na e wéé gélélélɛ́.	The thunder blasts geleleleh.
Zégbé-tùutùu lɛ́ɛ wèè tùutùutùu.	A crow crows tututututu.
Tɔ́ŋ-gbã́sɔ̀ɔ̀-gẽ́nɛ́.	Palm thongs which look like dog's teeth.
Lèɛɛ lɛ́ɛ kàà ká gbã̀ã̃ kàlàkàlàkàlà.	The rains fall over the roof klak-laklakla.

Exercise B

Read the following.

E e tɔ́ɓo púúùùúú.	He farted puuuuuuu.
E yéísí gàágàágàágàá.	He laughed hahahahahaha.

Exercise C

Read the following.

À tóó e taa gɔ̀lɔ́.	His ears blocked golor.
À nyìɛ e wí péú.	His eyes burst péú.
À gã̀ e yɛ́ kpé.	His foot broke kpé.
E dà bálá bà bè.	He droped in the mud bè.
E nyìè wɛ́lɛ́ɛ mání dú.	He swallowed the pills dú.
E dìe ko là bé.	He passed by us bé.
E kú.	He/she/it was hot.
Yííá e kú kpàkpà.	The water was very hot.
Kpòa e wí ɓéú.	The bottle burst ɓéú.

Word Study

"Saasaaɓo tã́ã̀" and "gbini tã́ã̀" mean almost the same, "to lay one down in a prone position." However, "saasaaɓo tã́ã̀" carries a disgraceful meaning of forcing a person on the ground in a prone, prostrate position while four to five persons are holding him and pressing him on the ground. One can also lie down by himself in a prone position to take the punishment or lay him down by force. That is called gbini tã́ã̀. Gbini means to bend. It can also be used when one is begging and kneeling down.

Exercise D

Read the following sentences.

E wɔɔ tẫẫ.	He lay down.
Wa wɔɔ tẫẫ.	They laid him down.
Wa saasaaɓo.	They laid him in a prone/prostrate position.
kẫãɓo	to steal
kẫã-mi	a thief/rogue
O kẫã-mìa saasaaɓo tẫẫ.	They laid/proned the thief on the ground.
Wa mè.	They beat him.
Wa gbini.	They laid him or bent him.
Wa gbini tẫẫ wa mè.	They laid him and beat him.
Wa kú wa saasaaɓo tẫẫ.	They grabbed him and laid him in a prone position.
O kẫã-mia saasaaɓo.	They proned the thief.
Mέ a kɛ?	What did he do?
Mέ a kɛ lέ ka mè?	What did he do that you beat him?
Ɓa mè mɛɛ wέí?	Why did you beat him?
Ma mè nó ɓɔɔ.	I beat him for nothing.
Ma mè fele.	I beat him for nothing.

Exercise E

Read the following.

Mέ a kɛ lέ ka saasaaɓo?	Why did you (plural) prone him?
E sòŋ yɔɔ kɛ.	He did a bad thing.
À sɔ̃ŋ wá sè.	He doesn't have good way.

Exercise E

Read the following.

Léɛ kã̀ã̀ɓo.	He steals.
E kã̀ã̀ɓo.	He stole.
E pèlèe kã̀ã̀ɓo.	He stole money.
Wa mɛ̀ wa léàɓo.	They beat him and disgraced him.
Wa mɛ̀ wá kpã́ã́ɓo.	They beat him and naked him.
Wa mɛ̀ wa kpã́ã́ɓo kɔ̀lɔkɔ̀lɔ.	They beat him and naked him completely.
Mɛ́ a kã̀ã̀ɓo?	What did he steal?
Wa yele wá mɛ̀.	They tied him and beat him.
Wa yele ɓèlè ka.	They tied him with a rope.
Wa gbini tã́ã̀ wa mɛ̀.	They laid him and beat him.
Wa saasaaɓo tã́ã̀ wa mɛ̀.	They proned him and beat him.

Exercise F

Write the following in Mann.

Beat him.

Tie him.

You (singular) beat him.

You (plural) beat him.

We beat him.

We laid (bent) him and beat him.

He beat him.

They beat him.

He stole.

Exercise F

Write the following in Mann.

He stole.

Prone him on the ground.

Nake him.

Lesson Seven-Nine: Tickle, Fan, Deliver

Bɔ̀ɔ́ni and tìitíí mean to tickle a person. But bɔ̀ɔ́ni means one shot tickle on the person's side, especially if one creeps from behind and tickles. Tìitíí on the other hand is an excessive tickling on the side, under the armpits, around the neck, under one's feet, and so on.

Bɔ̀ɔ-sɔ̀ɔ-mi mɔ̀ means to joke a person, to cause him to say what he doesn't want to say. For example, one would say, "Ɓáá bɔ̀ɔ-sɔ̀ɔ m mɔ̀," meaning don't make fun of me to cause me to say what I don't wish to say.

Another example would be, "Your stepmother loves you so much," when you know that it is not true. The person would answer by saying, Àáee, ɓáá bɔ̀ɔ-sɔ̀ɔ mɔ̀. (Don't play fun of me). "Àáee" is a sound of surprise.

EXERCISE A

Read the following sentences.

Bɛté e bɔ̀ɔ́ni dɔ e dẽ mɔ̀.	Betty tickled her husband.
Bɛté e bɔ̀ɔ́ni dɔ m mɔ̀ kílí.	Betty tickled me too.
Bɛté e bɔ̀ɔ́ni dɔ mia séí mɔ̀.	Betty tickled everyone.
Ma bɛ̰̀ɛ̰́ ma tìitíí.	I too tickled her.
Ma bɛ̰̀ɛ̰́ ma tìitíí kpã̀nazɛ̀.	I too tickled her very much.
M bɔ̀ɔsɔ̀ɔ Kɔ̀u mɔ̀.	I teased Kou.
Ma gèe, i dɛ e ɓa fɔ̀ɔ́ dɛɛ lɔ.	I said, your husband bought you a new phone.

Exercise A

Read the following sentences.

Yelé Kɔ̀u a gèe, "Àáee, gó m mɔ̀ wè."	Kou said, "Leave me alone."
Gó m mɔ̀ yé m wɔ́ gbɛɛ gèe.	Leave me so that I can't say other things.

Word Study

There are two ways to express fanning in Mann. One is "píí" (to blow or fan) and the other is "pie" (to fan). There is a slight difference between those two. For example, if you are heated and need to fan, you say, "M pie;" not "M píí." To blow fire, we say, "Tíéa píí." We don't say, "Tíéa pie." When the wind or storm is blowing, we say, "Fã̀ã̀ e dà." The wind blew.

Exercise B

Read the following sentences.

Tíéa píí.	Blow the fire.
Tíé gbɛ́ɛ́ɛ píí.	Fan or blow the smoke.
Tíé gbɛ́ɛ́ lɛɛ nu. Tíéa píí.	The smoke is coming. Fan the fire.
Sùasùa lɛɛ dɔ̀. Tíéa píí.	It is heated. Blow or fan the fire.
M pìè sɔ ká.	Fan me with a cloth.
M pìè i kɔ̀ ká.	Fan me with your hand.
M pìè láà ká.	Fan me with a fanner.
M pìè pɛ nɔ́ fé ká.	Fan me with anything.
Tíéa píí pɛ nɔ́ fé ká.	Fan the fire with anything.
Tíéa píí é kú.	Blow the fire to catch.
Fã̀ã̀ lɛɛ dà.	It is windy.

Exercise B

Read the following sentences.

Fàǎ lɛ́ɛ dà gágà.	The wind is blowing hard.
Ɓáa lɛ́ɛ wàa. À píé.	The sore is hurting; blow it.
Ɓáa lɛ́ɛ wàa nyɔ́ɔ̀ɔ, à pie.	The sore is hurting too much, blow it.

Note:

Fàǎ áà káá m mɔ̀, means I am satisfied now, or I am free now, or I am good now. "Fàǎ" means "air," and "áà káá m mɔ̀," means "has blown me."

"Fàǎ lɛ́ɛ m pie" means "The air is blowing me." But "fàǎ áà káá m mɔ̀" is an understatement.

For a woman to deliver, it is either called la (save) or kɔ̀ɔ̃lèeɓo (mother of joy). Kɔ̀ɔ̃ refers to a ceremonial joyful dance. Lèe means mother. In fact, a young mother is called a kɔ̀ɔ̃lèe. Kɔ̀ɔ̃lèeɓo means for a woman to deliver a baby.

Gísɛ̀nɛ̌ means a young belly or young pregnancy. Gíkpálàa means full pregnancy. There is a difference between à gí laa mɔ̀ (she is pregnant) and à gí lɛ à là (his stomach is big). À gí lɛ à là means to have a big stomach, caused by sickness. However, a well person can say, "M gí lɛ m la," meaning that he is full or he is okay. If the person was eating and he is full, he can say, "M gí áà dɔ," meaning, I am full.

The belly is called gí, and inside the stomach (gut) is called gé. If a person eats too much, it is said, à gé lɛ gbùò, (his stomach is big). À gé lɛ yɔɔ means "he is greedy" or "he has bad ways" or "bad heart."

Gígbɔ means a big stomach like a pot. Gí means belly, and gbɔ means a pot.

Exercise C

Read the following sentences.

Léa gí lè à mɔ̀.	The woman is pregnant.
le gízè	a pregnant woman
le gía	a pregnant woman
gí-lè.	a pregnant woman
Fàã dɔ́ɔ́lɔ́ lɛ́ɛ m pie.	Cold air is blowing me.
Fàã dɔ́ɔ́lɔ́ lɛ́ɛ à pie.	Cold air is blowing him.
Fàã dɔ́ɔ́lɔ́ lɛ́ɛ i pie.	Cold air is blowing you (singular).
Fàã dɔ́ɔ́lɔ́ lɛ́ɛ ko pie.	Cold air is blowing us.
Fàã dɔ́ɔ́lɔ́ lɛ́ɛ ka pie.	Cold air is blowing you (plural).
Fàã dɔ́ɔ́lɔ́ lɛ́ɛ o pie.	Cold air is blowing them.
Fàã dɔ́ɔ́lɔɔ lɛ́ɛ m pie.	The cold air is blowing me.
Fàã dɔ̀ɔ̀lɔɔ lɛ́ɛ ko pie.	The cold air is blowing us.
Gó fàã dɔ́ɔ́lɔɔ líé é m pie.	Leave the cold air to blow me.
Ɓáá fàã dɔ́ɔ́lɔɔ tèá.	Don't stop the cold air.

Exercise D

Read the following sentences.

Fàã áà káá m mɔ̀.	I am free now.
M na gí e kɛ à mɔ̀; áà la.	My wife was pregnant; she has delivered.
M na aà kɔ̀ɔ̃lèe ɓo.	My wife has delivered.
Gísɛ̀nɛ̃̀ lɛ m na mɔ̀.	My wife has young belly.
M na gí áà kpála.	My wife's belly is full now.
Áà la.	She has delivered.

Exercise D

Read the following sentences.

Fàā́ áà káá m mɔ̀.	I am satisfied now (cold air has blown me).
Fàā́ áà káá à mɔ̀.	She is free now (cold air has blown her now).
Máà m̀ káa lɛ́ɛ́kpɔ́; fàā́ áà káá m mɔ̀.	I have roofed my house. I am free now.
Máà ɓɔ; fàā́ áà káá m mɔ̀.	I have reached. I am satisfied now.
Yàá áà kɔ̀ɔ́lèe ɓo gɔ̃ nè ka; fàā́ áà káá mɔ̀.	Yah has delivered with a boy child. She is free now.
Áà kɔ̀ɔ́lèe ɓo lenè ká.	She has delivered with a girl child.
Fàā́ áà káá gbaa à mɔ̀.	She is satisfied now or freed now.
Fàā́ áà káá Yàá mɔ̀.	Yah is freed now.
Wùá e die yídá̃-le yí; fàā́ áà káá à mɔ̀.	Wuah passed the test; he is freed now.
Wùá e yɛɓo naa fɛ̀ɛ̀; fàā́ áà káá mɔ̀.	Wuah sought a job too long; he's okay now.
Kɔ̀u e né naa fɛ̀ɛ̀; áà né ye, fàā́ áà káá mɔ̀.	Kou looked for a child for a long time; she has gotten a child. She is satisfied now.

Exercise E

Read the following sentences.

Sèé, nu kóo lɛ́ɓèlè.	Saye, come let's eat.
À zúo, m gí lɛ m là.	Thank you, I am full.
À zúo, m gí dɔ́ɔ lɛ.	Thank you, my stomach is full.
Sèé, lɛ́ɓèlè e kéa lié nyɛ.	Saye, finish this food.

Exercise E

Read the following sentences.

Gbào, m gí áà dɔ.	No, I am full.
Nyǎá gé wɔ̌ lɛ à mɔ̀.	Nya is greedy.
Gé wɔ̌ mì lɛ.	He is a greedy person.
Gɔ́ɔ̃ wá kéléíkèlî.	The man is not well.
À gí lɛ à là.	His stomach is big.
À gí lɛ fɔɔ pìà.	His stomach is swelling.
À gé lɛ́ɛ kpènè.	His stomach is hurting.
À gé lɛ nyɔ́ɔ̀.	His stomach is painful.
À gé lɛ́ɛ wàa lɛ súò.	His stomach hurts like pepper.
À gí lɛ gbùò.	His stomach is big.
À gígbɔ yàa lɛ.	His stomach is like a pot.
Gísènè lɛ Matá mɔ̀.	Martha has young belly.
Melé gí áà kpāla̱.	Mary's belly is full.
Gékpéné lɛ́ɛ Melé kè.	Mary is in labor pains.
Melé áà kɔ̃́ɔ̃lèeɓo yòo ka.	Mary has delivered with twins.
Yòo vɔ̀ lɛ́?	Were they twins?
M̀m̀m̀, yòo vɔ̀ lɛ.	Yes, they are twins.
Kóná áà e gísi.	Konah is pregnant.
À gígbɔ lɛ́ɛ kè lè ɓòò-tèè gí lɛ́ ɓe.	His stomach looks like an ophan goat's.

Exercise F

Write these in Mann.

Cooper is satisfied now.

Exercise F

Write these in Mann.

He was looking for a job.

He got a big job.

The vehicle has arrived.

We are satisfied now.

Our house is no longer leaking.

We are satisfied now.

We have crossed the St. John River.

We are satisfied now.

We have gotten a cow for the feast.

We are satisfied now.

Peter has made the sacrifice.

He is satisfied now.

OTHELLO K. WEH

About the Author

Othello Koibia Weh, was born on January 7, 1950, and grew up in Yila, Bong County, Liberia. He completed his high school education at the then Charlotte Tolbert Memorial Academy in 1973 in Monrovia. After six wasted long years, he enrolled at the University of Liberia in 1979 and graduated in 1983 from the William V. Tubman Teachers College.

After a few more years, he enrolled in the graduate program of the College and earned a master's degree in Educational Administration & Supervision.

Mr. Weh served as the Deputy Director-General for Administration, Civil Service Agency from 2006-2017. He also served as a Part-Time Instructor, at the University of Liberia from 1998 to 2016 and at the same time served as an Instructor at the Jake Memorial Baptist College from 1995 to 2019. Between 1987-1997 he served as the Principal of the Calvary Baptist Church School in Fiamah, Sinkor, Monrovia.

He began his teaching career at the Phebe Community School in Suakoko, Bong County in 1976, was later promoted to the office of the principal and served in that position from 1977-1979.

His passion for human development led him and his wife, Susannah, to establish the Yarcooper Junior and Senior High School at Rock Hill Community, Paynesville.

Mr. Weh is a member of the AWANA Board in Liberia; a member of the Liberian Association of Writers, (LAW); a member of the Calvary Baptist Church in Monrovia; and a member of the YILA KWADO ASSOCIATION, USA. He is a Christian. He and his wife, Susannah, have five children (Lanus, Silvanus, Nicholas, Dr. Weyena Weh Gbeisay, and Mrs. Oretha Walakerwon Clarke). To God be the glory!

TEACH YOURSELF THE MANN LANGUAGE

The next book coming up: ZÉNÉSÈ

READ GENESIS 1:1-5 IN THE MAAN LANGUAGE

1 Wɔ́ gã̀ gbɛ̀ tã́ã̀ pia Wálà e lèí wa tã́ã̀ o kɛ.

2 Tã́ã̀ zèe e kɛ wɔ́ yúáyùàzɛ̀ ka, fèlefèle; Yelé bi mia e kèá yíí pááa e kɛ tã́ã̀ zèe lè séí mɔ̀ɔ là. Yelé Wálà Gèè Púlú e kɛ die pie yíí e kílía là.

3 Yelé Wálà a gèe, "Lɛ sè lèpúlú e kɛ ɓe." Lé lèpúlú e kɛ ɓea.

4 Yelé Wálà e lèpúlúa gè, kélè lɛ sèɛ; yelé Wálà e lèpúlú wà bí tíia fĩa ɓo.

5 Yelé Wálà e lèpúlú tɔ́ kpɔ́ Lèkpèia. Yelé e bí e kílía tɔ́ kpɔ́ Bímíáa. Yelé nyéŋèipíé wa làapíé o kɛ lúó bèĩzè káa.

Áà Nyɛ   The End.

1 In the beginning God created the heaven and the earth.

2 The earth was without form, void. And darkness was upon the face of the deep; and the Spirit of God moved upon the face of the waters.

3 And God said, "Let there be light." And there was light.

4 And God saw the light; that it was good; And God divided the light and the darkness.

5 And God called the light Day. And the darkness He called Night. And the evening and the morning were the first day.

Glossary

SPECIAL WORDS USED IN LIBERIA.

Cassava snake: like a gray diamondback rattlesnake that looks like a cassava tuber

Fanga: a traditional musical instrument (drum shoved and beaten under the armpit)

Fanti people: an ethnic group from the Republic of Ghana, West Africa

Koo: a group of people working together for the common good of the group

Kwi: an educated person or people from the western countries, or an authority

Pepper bird: the boubou bird

Porter: someone employed to carry a load; however, it was a form of forced labor

Pusawa: American parboil rice

Sasa: gourd used as a musical instrument

Sassywood: a form of trial in which the tribal people use (rubbing of a red-hot machete on the legs of the suspect, or dipping the suspect's hand into hot oil) to find out the truth/facts

Susu: an act of collecting money by a group to be given to each member when it is their turn to receive the collected sum

Zoo: traditional herbalist. The word is pronounced as a long vowel /o/

Reference

1. Austin, Peter K. & Sallabank, Julia, The Cambridge Book of Endangered Languages, Cambridge University Press, Uk. 2011.
2. Campbell, Lyle, Historical linguistics, 3rd Edition, Edinburgh University pres, Edinburgh, 2013.
3. Comrie, Bernard, The World's Major Languages, 3rd Edition, Published by Routledge 2 Park Square, Milton, Park, Abingdon, Oxon, 1987. P.1.
4. Heine, Bernd & Derek, Nurse; African Languages: An Introducation, Cambridge University Press, UK, 2000.
5. King James Version Bible, Giant Print Standard Edition, Christian Arts Publishers, P.O. Box 1599, Vereeninging, 2017, RSA.
6. Thompson, Irene, "Niger-Congo Language Family, about world languages." March 2015.

Index

A
abscess 349
afraid 317, 318
Alphabets 15
America 391, 394
ancestors 361, 362, 364
animal 18, 19
arm 348, 349
armpit 35, 452
axe 304

B
backbone 36
backward 406, 407
Barclayville 375
beads 420
beat 47, 440, 441
beg 43, 48, 49
behavior 58
behind 53, 362, 363, 367
belly 445, 446, 448
bend 48
Bentol 374
Bible 388, 453
bitter 351
black 72, 73
bless 361, 363, 364, 365, 367, 368, 390
blindness 326
blood 35
blow 444, 445, 446
blue 72, 73
Bomi County 375
Bong County 374, 450
book 9, 10, 34, 37, 451
Bopolu 375, 377
bravery 306
break 49
breast 370
breasts 35
brother 60, 393, 396, 428, 429
brown 72, 73
Buchana 374, 376, 377
bucket 39, 44
bugs 413
build 49, 51
bundle 419, 420
bury 50, 412
bush 307, 309, 310, 311

C
Cape Palmas 374, 376
car 41, 50, 51, 52, 55, 419
carry 369, 370
cassava 59, 452
Cesstos City 375
chalk 362, 366
chest 36
chew 48
chicken egg 73
chickens 358, 362, 365, 366
chief 392
child 37, 369, 370, 371, 372, 418, 428
Chinese 14
chirp 309, 344
Christian 388, 450, 453
church 344, 388
clap 50
climb 46
clothes 44, 55, 58, 60, 369, 432, 433, 434
coin 413
confess 395, 397
confuse 45
consonants 15

cook 50, 415
cough 52
count 49
counting 354, 357
cow 74
creek 71
cry 52, 53
cutlass 304

D
damage 395, 396, 398
dance 53
daughter 372
delivered 446, 447, 448
depart 367
dig 46
disgrace 52
divorce 46
door 51
dowry 395, 396, 398
dragon 408
drink 414, 415, 416
drive 49, 52

E
ear 35, 54, 343, 344, 345
earrings 343, 345, 346
ear wax 343, 344
eat 41, 42, 48
eddoes 420
elbow 35, 349, 350
English 13, 14
escort 369
excuse 44
eye 35
eyeball 326, 328
eyedrop 327, 328

F
face 54, 59, 60, 451
fan 49, 444
far 53
farm 29
fart 52
father 60
fence 51
fingers 36
finish 49
fire 37, 50
fireflies 408, 409, 410
firefly 305
fishing 421
Fish Town 375
flower 412, 413
foolish 58
foot 35, 59
French 13, 14
frown 59

G
Gbapolu County 375
Gbarnga 374, 377
genie 406, 410
German 14
goat 74
God 9, 38, 450, 451
gossip 21, 22, 52, 436, 437
Grand Bassa County 374
Grand Cape Mount County 374
Grand Gedeh County 375
Grand Kru Coounty 375
grandmother 393
grass 51
greedy 445, 448
Greenville 374
Greetings 32
ground 48
groundhog 304
Guinea 9, 11, 13

H
hair 51

hairs 320, 322
hand 35, 452
hardheadedness 343
head 320, 321, 322
headtie 419
hear 321, 323, 324
heart 36, 362, 371
heavy 55
hello 51
her 10, 43, 46, 47, 48, 49, 50, 53, 54, 55, 58
herb 351
herbs 362, 367, 417, 418
hero 305
hide 50, 55, 412
hill 54
him 43, 46, 47, 48, 49, 50, 53, 54, 55, 56, 57, 58, 59, 450
hole 55
honey 373
horse 74
house 55, 56
hurting 36

I
inheritance 384, 385

J
Jesus Christ 38
jump 47

K
Kakata 374, 377
kick 47
kinjah 419, 420
knee 35
knife 438
Kpelle 14

L
lady 56, 60
lap 371
laugh 50, 58, 59
lips 35
liquor 414
listen 323, 324, 343, 344
little 69
liver 36
Lofa County 374
love 305, 306, 310, 311
lungs 36

M
Margibi County 374
market 54
Maryland County 374
mat 55
mean 49
meat 412, 420, 427, 428
medicine 25, 326, 328, 329, 330
Mel language 11
milk 413, 429, 430, 431
mirror 420
money 30, 31, 359, 369, 370, 373, 452
Monrovia 349, 450
Montserrado County 374
moon 75, 76
moonlight 55
mosquitos 308
mother 9, 60
mountain 54
mouth 34, 54, 58, 60
mud 71

N
nails 36
name 54, 388, 392, 395, 396, 397, 398
near 53
neck 35, 350
nephew 9, 428

news 429
niece 428
Nimba County 374, 378
noise 56, 58
noisemaker 58
nose 54
nostrils 321
numb 318
numbering 354

O
offer 395, 397
old 389, 396, 408
outside 54, 55
over 54, 55, 56, 57

P
painful 308, 322, 326, 327
pass 44
peel 48
pepper 329
phone 369, 370
picture 59
plank 413
please 43, 44, 59
pocket 55
poor 46
postpone 429, 430, 431
pot 415, 417, 445, 448
potatoes 420
pray 51
pregnant 445, 446, 448
priest 362, 363, 365, 366, 367, 368

Q
quarantined 362, 366
quickly 53

R
rainbow 76
red 69, 72, 73, 452
reschedule 429, 430
rib 36
rice 37, 452
riddle 305
ride 41, 52
river 55, 56
River Cess County 375
River Gee County 375
road 309, 310
roast 50, 59
Robertsport 374
rock 54, 55, 56
roll 48
run 46

S
sacrifice 51, 59, 361, 362, 364, 365, 366, 367
Sanniquellie 374, 376, 394
Sassewood 398
scare 49
scatter 49
school 29, 450
sew 49
shadow 412, 413
shake 50, 51, 413
sheep 74
shirt 54
shoes 54
shoulder 35, 371
sing 50, 52, 53
Sinoe County 374
sister 21
sit 44, 47
skin 35
skull 320, 322, 323
slowly 45, 53
small 69
smoke 444
smooth 52

sneeze 52, 59
snore 312, 384, 385, 386
somersaulting 409
sorry 46
soup 347, 348
sour 70
spat 327
special expressions 387, 399
spellbound 317, 318
spirits 408, 409
spoon 37, 41, 44
squeeze 52
sticks 307
stir 45
stomach 36
stop 46, 47, 50, 51
stripy 73, 74
suck 414
swear 371

T
tailoring 427
take 49, 60
tales 306
talk 52
taste 427
tears 35
teeth 34, 36, 54, 321, 347, 350
temper 58
thank 51
thresh 46
throat 35
throughout 57
tickle 443
tie 48, 59
toes 36
toothbrush 370
town 54
train 369, 372
trap 307

traveling 361
trousers 373
try 427, 428, 429
Tubmanburg 375

U
uncle 363
under 53, 54, 55, 452

V
Vai 14
Verbs 45, 48
Voijama 374, 376
vowels 14, 15

W
wait 47
walk 45, 47, 52
wash 46, 50, 60
waste 47
water 408, 414, 415, 416, 429
weakly 53
wear 48, 58
white 69, 72, 73, 74
wife 9, 305, 306, 450
wipe 48
wizard 408
woman 73
worry 364
write 9, 370

Y
yams 420
year 51, 54
yell 47, 56
yellow 72, 73
yesterday 57

Z
Zwedru 375, 376

www.ingramcontent.com/pod-product-compliance
Lightning Source LLC
Chambersburg PA
CBHW050323230426
43663CB00010B/1726